U0919696

新时代文化自信丛书（第一辑）

尚和合

中国国学文化艺术中心／编
欧阳晓东／著

红旗出版社

图书在版编目（CIP）数据

新时代文化自信丛书．第一辑．尚和合 / 中国国学文化艺术中心编；欧阳晓东著．-- 北京：红旗出版社，2023.7

ISBN 978-7-5051-5311-0

Ⅰ．①新… Ⅱ．①中… ②欧… Ⅲ．①和合—中国—干部教育—学习参考资料 Ⅳ．①D64

中国版本图书馆 CIP 数据核字（2022）第 210764 号

书　　名　新时代文化自信丛书（第一辑）· 尚和合
编　　者　中国国学文化艺术中心
著　　者　欧阳晓东

责任编辑　吴琴峰　　责任印务　金　硕
责任校对　吕丹妮　郑梦祎　　装帧设计　大荣原创　顾　页
出版发行　红旗出版社
地　　址　北京市沙滩北街2号　　邮政编码　100727
　　　　　杭州市体育场路178号　　邮政编码　310039
编 辑 部　0571-85310467　　发 行 部　0571-85311330
E - mail　359489398@qq.com
法律顾问　北京盈科（杭州）律师事务所　钱 航　董 晓
图文排版　浙江新华图文制作有限公司
印　　刷　北京画中画印刷有限公司
开　　本　710 毫米 ×1000 毫米　1/16
字　　数　120 千字　　印　　张　11.75
版　　次　2023 年 7 月第 1 版　　印　　次　2023 年 7 月第 1 次印刷
ISBN 978-7-5051-5311-0　　定　　价　270.00 元（全六册）

“新时代文化自信丛书”编委会

主　编

李长喜

副主编

张　健　普颖华　滕潇然

编　委

张　磊　刘汉俊　尚　伟

邵文辉　程少华　欧阳晓东

编写说明

中华优秀传统文化绵延不绝，历久弥新，特别是以儒家文化为核心的中国传统哲学，致广大而尽精微，极高明而道中庸，是中国古代学术思想的主流，也是民族文化的精髓。如今，中华优秀传统文化越来越受到人们的重视，日益彰显出魅力和价值。

一个国家的文化自信源自对优秀传统文化的传承。所以，复兴和传承中华优秀传统文化的意义极其巨大，不仅能提升国家文化软实力，也有利于重塑民族道德体系。基于此，“传统文化与中小学生人格培养研究”（教育部规划课题）、“中华优秀传统文化教育研究”和“中华优秀传统文化传承体系构建研究”三大课题合并研究，着手解决学科教育理论和课程构建等核心问题，旨在为中华优秀传统文化的伟大复兴作出积极努力。

作为课题的重要研究成果之一，本丛书系统阐述了传统文化人文精神与当代行政管理的内在有机联系和相互融合，为各级行政机构提升执政思想、强化决策能力、创新执行策略、扩大用人视野、提升人文素养等提供了完整的理论体系和指导，体现了“为人修身、为政以德、为官有法、公正和谐”的新时期执政理念。

因中华传统文化经典卷帙浩繁，且古籍版本流传不一，所以本丛书在引用原文并进行译注时博采众长，参考了中华书局、商务印书馆、上海古籍出版社、岳麓书社等出版社的相关权威版本，并根据标点符号用法的现行规范作了处理。

为了在便于阅读的基础上尽可能地保留古韵，丛书以简体竖排的形式对所引原文进行呈现。同时，我们考虑到汉以前著作的作者和创作年代多不能确考：有的因年代久远而难以考证，如《周易》《左传》等；有的并非一时、一人所作，后经人收集、加工、修改，编纂成册，如《论语》《诗经》等；有的甚至是托名创作的作品，如《管子》《晏子春秋》等。诸如此类，不一而足。为了避免争论，丛书对此作了统一处理，即汉代以前的著作只标出书名，汉代及以后的则标出书名、作者和创作年代。

国家行政学院政治学教研部、教育部规划课题“传统文化与中小学生人格培养研究”等三大课题组、中华传统文化振兴基金会、红旗出版社等对丛书的出版给予了极大的关心和支持，陈宝生、陶西平、滕纯、季明明、郑增仪、曹卫洲、王岳、孙默、曾祥翊、马小强、洪文秋、荣光、李墨卿等多位专家也给予了大力支持，在此一并表示感谢。

中国国学文化艺术中心

总 序

弘扬中华优秀传统文化 进一步坚定中国特色社会主义文化自信

读书学习，是领导干部加强党性修养、坚定理想信念、提升精神境界、涵养高雅情趣的一个重要途径。习近平总书记高度重视领导干部的学习问题，他指出，读书人不一定都要当领导干部，而担任领导职务的干部必须坚持读书学习。他还指出，在大量书籍中，领导干部应当围绕提高思想水平、增强工作能力、完善知识结构、提升精神境界，选择那些与所从事的工作关系密切、自己爱好和有兴趣的书来读，力争在有限的时间内取得最佳的读书效果。就一般情况而言，领导干部普遍应当读下列三个方面的书。第一，当代中国马克思主义理论著作。第二，做好领导工作必需的各种知识书籍。第三，古今中外优秀传统文化书籍。

我们要通过研读优秀传统文化书籍，吸收前人在修身处世、治国理政等方面的智慧和经验，养浩然正气，

塑高尚人格，不断提高人文素质和精神境界。对于先人传承下来的文化，要坚持古为今用、推陈出新，有鉴别地加以对待，有扬弃地予以继承，努力做到创造性转化、创新性发展，进一步坚定中国特色社会主义文化自信。

党的二十大报告指出："坚持和发展马克思主义，必须同中华优秀传统文化相结合。只有植根本国、本民族历史文化沃土，马克思主义真理之树才能根深叶茂。中华优秀传统文化源远流长、博大精深，是中华文明的智慧结晶，其中蕴含的天下为公、民为邦本、为政以德、革故鼎新、任人唯贤、天人合一、自强不息、厚德载物、讲信修睦、亲仁善邻等，是中国人民在长期生产生活中积累的宇宙观、天下观、社会观、道德观的重要体现，同科学社会主义价值观主张具有高度契合性。我们必须坚定历史自信、文化自信，坚持古为今用、推陈出新，把马克思主义思想精髓同中华优秀传统文化精华贯通起来、同人民群众日用而不觉的共同价值观念融通起来，不断赋予科学理论鲜明的中国特色，不断夯实马克思主义中国化时代化的历史基础和群众基础，让马克思主义在中国牢牢扎根。"

习近平总书记指出："培育和弘扬社会主义核心价值观必须立足中华优秀传统文化。牢固的核心价值观，都有其固有的根本。抛弃传统、丢掉根本，就等于割断了自己的精神命脉。"他还指出：要认真汲取中华优秀传统文化的思想精华和道德精髓，大力弘扬以爱国主义为核心的民族精神和以改革创新为核心的时代精神，深入挖掘和阐发中华优秀传统文化讲仁爱、重民本、守诚信、崇正义、尚和合、求大同的时代价值，使中华优秀传统文化成为涵养社会主义核心价值观的重要源泉。

根据党的二十大精神以及习近平总书记的重要讲话精神，中国国学文化艺术中心组织编著了“新时代文化自信丛书”，选取经典文献的原文以及名言警句等，用通俗易懂的语言将其译成白话文，对有关的背景和典故进行解释；联系实际，古为今用，以古鉴今，深入挖掘和阐发其对于解决当前问题的时代价值和现实意义，着力论述其对于培育和践行社会主义核心价值观的借鉴意义和精神力量。

我们力求使这套丛书成为各级党政干部和有自学阅读能力的人们愿意读、读得懂、易践行的通俗读物，对坚持社会主义核心价值体系起到积极的长效作用，也企盼读者提出宝贵意见。

李长喜

（中共中央宣传部原副秘书长）

目录

第一章　和合文化的思想渊薮

中华和合文化的哲学基础，是天人合一观。天人合一观的形成与农耕自然经济是分不开的。中华文明是唯一古今相续的人类文明，古代中国长期沿袭的是农耕自然经济。农耕自然经济，采用的是劳动力加自然力的生产方式，珍惜劳力和遵循自然规律就成了第一要务；人实现与自然的和合，及人际的和合，也就成为农耕自然经济的生存之道。从这个意义来说，敬天法道、惜人爱物、求实宜时等，就成了和合文化的应有之义。

第一节 敬畏于天的理论基石

古者包牺氏之王天下也，仰则观象于天，俯则观法于地，观鸟兽之文，与地之宜，近取诸身，远取诸物，于是始作八卦，以通神明之德，以类万物之情。

——《周易·系辞下》

释义

远古包牺氏（伏羲氏）统治天下，仰观天象，俯察地理，观察鸟兽身上的纹理，以及存在于地上的各类事物，近取法人类自身，远取法外在的万物，于是创制了八卦学说，借以领悟神明的德行，类比万物的情状性理。

天之不测谓神，神而有常谓天。

——〔北宋〕张载《正蒙·天道篇》

神，天德；化，天道。

——〔北宋〕张载《正蒙·神化篇》

释义

天有难以预测的变化的本性被称为神，这种神奇的变化遵循自然万物的运行就被称为天道。

神，是天的德行；化，是天的道义。

道生一，一生二，二生三，三生万物。万物负阴而抱阳，冲气以为和。

——《老子·第四十二章》

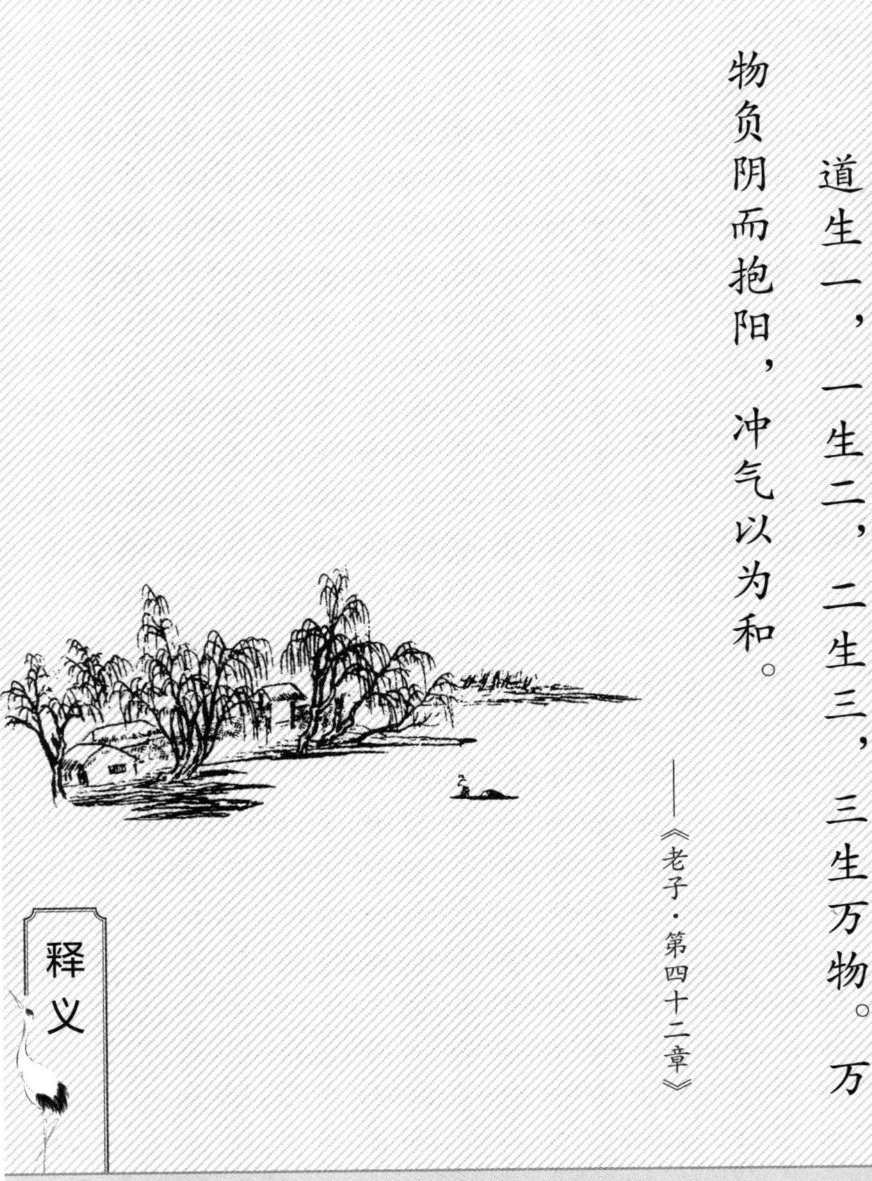

释义

道始于一，道自身包含阴阳二气，阴阳二气相交而形成一种适均的状态，万物就在这种状态中产生了。万物背阴而向阳，并在阴阳二气的相互激荡中形成新的和谐体。

反者道之动；弱者道之用。天下万物生于有，有生于无。

——《老子·第四十章》

释义

物极必反，是道的运行规律；柔弱为本，是道的作用规律。天下万物生成于可感觉、能看见的有形物质，有形物质则产生于难感觉、不可见的无形存在。

圣人无所不知，只是知个天理；无所不能，只是能个天理。圣人本体明白，故事事知个天理所在，便去尽个天理。

——〔明〕王阳明《传习录·黄直录》

释义

圣人能够无所不知，只是知道一个天理罢了；能够无所不能，只是能遵循一个天理罢了。圣人自己明白通透，因而知晓事事有个天理在其中，于是就去探究这个天理。

解读

探究大自然的方法论，在西方是天人相分观，在中国则是天人合一观。天，即客体，指作为认识对象的大自然；人，指作为认识主体的人。“天人相分”是指将“天”视为与“人”相对立的客观存在，“天”与“人”是一种二元对立的关系，某种意义上而言，这是一种区分型思维。“天人合一”则超越了“天”与“人”的二元对立，体现的是一种关联型思维，强调整体性。

天人合一观，在今天来看，是整体观、系统观的认识方法。人类历史经历了工业时代和后工业时代，现代知识体系发生了很大变化，分门别类的学科知识教育已经不能适应人类对知识的需求了，科学和技术的发展需要跨学科的系统思维。二十世纪，西方知识界就认识到，这个世界亟需整体观和系统观。他们蓦然回首，发现中国早在几千年前就有了这种思维模式，这就是天人合一观。

天人合一观，与之对应的是天人相分观，后者讲的是主客相分，即主客二元对立。这两种不同的观点各有所用。天人相分观使得人类的认知及知识体系有了科学的分门别类。

中华传统文化，以门派言，是以儒学为主脉；以哲学言，是以天人关系为思辨。孔子是儒学始祖，但孔学不等于儒学。儒学一路发展，海纳百川，与时俱进，广纳易学、道学、理学、心学、气学等，其归根结底是思辨天与人、人与人的关系。

儒家思想历经两千多年的正统传承，不管被认同与否，总是静静地流淌在华夏儿女的血脉里。知晓儒学，就能更深刻更准确地把握中华传统文化，从而更好地弘扬中华优秀传统文化，更好地弘扬和践行社会主义核心价值观，使之成为开启百年新征程和中华民族伟大复兴中国梦的重要思想源泉和强大精神力量。

第二节　和顺于道的自然法则

道可道，非常道。

——《老子·第一章》

大道泛兮，其可左右。万物恃之以生而不辞，功成而不有。衣养万物而不为主，可名于小；万物归焉而不为主，可名为大。以其终不自为大，故能成其大。

——《老子·第三十四章》

释义

道可以用言辞表达，但这并非恒久不变之道。

大道推行，无处不在。万物依赖它生存繁衍它不推辞，功德有成它也不自傲。它呵护滋养万物却不以主人自居，可以说它是很渺小的；万物归附它它却不以主人自居，可以说它是很伟大的。正因为它自始至终不自以为伟大，所以可能成就它的伟大。

人法地，地法天，天法道，道法自然。

——《老子·第二十五章》

释义

人取法地，地取法天，天取法道，道的本质是世间万物本来的样子。

道生之，德畜之，物形之，势成之。是以万物莫不尊道而贵德。道之尊，德之贵，夫莫之命而常自然。故道生之，德畜之，长之育之，亭之毒之，养之覆之。生而不有，为而不恃，长而不宰，是谓玄德。

——《老子·第五十一章》

释义

道生成万物，德畜养万物，万物呈现各种形态，环境使万物成长。因此，万物无不崇道，并且看重德。道之所以被推崇，德之所以被看重，就在于它们不干涉万物而顺其自然发展。所以说，道生成万物，德蓄养万物，使万物生长发育，使万物成熟结果，使万物得到培养和保护。它们生育了万物却不据为己有，养护了万物却不居功自恃，成就了万物却不充当主宰，这就是最玄妙的德。

道常无为而无不为。

——《老子·第三十七章》

仁者之行道也，无为也；圣人之行道也，无强也。

——《荀子·解蔽》

释义

道，永远顺应自然而无所作为，也就无所不为。

仁者奉行道，不会刻意去做；圣人奉行道，不会勉强去做。

顺天者存，逆天者亡。

——《孟子·离娄上》

顺天意者，义政也；反天意者，力政也。

——《墨子·天志》

释义

顺从天意就能生存，违背天意就会灭亡。

顺从天意是道义之政，违反天意是暴力之政。

夫欲安民富国之道，在于反本，本立而道生。顺天之理，因地之利，即不劳而功成。夫不修其源而事其流，无本以统之，虽竭精神，尽思虑，无益于治。

——〔西汉〕桓宽《盐铁论·忧边》

释义

若想要推行安民富国的治国之道，就要回归国家的根本，根本确立了，治道也就生成了。顺应天道之理，因循大地之利，可以无需劳苦就能有所成就。不治源而只治流，没有根本来统领，即使殚精竭虑，也无益于治理。

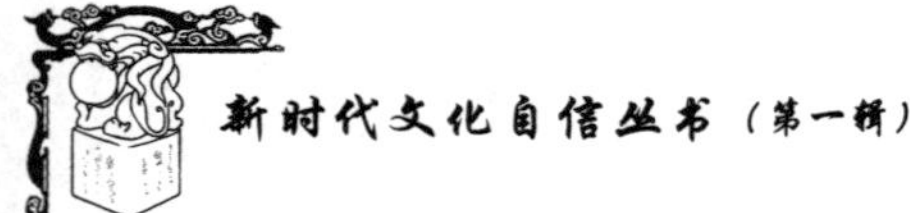

解读

道，中国古典哲学术语。作为中国独有的理念，其对于奠定整个中华民族的思想文化、宗教信仰，产生了不可估量的影响。道，取路途之意，引申为思想路径。道的古字，从辵从首，即道路。道，在不同语境可理解为本源、本体、规律、原理、途径、方法、道理、原则以至境界等多重含义。往大了说，道是万物本原、根本规律、终极真理；往小了说，道是基本原则、处事方法、修悟境界。

大道至理的观念形成，给中华民族的思维方式带来了巨大影响。万物之上存在着一个超越人们主观意识的客观规律，这个观点被认可决定了中国古典哲学思维的唯物方向，奠定了中华民族自然天道唯上唯大的思想意识。天道自然而然，人与天道的关系，是知其然而不知其所以然的关系，是不断从知其然中探求其所以然的关系，在任何时候，人们都必须崇尚并遵循自然天道。

人类将这种自发意识上升为自觉意识是在十九世纪。恩格斯在《自然辩证法》中说过："但是我们不要过分陶醉于我们对自然界的胜利。对于每一次这样的胜利，自然界都报复了我们。"

这种遵从自然天道的意识，在古代中国绝不限于自然生态，还被推及社会生态。这一认识，自“小国灭大邦”的西周就形成了，如《尚书》所谓的“惟不敬厥德，乃早坠厥命”。大自然是自然之道，社会是应然之道，应然之道不会自然而然。家国天下，总逃不出王朝兴衰之道，根本原因就在此。

人世之道的法天，只有善愿良知是不够的，还必须有强有力的保障体系，社会主义核心价值观的根本意义就在于从理念上指导构建这种保障体系。“人民有信仰，国家有力量，民族有希望。”中华民族和顺于道德的传统理念，为构建科学的理想信念奠定了坚实的思想基础。

第三节 齐同于物的人性情怀

天地不仁，以万物为刍狗；圣人不仁，以百姓为刍狗。

——《老子·第五章》

释义

天地无所谓仁爱，像百姓对待刍狗（将草扎成狗的形状用以祭祀）一样对待万物（即不分贵贱）；圣人无所谓仁爱，像对待刍狗一样对待百姓。

天道无亲，常与善人。

——《老子·第七十九章》

圣人无常心，以百姓心为心。

——《老子·第四十九章》

释义

圣人常常没有私心，以百姓的心为心。

圣明之人永无私心偏见，以百姓意愿为己愿。

大道废，有仁义；智慧出，有大伪；六亲不和，有孝慈；国家昏乱，有忠臣。

——《老子·第十八章》

释义

大道废弃了，才需要推行仁义；聪明智巧的现象出现了，虚伪狡诈就会盛行；家庭关系不和谐了，才需要强调孝敬慈爱；国家陷于混乱，才会有忠臣涌现。

是非之彰也，道之所以亏也；道之所以亏，爱之所以成。

——《庄子·齐物论》

释义

是非彰显了，大道因此缺损了；大道缺损了，偏爱私心也就会产生了。

故圣人之牧民也，使各便其性，安其居，处其宜，为其所能，周其所适，施其所宜，如此即万物一齐，无由相过。天下之物，无贵无贱。因其所贵而贵之，物无不贵；因其所贱而贱之，物无不贱。

——《文子·自然》

释义

所以圣人统治百姓之道，在于使百姓能够各自顺应他们的个性，安于他们的居所，适应他们的生活环境，发挥他们的作用，合理安排他们擅长的工作，将他们用在合适的地方，这就是所谓的万物齐同，没有理由厚此薄彼。天下万物，无所谓贵贱。若从其有用而可被珍视之处来判断，那么没有什么东西不是贵重的；若从其无用而受人轻视之处而言，那么没有什么不是低贱的。

柱不可以摘齿，筐不可以持屋，马不可以服重，牛不可以追速，铅不可以为刀，铜不可以为弩，铁不可以为舟，木不可以为釜，各用之于其所适，施之于其所宜，即万物一齐而无由相过。

——〔西汉〕刘安等《淮南子·齐俗训》

释义

柱子不能用于剔牙，发簪不能用于支撑房屋，马不能用于负载重物，牛不能用于奔驰，铅不能用于锻刀，铜不能用于制弩，铁不能用于造船，木不能用于制锅，它们各有各的适用范围，关键在于物尽其用，这就是万物齐同，而没有理由厚此薄彼。

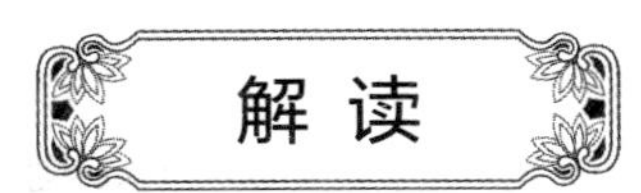

解读

天道有常，既无神当主宰，又无人能左右。中国的自然地理环境，提供了稳定的农耕基础，农耕自然经济也就成了我国几千年来主要的经济形式。客观存在决定意识，中国的农耕自然经济，催生出天人相通的思想理念和万物齐同的悲悯情怀。以人的情怀而言，即天地无偏心，万物皆平等。这是中国古代宇宙观的基本认识，也是社会共识。所谓天理公道，就在于此。

中国古人万物齐同的观念，源于自然的生态环境。人与自然共生、与万物共荣这一道理，基本成为全人类的共识。地球拥有一个得天独厚的生物圈，在这个生物圈内，人虽为万物之灵长，但必须尊重万物的独立存在，并保护万物天成的自然生态现实。只有促成万物和谐相容以及生物的自由生长，才有人的生存前提条件。

自然演化，万物竞发，但自然演化有周期，生物成长有过程，更何况地球这个生物圈很有限，故资源有限，天物有限。世界人口的增长速度，远远超出自然周期的承载力，现在全世界人口已经超过七十亿。面对急剧增加的人口刚性需求，生物资源、矿物资源相对有限，人类为了改善生存条件、提高生活质量，不断向大自然索取、开发，生态遭到破坏。

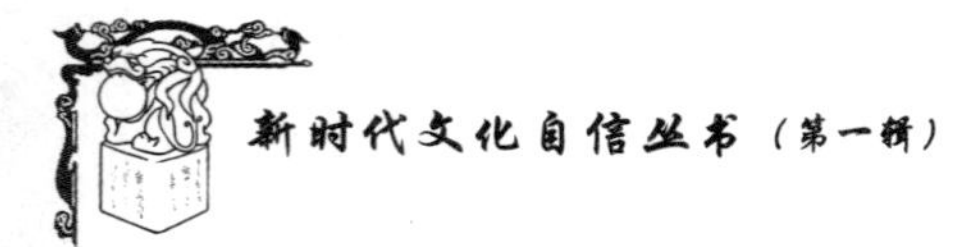

1992年，联合国在里约热内卢召开环境与发展大会，通过了《21世纪议程》，中国政府向世界作出了承诺，并于1994年通过《中国21世纪议程》。在中国，可持续发展战略全面铺开，“绿色”“环保”“低碳”的环境理念深入人心，取得了令人瞩目的进步。2014年7月29日，中共中央政治局会议提出了“发展必须是遵循经济规律的科学发展，必须是遵循自然规律的可持续发展，必须是遵循社会规律的包容性发展”理念，坚决摒弃经济发展的“任性”，为子孙后代负责。

第四节 讲求于器的实用哲学

五色令人目盲；五音令人耳聋；五味令人口爽；驰骋畋猎，令人心发狂；难得之货，令人行妨。

——《老子·第十二章》

释义

陶醉于五光十色，会使人的视觉功能不敏锐；沉溺于莺声燕语，会使人的听觉功能不灵敏；贪婪于美味佳肴，会使人的味觉功能不敏感；放纵于驰骋田猎，会使人的心性更为狂放；眼红于难得的稀世之物，会使人的行为变得不正常。

名与身孰亲？身与货孰多？得与亡孰病？甚爱必大费，厚藏必多亡。故知足不辱，知止不殆，可以长久。

——《老子·第四十四章》

释义

声名和生命相比，哪一个更为重要？生命和财货相比，哪一个更为贵重？得到和失去相比，哪一个更为有害？过分地爱惜必定要付出更多的代价，大量积敛财富必定会遭致更为惨重的损失。所以说，懂得满足就不会受到屈辱，懂得适可而止就不会遇到危险，这样才可以长久。

仓廪实则知礼节，衣食足则知荣辱。

——《管子·牧民》

释义

粮仓充实，民众才会懂得注重礼节；衣食丰足，民众才会懂得注重荣辱。

解读

农耕自然经济始终是中国古代的主要经济形式。在中国古代，由于生产力的低下，生产者必然对来之不易的器物格外珍惜和爱护。同时，中国古代以传统农业为主，重农抑商是中国历代王朝最基本的经济指导思想，以农为本几乎成为历朝的基本国策。

农耕文明的最大特点，在于注重实用。自孔子而始，锲而不舍的入世精神始终得以承传。至明清之际，王夫之、黄宗羲、顾炎武等提出了“经世致用”的理念。

改革开放以来，“空谈误国，实干兴邦”成为我党为民执政的理念。“空谈误国，实干兴邦”，从事物的消极、积极两方面说明了同一个道理，两种不同的态度导致两种截然不同的结果。空谈与实干的分水岭，就在于是否态度务实、谋划切实、作风扎实、工作做实。

“空谈误国，实干兴邦”，不仅是一种精神，还是一种责任，更是一种要求。它是硬道理，成就了四十多年来改革开放的“复兴之路”。坚守“空谈误国，实干兴邦”，坚持“出实策、鼓实劲、办实事”，中国的“两个一百年”奋斗目标才能得以实现，即到中国共产党成立一百年时全面建成小康社会，到新中国成立一百年时建成富强民主文明和谐美丽的社会主义现代化强国。

第五节 应对于时的择机理念

日中则昃，月盈则食，天地盈虚，与时消息，而况于人乎，况于鬼神乎！

——《周易·丰》

释义

太阳过午则偏斜，月亮至圆生缺蚀，天地万象的变更都是应时而变，又何况人，何况鬼神呢！

君子尚消息盈虚，天行也。

——《周易·剥》

消息盈虚，终则有始。

——《庄子·秋水》

释义

君子注重天地万物的生灭盈虚变化，自然天道本来就如此。

天地万物的生灭盈虚变化，有始有终，周而复始。

时行则行，时止则止，消息盈冲，取诸天纪。

——〔东汉〕蔡邕《释诲》

释义

时机允许就应行动，时机不允许则行动也应停止，天地万物的生灭盈虚都取决于天道的纲纪。

故圣人作则，必以天地为本，以阴阳为端，以四时为柄，以日星为纪，月以为量，鬼神以为徒，五行以为质，礼仪以为器，人情以为田，四灵以为畜。

——《礼记·礼运》

释义

所以，圣人制定法则，必然以天地为根本，以阴阳之道为端首，以四季时序为权衡，以日星运行为纲纪，以月亮圆缺为区分，以鬼神为门徒，以五行为主体，以礼仪为工具，以人情为基础，以“四灵”为家畜。

解读

自然天道，给予人类一个天地，一个适宜万物演化和生命繁衍的生存环境，这是一个变而不变、不变有变的时空。用今天的话说，这个由时空构建的天地，空间是三维的，加上时间是四维的。古代中国始终是农耕社会，对大自然时空的变而不变、不变有变有更深刻的感受和认知。人们无法改变这个自然而然的时空，只能接受它，认知它，适应它，运用它。因此，“机不可失，时不再来”的时机意识，是人类与生俱来的自发认知。自发必然成为自觉，也就成为品格和德性。

农耕文明的春种秋收，一半靠人力，一半靠天时，所谓“谋事在人，成事在天”，说的就是这种状态。因此，中国历代都很重视政令劳役不误农时。中国古代历法十分精准，以北斗星指明四季，以二十八宿观时，以阴阳合历纪时，还有二十四节气和七十二物候，无一不通俗而切合实际。

时机，对于军事尤为重要，冷兵器时代更是如此。古今中外有不少例子，如：兵圣孙武有“君命有所不受”的军事名言。越王勾践十年忍辱，无非是等待时机而已。俄国的二月革命和十月革命之所以能成功，重要原因之一就是时机成熟。第一次世界大战时，俄国国内的各种矛盾尤为集中和尖锐，大量军队开往欧洲战场，为革命党人提供了机遇。

自然万物，无不受所在时空的制约，尤其是生物更有生命周期的规律。因时制宜，因地制宜，因事制宜，因物制宜，就成为“谋事在人”的必然抉择。例如读书学习，最好的黄金时间是青少年期间，因为这时精力旺盛、记忆力超强，一朝掬饮，终身受用，否则“少壮不努力，老大徒伤悲”。当今没能培养出大师的“钱学森之问”，与“童子功”缺乏不无关系。

一切事物都处于一个不断发展变化的进程中，谋成败要把握事理的至关重要之环节，即最容易引发事物变化的节点：认识进程，抓住契机，促成转机，这就是谋事在人。因此，孔子说：“日月逝矣，岁不我与。”毛泽东说：“一万年太久，只争朝夕。”

第二章　和合文化的核心内涵

知识就是力量。人类在与天斗、与地斗的成长进程中，不断创造历史的是人民群众，不断提升认知的是时代精英。在大自然面前，任何个人力量都是微不足道的，人类只有结成群体并不断认识自然规律，把握自然力，才能不断适应大自然。知识，是人类创造奇迹、成就自身的制胜法宝。在低生产力、低科技力的自然生产状态下，谁掌握知识、把握规律，谁就会被拥戴和效仿。在人与自然、人与社会相处的过程中，古代中国形成了天道为怀、圣贤为法、和合为贵、中庸为德等社会伦理观念。

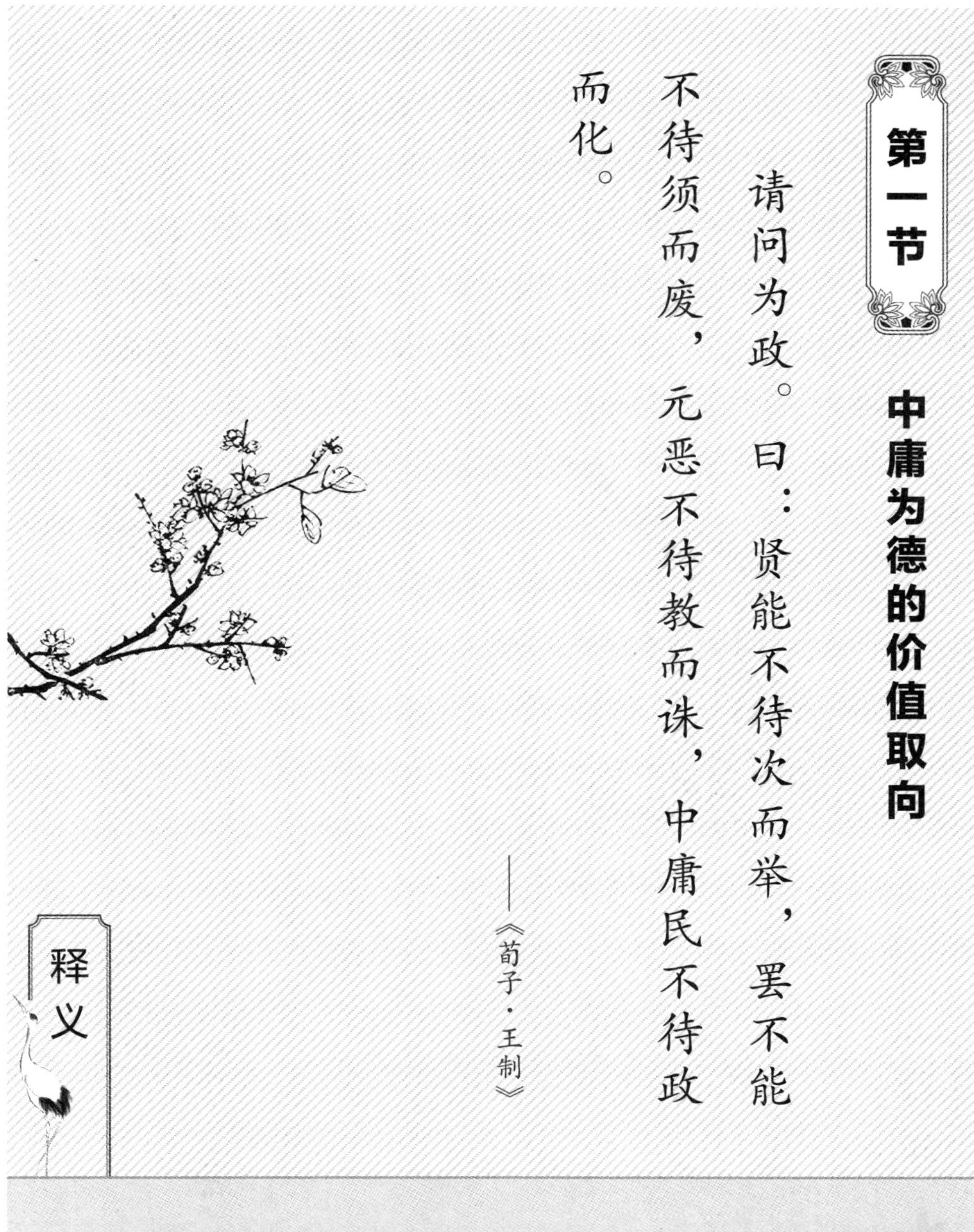

第一节

中庸为德的价值取向

请问为政。曰：贤能不待次而举，罢不能不待须而废，元恶不待教而诛，中庸民不待政而化。

——《荀子·王制》

释义

请问怎么治理国家。答：对于贤能的人不必按次序而破格推举，对于无能的人不必迟疑而立刻罢免，对于大恶之人不必教导而马上诛除，对于普通民众不等待施政就加以教化。

故公平者，职之衡也；中和者，听之绳也。

——《荀子·王制》

释义

所以公平正义，是职权的尺度；中和适度，是政事的准绳。

中正然后贯天下之道，此君子之所以大居正也。

——〔北宋〕张载《正蒙·中正篇》

释义

持中守正，然后贯彻天下大道，这就是君子注重恪守正道的缘由。

不倚之谓中，得其理而守之，不为物迁之谓正。中正，则奉天下之大本以临事物，大经审而物不能外，天下之道贯于一矣。有成心者有所倚，徇见闻者必屡迁；唯其非存大中而守至正，故与道多违。

——〔明〕王夫之《张子正蒙注·中正篇》

释义

不偏不倚，就叫“中”；通晓并坚守道理，且不因外物而改变，就叫“正”。“中正”，指的是尊奉天下根本之道来处理事物，以大原则审度万物而没有例外，如此天下至理大道也就能一以贯之了。有成见的人必然会偏私，听信他人所说的人必然屡屡改变意见；这是因为他们不能心存“大公”来恪守正道，也就常常与正道相违背。

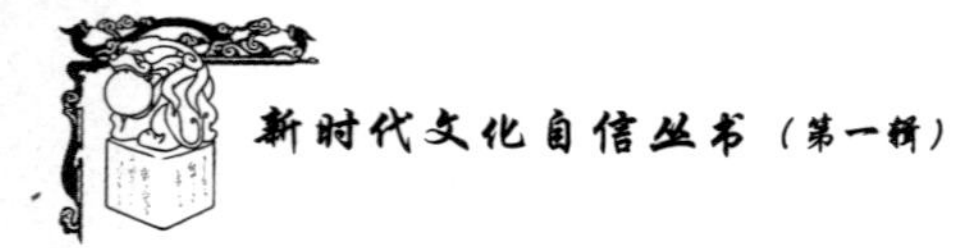

解读

中庸之说，始出《论语·雍也》：“中庸之为德也，其至矣乎。”这一思想则出于《尚书·大禹谟》：“人心惟危，道心惟微，惟精惟一，允执厥中。”“中”指的是不偏不倚，无过无不及。“庸”一说“用”，即以中为用；一说“常”，即以中为常道。何谓中庸？《中庸》说：“执其两端，用其中于民。”何晏的《论语集解》说：“庸，常也，中和可常行之道。”程颐说：“不偏之谓中，不易之谓庸。中者，天下之正道。庸者，天下之定理。”

中国传统文化的核心是儒家文化，儒家文化的核心是中庸之道。中庸之道，由于受近代批判者的犬儒化解读，被很多人理解为折中主义、调和主义，甚至与保守、妥协画上等号。这是误读。

中正的路线。凡事，“执其中”是态度，“叩两端”是方法，“守其正”是原则，“致中和”是目的。持中守正，协和与共，万物并育而不相害，道并行而不相悖，这才是完整的中庸之道。“叩其两端而竭”，“而用其中”。所以《中庸》说，“喜怒哀乐之未发谓之中，发而皆中节谓之和”，“致中和，天地位焉，万物育焉”。

适当的界限。持中，不是折中；求和，不是苟同。所以孔子说：“君子和而不同，小人同而不和。”持中，是论事不对人，做到事理之当，物量之均，权衡之平，裁度之正，社会之公。折中，则是论事却对人，往往是事理不论地“各打五十大板”，甚至于是非不辨地“五十步笑百步”。

慎独的底线。和谐与共、明辨是非、公正处置，才是中庸之道的至境。这就需要君子有很好的修为。所以，孔子要求德才兼备，不可偏差，强调“过犹不及”和“文质彬彬，然后君子”。《中庸》说：“君子戒慎乎其所不睹，恐惧乎其所不闻。莫见乎隐，莫显乎微，故君子慎其独也。”慎独，对人有忠恕之心，格物有至诚之德，处事有中和之道。

中庸之道，即俗话所说的“求大同，存小异”。求大同，存小异，从新民主主义革命，到社会主义建设，中国近现代的历史证明这是一条成功经验。

第二节 以和为贵的世用标准

夫明白于天地之德者，此之谓大本大宗，与天和者也；所以均调天下，与人和者也。与人和者，谓之人乐；与天和者，谓之天乐。……言以虚静推于天地，通于万物，此之谓天乐。天乐者，圣人之心，以畜天下也。

——《庄子·天道》

释义

大凡明白了天地之德的人，也就把握了万物根本，与天道吻合；所以也能平等协调天下，而能与人和谐融洽。与人和谐，称为人乐；与天和谐，称为天乐。……将虚静无为推及天地，通达于万物，就叫天乐。天乐，是圣人用来治天下的法则。

子墨子言曰：『今天下之所誉善者，其说将何哉？为其上中天之利，而中中鬼之利，而下中人之利。』

——《墨子·非攻》

释义

墨子说：“当今天下所赞美的道义，该怎样进行解说呢？这种道义在上能符合上天的利益，于中能符合鬼神的利益，在下能符合百姓的利益。”

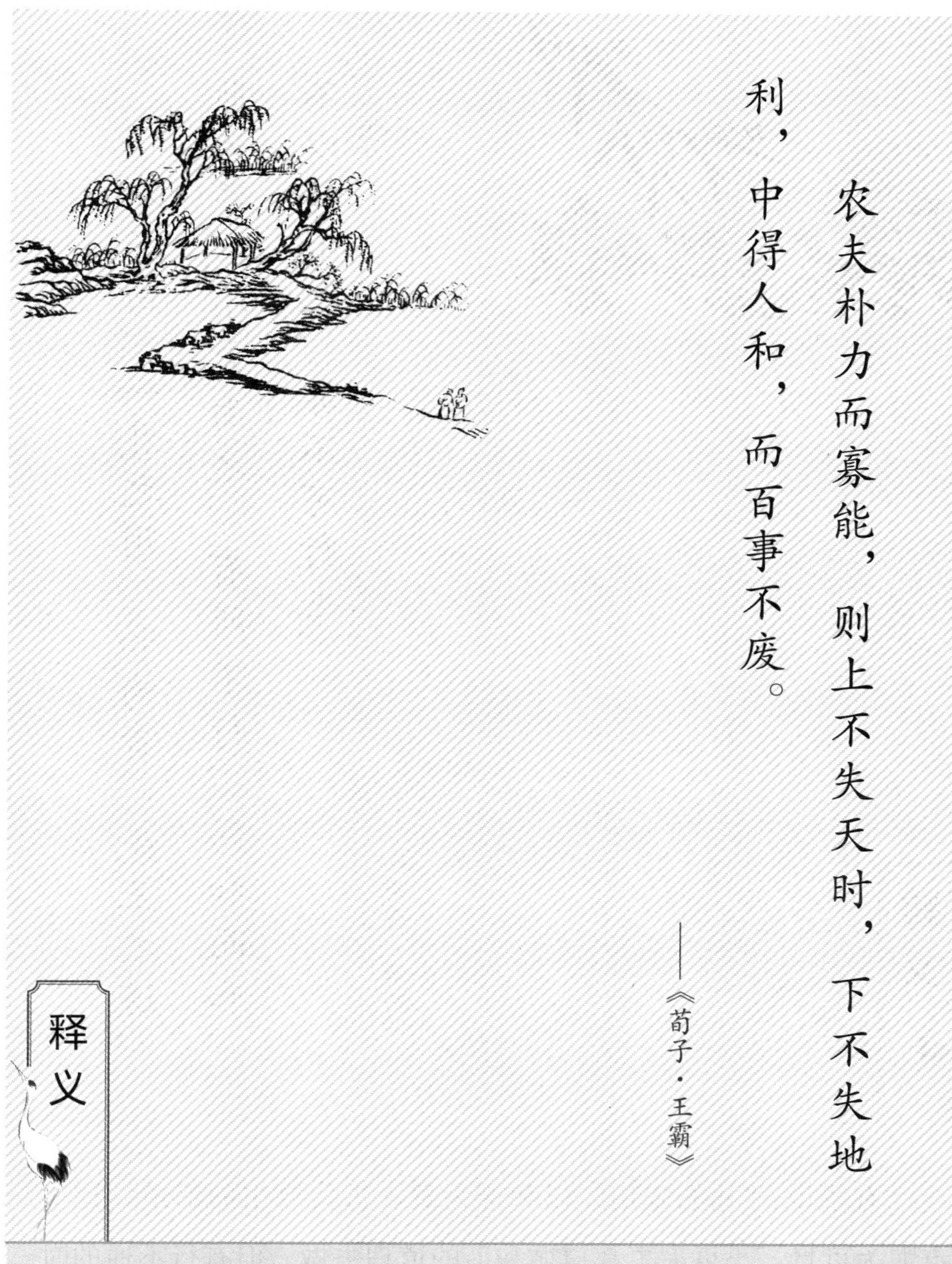

农夫朴力而寡能，则上不失天时，下不失地利，中得人和，而百事不废。

——《荀子·王霸》

释义

农夫敦朴勤劳，却缺少其他技能，但只要上不错失天时，下不耽搁地利，再加上善于团结协作，就能做到百事不废弛。

有子曰：『礼之用，和为贵。先王之道，斯为美，小大由之。有所不行，知和而和，不以礼节之，亦不可行也。』

——《论语·学而》

释义

有子说：“礼的施用，以和谐为贵。古代君主的治道，这一点尤为可贵，小事大事都遵循和谐的道理去做。但有行不通的时候，如果只知道为了和谐去求‘和’，不用礼来节制，也是不可行的。”

中者，天地之所终始也；而和者，天地之所生成也。夫德莫大于和，而道莫正于中。中者，天地之美达理也，圣人之所保守也。

——〔西汉〕董仲舒《春秋繁露·循天之道》

释义

中正，是天地变化演进的核心；而和谐，是天地化育万物的根本。功德之大莫过于和谐，大道之正莫过于中正。中正，是天地的至理，是圣人坚守的法则。

和，谓之至道；中和，谓之至德。中和，天下之理得矣。

——〔北宋〕石介《徂徕石先生文集·送龚鼎臣序》

释义

和谐可以说是至理大道，中正和谐可以说是上善至德。懂得中正和谐，就知晓了天下的根本道理。

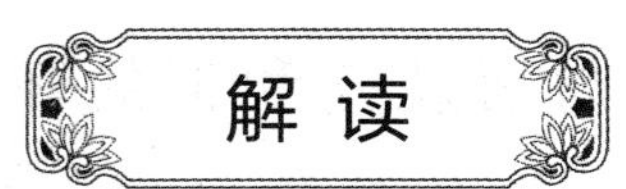

解读

和，作为一种政治理念，始于孔门的有若（字子有）。有若的思想源于孔子，孔子的观念源于《尚书》。《尚书》之“和”，是圣贤之治所追求的圣治境界：“百姓昭明，协和万邦。”孔子赋予其哲理境界，认为“和”是君子的应有之德，说：“君子和而不同。”有若则将其上升为政治理念，视作礼治的最终衡量标准：“礼之用，和为贵。”

有若说“和为贵”，是针对礼治的功用而言的，即凡事按照礼制规定，用以维护等级制度的和谐。然而，随着东周的礼乐崩毁，西周那套烦琐苛严的礼规日渐简化，政治色彩日渐淡化。这一点，从齐国大臣晏婴对孔儒的批评中可以看出来。《史记》等史籍记载，孔子三十五岁出走齐国，得齐景公赏识，齐景公想要封赏孔子，被晏婴劝阻。晏婴说：周之礼乐衰微已久，孔子却把礼节搞得很烦琐，没人学得来，还不适合教给民众。

和为贵，传承至今已成为中国人的普遍信条，成为指导社会关系、人际交往的基本原则，甚至是一种自觉意识。

和为贵的思想，首先体现了顾全大局的理念。一个家庭，一个民族，一个国家，最宏观的大局就是“和”

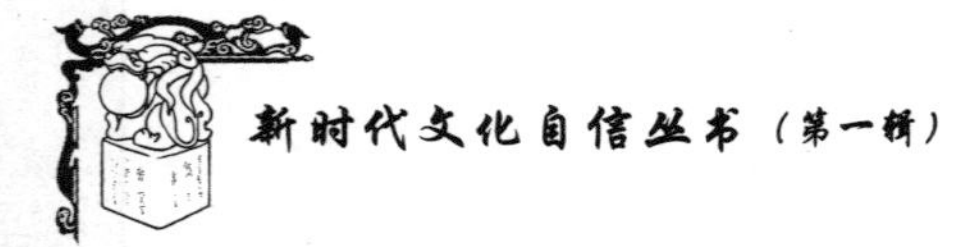

的局面，最可贵的局面就是和谐的环境。和谐，是发展的前提条件，也是发展的最终目的。因此，“和谐”作为价值追求被写入社会主义核心价值观。

和为贵的思想，还体现了统一思想的原则。中国历经夏商周，到秦始皇一扫六合而统一天下，再到汉武帝罢黜百家、汉章帝规范五经而思想一统。以儒家思想为主脉的中国传统文化尽管有不少需要被剔除的糟粕，但历两千多年的传承，它已经融入华夏儿女的血脉，深刻影响着中华民族。

和为贵的思想，还体现了积极疏导的方法。坚持教化，积极引导，形成良俗，一直被认为是圣贤治政的良方。这一点在《周易》中早已说得十分清楚：先王“以省方观民设教”，君子“以教思无穷”“以常德行，习教事”“以振民育德”“定民志”，而“保民无疆”。

和为贵的思想，指的是以良德善风的教化为前提，绝非毫无善恶美丑的“乡愿”，即无原则的一团和气。有子的话就很有道理：“知和而和，不以礼节之，亦不可行也。”

第三节 天道为怀的士子定位

曾子曰：『士不可以不弘毅，任重而道远。仁以为己任，不亦重乎？死而后已，不亦远乎？』

——《论语·泰伯》

释义

曾参说："士人不可以没有宏大的志向、坚毅的品质，因为他们有重大的担当，前行的路途又十分遥远。将仁作为自己的责任，不是很重大的担当吗？至死才能停止，不是路途遥远吗？"

仰不愧于天，俯不怍于人。

——《孟子·尽心上》

释义

上对天无愧无悔，下对人无羞无惭。

故天将降大任于是人也，必先苦其心志，劳其筋骨，饿其体肤，空乏其身，行拂乱其所为，所以动心忍性，曾益其所不能。

——《孟子·告子下》

释义

所以，上天将要把重大使命降临在某人身上，一定要先使他的意志受到磨炼，使他的筋骨劳累，使他忍饥挨饿而消瘦，使他备受穷困之苦，使他做事不顺，这是为了激励他的意志，磨炼他的耐心，增长他的才能。

大学之道在明明德，在亲民，在止于至善。

——《大学》

释义

“大学”的宗旨，在于彰明人们光明的德行，在于教育人们亲近人民，在于使人们达到至善的目标。

大学之修身、齐家、治国、平天下，其本只是正心、诚意而已。

——〔南宋〕朱熹《四书章句集注·孟子序说》

释义

《大学》所说的修身、齐家、治国、平天下，最根本在于端正心性、笃诚意志。

大学之要，诚意而已矣。诚意之功，格物而已矣，诚意之极，止至善而已矣。

——〔明〕王阳明《大学古本序》

释义

《大学》的关键，就在于笃诚的心意。诚意的功夫，在于格物致知；诚意的极致，在于达到最终的良善。

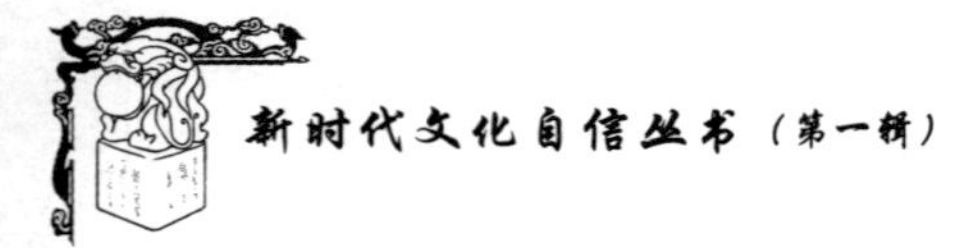

解读

士，即知识分子，是文化承传所系，民族希望所在。中国士子从不缺乏这种文化自觉和使命担当。公元前549年，鲁国叔孙穆子回答晋国范宣子何谓不朽之问时说：“‘太上有立德，其次有立功，其次有立言’虽久不废，此之谓不朽。”北宋张载说得更明确：“为天地立心，为生民立命，为往圣继绝学，为万世开太平。”正是这种士子的人文精神，促使中华文明薪火相传，不断光大。

人类认识的伟大飞跃，出现在中国百家争鸣的春秋战国时期以及西方雅典城邦的鼎盛时期，当时的知识分子如群星璀璨，照亮了整个时代，为人类留下了影响至今的思想宝藏。西周“士子”阶层、古希腊“智者”阶层的崛起，开启了人才智力推动社会发展、国家强盛的新纪元。自工业文明以来，科学技术是生产力、人才知识是生产力的观念日益得到彰显。所以，尊重知识、尊重人才是国家大计、民族要务。

知识分子是历史的精英、时代的公器，是公众的大脑、民族的脊梁，应该成为时代的良知。良知，来自德性。知识分子有心忧天下的担当，有兼济天下的胸怀，有义薄云天的坚守，才能成为时代的良知。如果丧失良知，不是成为鹰犬，就是成为犬儒。宋朝的秦桧是鹰犬，是得宠得势的犬儒；唐朝的宋之问是犬儒，是未得宠得势的鹰犬。宋之问于675年进士及第，后入奉宸院，谄媚张昌宗兄弟，献艳诗给女皇图恩宠而未如愿；张氏兄弟被杀后，宋之问被贬，投靠好友张仲之又行出卖之举，使张仲之遭武三思灭门；唐中宗时依附安乐公主，由于太平公主进言而被贬越州；唐玄宗即位后，他被赐死。

孔子、秦桧，才学皆高，初入世均以私塾谋生，但德性不同，最终结局各异。孔子周游列国，始终坚守“富与贵，是人之所欲也，不以其道得之，不处也”的道德底线，宁肯“再逐于鲁，伐树于宋，削迹于卫，穷于商周，围于陈蔡”，终于授学，赢得身后圣名。秦桧不甘于以教学为生，先为北宋御史中丞，金军破汴京后随徽、钦二帝被掳，南归后全力主和，荣登宰相，“挟虏势以要君”，助宋高宗冤杀岳飞，而且大兴文字狱，重用奸党，死后落个千古骂名。

社会公知，须有社会公德。知识分子如果没有公德，失去良知，必将无耻变得格外“精致”。一个民族断不可长此风，否则是家国不幸。近人严复的《救亡决论》中说“华风之敝，八字尽之：始于作伪，终于无耻”，南宋吕祖谦说“天下之患，莫大于士大夫无耻”，我们应当警钟长鸣。

备物致用，立成器以为天下利，莫大乎圣人。

——《周易·系辞上》

圣人之立正也，必尊天而敬众。

——《帛易·二三子问》

释义

全面完备地聚集天下万物而充分地利用，制造出各种器具而用来为天下人谋取利益，除了圣人之外，就没有其他人能做到了。

圣人执政，必然遵从上天的旨意并敬畏民众。

物未梦兆而先知之者，圣人之志也，三代所以治其国也。

——《帛易·缪和》

释义

事物尚未萌生征兆而能提早感知，这是圣人的心志，是尧舜禹三代的治国之道。

夫古之君子，其思虑举措也，内得于心，外度于义，外内和同，上顺天道，下中地理，中适人心。

——《帛易·缪和》

释义

古时君子，凡思虑、举措，内经过斟酌，外参照道义，两相和同，上顺应天道，下符合地理，中契合人心。

君者，民之原也，原清则流清，原浊则流浊。

——《荀子·君道》

释义

国君是民众之本源，源头清澈，支流就清澈，源头浑浊，支流就浑浊。

君者仪也，民者景也，仪正而景正；君者盘也，民者水也，盘圆而水圆；君者盂也，盂方而水方。

——《荀子·君道》

水至平，端不倾，心术如此象圣人。

——《荀子·成相》

释义

君主像测定时刻的标杆，民众就像这标杆的影子，标杆正直，那么影子也正直；君主像盘子，民众就像盘里的水，盘子是圆形的，那么盘里的水也成圆形；君主像盂（民众就像盂中的水），盂是方形的，那么盂中的水也成方形。

一碗水很平，端起来就不会倾斜，有这种心术就像圣人了。

解读

崇仰超凡者，是人类与生俱来的心理，中国人更注重超凡者的德。中国人的这种圣贤情结，奠基于周朝。西周，虽然是“小国灭大邦”，但实现了政治信仰的巨大变革。西周人从商的“天命靡常”认识到“皇天无亲，惟德是辅”的历史必然，促使“有命在天”的鬼神崇拜观念转向“崇德象贤”的伦理认识。周公和孔子的思想弘扬了这一认识。

圣贤情结，是人类的普遍心态，是人在自身进化过程中自然而然形成的。在“与天斗、与地斗”的演进过程中，人与人之间必然有差异，所以超常的智而贤的人为众人所尊敬、景仰。古今中外，概莫能外。中国的尊圣文化，从现有史籍看，始于《尚书》，尤其受到孔子的影响。孔子“信而好古”，尤其推崇周公，并以梦见周公作为壮心犹在的表现：“甚矣，吾衰也！久矣，吾不复梦见周公。”孔子以后，尧、舜、夏禹、商汤、周文王、周武王、周公，包括孔子本人，成为儒家一派的圣人、圣王楷模。

圣贤情结，从根本来说，符合人性的应然要求。人类想要战胜大自然并主导万物，这决定了人具有两重性，既有个体适者生存的自然本性，还有种群全面发展的社

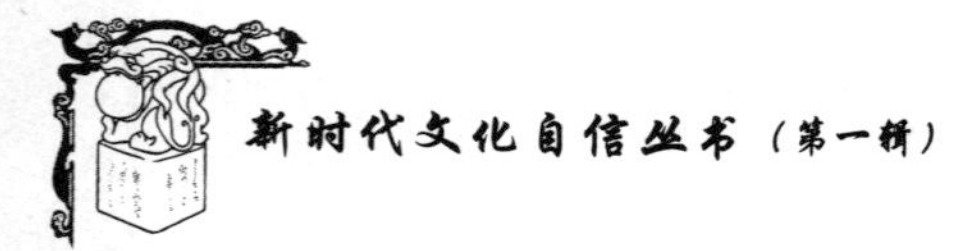

会属性。人类正确面对并协调自己的这种两重性，是人类社会不断走向文明进步的根本动力。

但凡能够认识到人类历史这一趋势，并且推动这一进程的人，就是真正的救世主。所以说，在中国古代，圣贤情结也就自然而然成为民众衡量君主和官吏的一杆秤。

当今社会也需要“崇德象贤”的良好氛围，否则，一个是非黑白莫辨、美丑荣耻无界、真理谬误不分的时代，只会催生崇拜金钱、拥戴权势、漠视公德、践踏底线的现象。当社会变成“卑鄙是卑鄙者的通行证，高尚是高尚者的墓志铭”时而民众熟视无睹，则是民族的最大灾难。

第五节 柔韧为性的生活精神

曲则全，枉则直，洼则盈，敝则新，少则得，多则惑。是以圣人抱一为天下式。

——《老子·第二十二章》

释义

弯曲反而能够保全，屈就反而能够伸展，低洼反而容易充盈，持旧反而能够出新，取少反而能够多得，贪多反而容易迷惑。因此，圣人恪守这一原则，以此作为天下事理的范式。

举大事，动众情，必协众心而后济。不能尽协者，须以诚意格之，恳言入之，如不格不入，须委曲以求济事。

——〔明〕吕坤《呻吟语·治道》

释义

想要干成大事，调动民众的情绪，必须协调众心才能成功。如果不能协调一致的话，必须用诚意去感动民众，用恳切的话语去劝说他们，如果还是不行，必须用委曲求全的办法求得事情的成功。

天下莫柔弱于水，而攻坚强者莫之能胜，以其无以易之。弱之胜强，柔之胜刚，天下莫不知，莫能行。

——《老子·第七十八章》

释义

天下论柔弱没有超过水的，但同时能攻克坚硬东西的也没有超过水的，因为没有什么可以在这方面替代它。弱能胜强，柔能克刚，这一道理普天下没有不知晓的，却没有能够践行的。

天下之至柔，驰骋天下之至坚。

——《老子·第四十三章》

释义

天下最柔弱之物，能够驾驭天下最坚硬之物。

江海之所以为百谷王，以其善下之，故能为百谷王。

——《老子·第六十六章》

释义

江海之所以能成为许多河流汇聚的地方，是因为它善于处在低下的位置，因而能成为百川之王。

解读

今天已经被考证过的人类古代文明有西亚的两河文明、非洲的尼罗河文明、南亚的印度河文明、欧洲的爱琴文明、中美洲的奥尔梅克文明、欧洲的古希腊古罗马文明、中美洲的玛雅文明等，这些古代文明无一不中断甚至灭绝了。英国史学家阿诺德·约瑟夫·汤因比将它们细分为十六个消失的文明（误把中华文明也列入其中）。

夏商周断代史工程考证，中华文明始于夏禹期间，即约公元前2070年。西晋太康二年（281）出土的《竹书纪年》，记录了从传说时代的夏朝直至公元前318—前296年在位的魏哀王（即魏襄王）时期的历史，也可作为中华文明的出现不迟于夏朝的佐证。

中华文明，为什么能够独一无二地延续至今？近五千年的农耕自然经济和宗亲社会及家国政治，铸就了人民勤勉节约、守正自持、沉稳忍让、仁善平和、好学务实、柔顺包容、知足常乐等基本品质，培养了中华民族柔韧为德的生活态度。新中国成立以来，民族优良传统被大力弘扬，形成了雷锋精神、焦裕禄精神、孔繁森精神等。良善的道德价值、浓厚的家国胸怀、深沉的忧患精神、高尚的民族气节、宽容的民族情感、自信的文化心态等，这是中华民族之魂，成了中国人处理人际关系、民族关系、国际关系，以及天人关系的理性自觉和文化自觉。

中华民族的精神，在新中国成立七十多年、改革开放四十多年后，焕发出新的活力。中国跨越了自西方1640年资产阶级革命开始而落后三百多年的历史差距，取得了经济总量仅次于美国的瞩目成绩，这与“中华民族有着不屈不挠、生生不息、顽强奋斗的精神”息息相关。

第三章　和合文化的经典表达

在中国的春秋战国时代，在西方的雅典城邦时代，人类开始自觉地探究和总结人的认识规律。西方受海洋文化熏陶，最终走上了主客相分的认识之旅；中国受农耕文化影响，最终沿袭了天人合一的认识传统。从西周到秦汉，《周易》等奠定了中华民族阴阳和谐、五行贯通的象数思维方法，万物齐同、仁山智水的审美意识和价值取向，“不患寡而患不均，不患贫而患不安”的理念。

第一节 阴阳谐和的思维方法

在天成象，在地成形，变化见矣。……乾道成男，坤道成女。乾知大始，坤作成物。

——《周易·系辞上》

释义

在天形成日月星辰的现象，在地形成山川江河等诸多形态，人世间错综复杂的变化也由此显现了。……乾道演变成雄阳之性，坤道演变成雌阴之性。乾道的智慧在于肇生万物，坤道的功用在于养成万物。

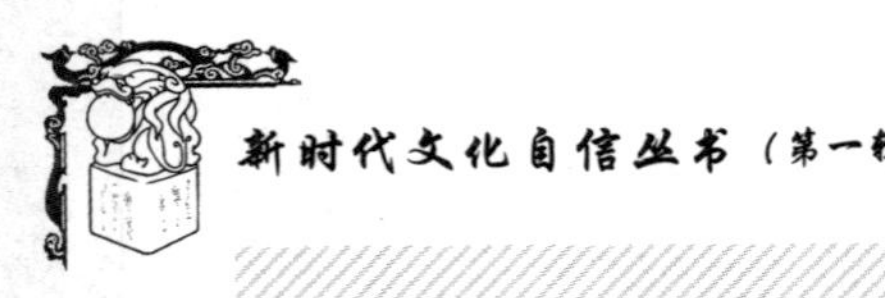

一阴一阳之谓道，继之者善也，成之者性也。仁者见之谓之仁，知者见之谓之知，百姓日用而不知，故君子之道鲜矣！

显诸仁，藏诸用，鼓万物而不与圣人同忧，盛德大业至矣哉！富有之谓大业，日新之谓盛德。生生之谓易，成象之谓乾，效法之谓坤，极数知来之谓占，通变之谓事，阴阳不测之谓神。

——《周易·系辞上》

释义

阴阳对立互补就是“道”，承继这种认识方法就是向善，而能成就“道”全凭人之本性。仁善之人从“道”中就能发现其中的仁义，有悟性之人从“道”中就能发现其中的智慧，百姓在日常生活中却全然不知，可见君子之“道”少为人所知。

“道”显现于仁德，蕴藏于日用，鼓动万物却不跟圣贤一样忧虑，其传扬高尚德行而促成大业的作用大极了！富有万事万物被称作“大事业”，不断更新进步被称作“大德行”。生衍不息叫作“易”，呈现宇宙运行的万象叫作“乾”，效法天道形成规律叫作“坤”，穷尽数理预测未来叫作“占”，精通变化叫作“事”，阴阳变化难以预测叫作“神”。

夫春生夏长，秋收冬藏，此天道之大经也，弗顺则无以为天下纲纪。

——〔西汉〕司马迁《史记·太史公自序》

释义

春天萌发，夏天滋长，秋天收获，冬天储藏，这是自然界的重要规律，不顺应它就无法制定天下纲纪。

凡物必有合。……物莫无合，而合各有阴阳。

——〔西汉〕董仲舒《春秋繁露·基义》

天地之合和，阴阳之陶化万物，皆乘人气者也。

——〔西汉〕刘安等《淮南子·本经训》

释义

凡物必然有相吻合之处。……事物没有不相合的，合的共同点在于各有阴阳。

天地的融通和合，阴阳的陶冶万物，都在于秉承同一样东西，这就是“气”。

天地未形，冯冯翼翼，洞洞灟灟，故曰太昭。道始于虚霩，虚霩生宇宙，宇宙生气，气有涯垠。清阳者薄靡而为天，重浊者凝滞而为地。

——〔西汉〕刘安等《淮南子·天文训》

释义

天地未成形之前，混混沌沌，浑浑噩噩，因而被称为“太昭”。道产生于天地未成形时，未成形时诞生宇宙，宇宙产生元气，元气有形有界。清阳之气盈升而成为天，浊阴之气沉降而为地。

解读

古人通过观察天象、地理、人伦、万物，形成了一阴一阳的观念，总结了天地人的基本规律。“一阴一阳之谓道”，所谓天地大阴阳，人身小天地。阴阳观，是中国古人认识世界的思维方法，是具有中国特色的辩证法。

阴阳观，借助近代哲学理念来解读，即具象化的唯物辩证法。知识是什么？是对自然现象和社会现象进行分门别类的解释学，哲学从某种意义上说是所有学科知识之基本方法的解释学。万物在变，唯有变是不变的，这是哲学对大自然的终极解读。辩证法可以说是研究变化规律的解释学，阴阳观则是以阴阳来概括变化规律的解释学。迄今发现，人类已经产生过二十多种古文明，唯有中华文明延续至今，而以阴阳观来解读宇宙的，唯有中华文明。

对辩证法基本规律进行阐述的集大成者是黑格尔，其后马克思、恩格斯进一步发展了唯物辩证法。列宁为了俄国革命斗争的需要，使辩证法成为“钥匙”，能够让工人阶级大众接受。他对辩证法作了简化：可以把辩证法简要地确定为关于对立面统一的学说，这样就能抓住辩证法的核心。列宁的对立统一说，在中国被进一步概括成“一分为二”“合二为一”：“一分为二”指矛盾的斗争性，“合二为一”指矛盾的同一性。

“一分为二”“合二为一”，虽然很形象，也能简要地说明很多现象，但终究不能囊括全部现象，不能说明普遍现象，因为它不等于辩证法。自然万物变化是一个渐变的过程，不是简单的对立统一或一分为二，而是遵循“道生一,一生二,二生三,三生万物”的法则。阴阳观，没有这种局限，它突出了变化及其消长过程，能够囊括各种自然现象，如有无相生、难易相成、长短相形、高下相盈、音声相和、前后相随等。《周易》说阴阳之道，《老子》说自然之道，两者把中国阴阳哲学阐论得十分透彻，故《周易》成为“群经之首”,《老子》成为“哲学之冠”。

阴阳观提供了一个避免片面、静止、孤立看事物、想问题的简捷方法，对于今天“更加自觉地坚持和运用辩证唯物主义世界观和方法论，增强辩证思维”有着重大意义。当然，借鉴阴阳观时，我们不能将其作为玄学而重蹈两汉谶纬学的覆辙。

第二节 象数贯通的推理判断

天下万物生于有，有生于无。

——《老子·第四十章》

无名万物之始，有名万物之母。

——《老子·第一章》

释义

天下万物生成于可感觉、能看见的有形物质，有形物质则产生于难感觉、不可见的无形存在。

“无”可以用来表述天地混沌未开之际的状况，而“有”则是宇宙万物产生之本源的命名。

道之出口，淡乎其无味，视之不足见，听之不足闻，用之不足既。

——《老子·第三十五章》

释义

大道一旦讲出来，就会令人感到平淡无味，它不能被看见，难以被听见，但运用起来却使人受益无穷。

（黄帝）告之曰：『朕闲居三月，斋心服形，思有以养身治物之道，弗获其术，疲而睡，所梦若此。今知至道不可以情求矣。』

——《列子·黄帝》

释义

（黄帝）告诉他们说："我安闲居家三个月，清除心中杂念，淡泊欲望，思考修养身心、治理外物的方法，仍未能获得办法，疲倦地睡去，连做梦也梦到这里。今天才明白，至理大道是不可以凭借主观情感来追求的。"

阴阳者，天地之道也，万物之纲纪，变化之父母，生杀之本始，神明之府也。治病必求于本。

——《黄帝内经·阴阳应象大论》

释义

阴阳之理，是宇宙的根本规律，是万物运作的纲纪，是万象变化的起源，是生灭存毁的本源，是人的精神与智慧的居所，治病必须要根据阴阳之理。

故天有精，地有形，天有八纪，地有五里，故能为万物之父母。……故治不法天之纪，不用地之理，则灾害至矣。

——《黄帝内经·阴阳应象大论》

释义

天有精气，地有形质，天有立春、春分、立夏、夏至、立秋、秋分、立冬、冬至这八大节气，地有东、西、南、北、中这五个方位，因而能成为万物生长的根本。……所以，人的治理不符合天地之道，那就会有灾害降临。

故阴阳四时者，万物之终始也，死生之本也，逆之则灾害生，从之则苛疾不起，是谓得道。道者，圣人行之，愚者背之。……是故圣人不治已病，治未病；不治已乱，治未乱。此之谓也。

——《黄帝内经·四气调神大论》

释义

所以四时阴阳变化，伴随万物生长的始与终，是死生的根本；违逆它就会产生灾害，顺应它就不会产生恶疾，这就是懂得了自然规律。这个规律，圣人奉行，愚人忤逆。……所以，圣人不主张有病才治，而应未病先防；不要已乱再治，而应治于未乱之时。说的就是这个道理。

故清阳为天，浊阴为地；地气上为云，天气下为雨；雨出地气，云出天气。故清阳出上窍，浊阴出下窍。

——《黄帝内经·阴阳应象大论》

释义

所以清阳之气化为天，浊阴之气形成地；地之阴气一旦化浊为清必向上升为云，天之清气上升到一个阶段必下降为雨；雨源自地阴之气，云则出于天阳之气。所以，清阳之气出自上窍，浊阴之气出自下窍。

天有四时五行，以生长收藏，以生寒暑燥湿风；人有五脏化五气，以生喜怒悲忧恐。故喜怒伤气，寒暑伤形。

——《黄帝内经·阴阳应象大论》

释义

天有春、夏、秋、冬四时，有水、木、火、土、金五行，形成了生、长、收、藏的规律，从而产生寒、暑、燥、湿、风；人有心、肝、肺、肾、脾五脏，发出五脏之气，产生喜、怒、悲、忧、恐不同情绪。所以，喜怒外发会损伤元气，寒暑内侵会损伤身体。

解读

象数思维，是东方特色的类比思维。它烙上了古典思维的具象特质，是一种由此及彼、触类旁通的推理过程。象数思维具有创造性，结论是或然的，而且还是形象的，如“上善若水”。它作为中国的经典思维方式，影响至今。

中国古典哲学的认识方法，一言以蔽之，即形道器，所谓“形而上者谓之道，形而下者谓之器”。形者，万物万象的外观；道者，万物万象的本质；器者，万物万象的功用。用今天的话说，要透过事物表象，认识其本质，发掘其功用。

象数思维，用哲学术语说，即以形象为媒介的类比思维。类比思维是从两个对象之间的某些相同方面进行比较和论证的思维方法，必然要借助归纳和演绎的方法推进思维。象数思维的根本不同点，在于由此及彼、触类旁通的推理过程中，具象一以贯之，即形象思维是贯穿由此及彼、触类旁通的主线。

象数思维的推理是跳跃的，结论是感性的，形象伴随始终。这就需要深入情境，剖析事理，拿捏主旨，达到“心有灵犀一点通”。以水为例，水有许多特性，只要联想不同就会有不同的性状：有“海水不可斗量”的气量、“水深不可测”的城府，有“柔情似水”的衷肠、“抽刀断水”的离愁，有“水可载舟”的顺境、“水可覆舟”的厄难，还有“逝者如斯”的无奈、“水滴石穿”的毅力，等等。

象数思维，是一种极具优势的思维方法：有着形象的推理手段和生动的说服工具。善于运用它，对于推进“实践创新和理论创新”尤有裨益。但是，运用象数思维进行推理容易走向诡辩，经典例子莫过于孟子与告子的人性如水势之辩、庄子与惠子的濠梁鱼乐之辩。前者中孟子把两种“白”类比为两物“性”，后者中庄子把“安知”设定为“已知”，从而实现了概念的偷换。诡辩游戏，胜者是高手，但其内容不一定是真理。

第三节

仁山智水的审美认识

子曰：『知者乐水，仁者乐山。』

——《论语·雍也》

释义

孔子说：“智者喜爱水，仁者喜爱山。”

醉翁之意不在酒，在乎山水之间也。山水之乐，得之心而寓之酒也。……人知从太守游而乐，而不知太守之乐其乐也。醉能同其乐，醒能述以文者，太守也。

——〔北宋〕欧阳修《醉翁亭记》

释义

醉翁的情趣不在于喝酒，而在于欣赏山水。欣赏山水的乐趣，领会在心里，寄寓在酒里。……人们只知道跟随太守游乐，却不知道太守因人们快乐而快乐。酒醉时不忘与人同乐、酒醒时写文章的人就是太守。

故不登高山，不知天之高也；不临深溪，不知地之厚也；不闻先王之遗言，不知学问之大也。

——《荀子·劝学》

释义

所以不登高山，不能感受到天的高远；不面临深渊，不能感受到地的厚重；不听闻先王的遗训，不能理解学问的博大。

海纳百川，有容乃大；壁立千仞，无欲则刚。

——〔清〕林则徐《两广总督府衙堂联》

释义

大海接纳百川之水，有包容之量方能显出博大；绝壁矗立有千仞之高，无世俗之念方能做到刚强。

解读

自然经济、天人思想，造就了中国人“仁山智水”的审美理念和悲天悯人的家国情怀。所谓“形在江海之上，心存魏阙之下”“登山则情满于山，观海则意溢于海”。老子以天地明道究理，而有“道法自然”之说；董仲舒以天地证说论事，而有“天人感应”之说；孔子以山水移情怡性，而有“知者乐水，仁者乐山”之说。

山水情怀来自对大自然的审美体验。中国幅员辽阔，从最高峰到大海分为三级阶梯，可分为河流、湖泊、雅丹、丹霞、喀斯特、风蚀、冰川、黄土、海岸等十六种地貌。地形地貌的多样性，造就了中国山川形胜的多姿多彩。

人的生存生活与山水紧密相连，农耕文明更是如此，其人民必然对山水怀有深厚的感情。长处山水之间，必知山水之性，必生山水之情，中国的山水画里，总有这种情感蕴含其间。

孔子的“仁山智水”则是人文情怀的最高概括。山水情怀，还能陶冶性情、启迪心智、触发灵感，从而创造出新的美。马克思说：动物只是按照它所属的那个种的尺度和需要来构造，而人却懂得按照任何一个种的尺度来进行生产，并且懂得处处都把固有的尺度运用于对

象；因此，人也按照美的规律来构造。

山水情怀，还能使人视野开阔、胸怀博大、气度恢宏，从而感悟人生，激发正能量。因此人有“欲穷千里目，更上一层楼”的追求与梦想，有“沉舟侧畔千帆过，病树前头万木春”的通达与明白，有“千磨万击还坚劲，任尔东西南北风”的刚强与坚韧，有“江山如此多娇，引无数英雄竞折腰”的执着与担当，有“锦绣河山收拾好，万民尽作主人翁”的笃信与赤诚……这就是中华民族传承下来的正能量。

第四节 政通人和的家国认同

天下之本在国，国之本在家，家之本在身。

——《孟子·离娄上》

释义

天下的根本在于邦国，邦国的根本在于家庭，家庭的根本在于每个人。

夫民者，万世之本也，不可欺。

——〔西汉〕贾谊《新书·大政上》

释义

百姓是国家千秋万代的根本，不可欺骗侮辱。

民者，诸侯之本也；教者，政之本也；道者，教之本也。

——〔西汉〕贾谊《新书·大政下》

释义

百姓是诸侯国的根本，教化是政治的根本，大道至理是教化的根本。

情之所恶，不以强人；情之所欲，不以禁民。是以天下乐其政，归其德，望之若父母，从之若流水；百姓和亲，国家安宁，名位不失，施及后世。此明于人情终始之功也。

——〔西汉〕晁错《贤良对策》

释义

人之常情所厌恶的，不要强迫百姓去做；人之常情所喜欢的，不要禁止百姓去做。这样，天下人就会拥护这种善政，归顺这种良德，景仰它如同景仰父母，顺从它如同流水；百姓平和亲近，国家安定祥和，君主自身的名分地位不失，还能传之后代。这就是君主始终通达人情的成效。

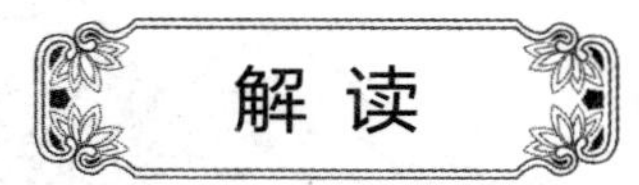

解读

中国古代是宗法社会，以农耕为经济命脉，以亲情为伦理核心，以等级为社会秩序。农耕自然经济，产生天时、地利、人和的文明意识，从而构成社会治道与自然天道相吻合、国家政治与社会伦理相结合的社会形态。农耕文明的思想的最高成就是天、地、人大一统的理性自觉，人格的最高境界是“修身—齐家—治国—平天下”的圣贤之心，政治的最高体现是家国一体、忠孝两全的社会机制。

中国古代，借助宗亲、伦理的社会生态，农耕、土地的经济生态，皇权、等级的政治生态，把国家与家庭紧紧联系在一起。所谓“溥天之下，莫非王土；率土之滨，莫非王臣”，长期熏陶之下，古人形成了家国一体的全民意识，建构了国以民为根本、民以国为大家的传统文化。这种观念，从积极意义来说，强化了民众的国家意识，一定程度上有利于增强民众热爱国家、守护家园的家国情怀。

一个民族有了强烈的家国认同，才能激发民众不竭的爱国热情，从而使他们迸发出无限的奉献精神，创造无数的人间奇迹。这是被中华民族数千年历史所证明的真理。人类有四大文明，即西亚底格里斯河、幼发拉底河流域的两河文明，北非尼罗河流域的古埃及文明，南亚恒河、印度河流域的古印度文明，东亚的中华文明。这些古老文明，皆有过令人叹为观止的辉煌，但前三者却纷纷中断或终绝，唯独中华文明延绵永续。只有中华文明，以其博大的融合性、凝重的向心力、深沉的开放性、长期的稳定性，具有不朽的生命力。

在古代中国，倡导王治、奉行礼教、推行仁政，成为历代贤哲倡行之道。西周以德立国，有“文王发政施仁”之说，老子倡导“爱民治国”，孟子提倡以仁政治天下。当然，德治还需法治，德治如果没有法治保障，很容易陷入人治。庄子很伟大，在两千多年前就提出了德治、法治并举的思想。当代的社会主义核心价值观，也鲜明体现了德、法并治的理念。

第五节 安定求和的社会梦想

通流财物粟米，无有滞留，使相归移也。四海之内若一家，故近者不隐其能，远者不疾其劳，无幽闲隐僻之国，莫不趋使而安乐之。夫是之谓人师，是王者之法也。

——《荀子·王制》

释义

使财物、粮米流通而不滞留、囤积，促使各地互通有无。四海之内如同一家人，因此，近处之人不埋没才能，远处之人不厌劳苦，没有偏僻落后不通消息的国家，人们无不前来投奔并安居乐业。这样的君王就可以为人师表了，这也是王者该实行的法度。

大人者，以天地万物为一体者也，其视天下犹一家，中国犹一人焉。

——〔明〕王阳明《大学问》

释义

圣贤之人，其精神和天地万物是融为一体的，视天下如同一家，视一国如同一人。

以道佐人主者，不以兵强天下。

——《老子·第三十章》

释义

用道的理念来辅佐君主的人，不依靠武力来称霸天下。

兵者不祥之器，非君子之器，不得已而用之，恬淡为上。胜而不美；而美之者，是乐杀人。夫乐杀人者，则不可得志于天下矣。

——《老子·第三十一章》

释义

兵是不祥之器，绝非君子必用之物，迫不得已而用兵，则要恬淡泰然相待。打了胜仗也不能以此为美；如果以此为美，是以杀人为乐。嗜好杀人，不可能得志于天下。

是故百战百胜，非善之善者也；不战而屈人之兵，善之善者也。

——《孙子兵法·谋攻》

释义

所以，百战百胜，并非高明中的极致；不必开战而能使敌人屈服，才是高明中的极致。

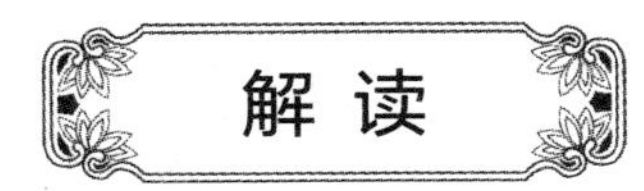

解读

农耕文明，是春种夏长秋收冬藏的自然经济，其最大忧患在于天灾人祸。天灾，非人力所控；人祸，非天道所为。人为之祸，莫过于战乱与政治混乱。和平，是根植于黄土地的基本信念；爱好和平，成为中华民族最深层的文化基因。中国古代，奉“亲仁善邻”为治国之宝，以“协和万邦”为理政之行，以“至诚睦邻之怀”为邦交之礼，以“不得已而用之”为用兵之道。

农耕文明和宗亲社会诞生了中华民族亲亲友友的观念、文化；民谚所谓“亲望亲好，邻望邻好”，正是和合观念深深浸染了民族潜意识的简朴表露。中华民族对本民族及其文化的强大生命力具有高度自信，从来没有动摇过，从而表现出中华文明外柔内韧的顽强生命力。正如利玛窦所说：古老的文明可能走到一定的尽头，但是无论在中国建立什么样的政体，或者强加给它什么样的政体，这个民族的基本特征是不会改变的。

从尧舜禹的部落联邦，到夏商周的家族封建邦国，再到秦汉而下的政令一统的帝国，内争外斗，朝代更替，江山易主，“兴灭国，继绝世，举逸民，天下之民归心焉”。中华文化从无民族偏见。中国人心中，没有“文明冲突”，只有文化融合，所谓“四海之内皆兄弟”，如此才凝聚成伟大的中华民族。

中华民族以宽宏大度的胸怀容纳世界各种文明，吸取各国优秀文化，于1955年提出处理国际关系的“五项原则”，被誉为“团结、友谊、合作”的万隆精神。中华民族从来是主张“不得已而用之”“不战而屈人之兵”的，但面对强暴时，从来是主张同仇敌忾、血战到底的。这就是中华民族的血性。

第四章　和合文化的自身修为

中国古代的认识论，始终未能脱离人这个主体。西方则不然，是把认知乃至意识作为独立内容进行考察的，即把自然万物作为独立个体进行探究；知识体系被分门别类，形成所谓的纯知识、纯科学、纯技术，也就有了不可知论或神创论，以致于与伦理、价值相脱离。中国人的认知是体悟之道，和合精神被视为个人能力而加以修炼，亲爱友善、和衷共济的社会意识及宁静致远的修身理念等，也就成为一种共识。

第一节 和衷共济的社会责任

二人同心，其利断金；同心之言，其臭如兰。

——《周易·系辞上》

释义

两人同心同德，其力量犹如利刃可以斩断金属；两人心意相通，说出的话如同兰草一样馨香。

千人同心，则得千人力；万人异心，则无一人之用。

——〔西汉〕刘安等《淮南子·兵略训》

万人一心，犹不可当，况十万乎！

——〔南北朝〕范晔《后汉书·朱俊传》

释义

千人能够同心同德，就能产生千人的力量；万人如果离心离德，那就没有一个人可用了。

万人一条心，就不可阻挡了，更何况十万人一条心呢！

积土成山，风雨兴焉；积水成渊，蛟龙生焉；积善成德，而神明自得，圣心备焉。故不积跬步，无以致千里；不积小流，无以成江海。骐骥一跃，不能十步；驽马十驾，功在不舍。锲而舍之，朽木不折；锲而不舍，金石可镂。

——《荀子·劝学》

释义

堆积土石成了高山，风雨就从这里兴起了；汇积水流成为深渊，蛟龙就从这里诞生了；积累善行养成高尚的品德，自然会心智澄明，也就具有了圣人的精神境界。所以不积累一步半步的行程，就没有办法到达千里之远；不积累细小的流水，就没有办法汇成江河大海。骏马一跨跃，也不足十步远；劣马拉车走十天也能到达，它的成绩来自坚持不懈。如果刻几下就停下来了，那么腐烂的木头也刻不断；如果不停地刻下去，那么金石也能雕刻成形。

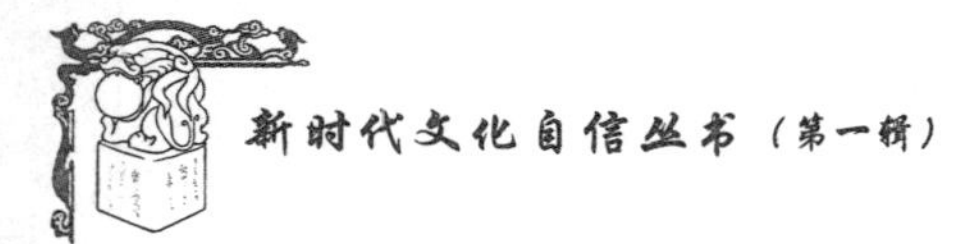

解读

人的社会性要求每个成员具有风雨同舟、和衷共济的集体意识。中国自古就不乏这种共生共赢的社会精神。《尚书》说:“同寅协恭和衷哉。”《国语》说:“夫苦匏不材于人，共济而已。”《周易·同人》专讲众志成城的团队谋事之理。《淮南子》则说:“千人同心，则得千人力；万人异心，则无一人之用。”

同心同德、群策群力，是人类战胜千难万险的法宝。一起谋大事，决不可“同床异梦”，否则成了一盘散沙，必将一无所成。古贤就提炼出诸多成语，如“勠力同心”“众志成城”等，认识到团结所产生的力量，甚至可以“其利断金”。

怎么实现同心协力？求大同存小异。一是统一思想，识大势、明大理、顾大局，不搞亲疏，不分门派；二是明确目标，心有全局，不做“羝羊触藩，羸其角”而被“君子用罔”的勇士；三是正确决策，稳妥推进，不可冒失，造成“羝羊触藩，不能退，不能遂”的鲁莽；四是听从命令，齐心协力，步调一致，不要自作主张、自耍把戏。

所以，《墨子》说，“尚贤为政之本”就在于“求圣君哲人”，“勠力同心，以治天下”，“故古者圣王甚尊尚贤而任使能，不党父兄，不偏贵富，不嬖颜色”。

同心协力，对于领导者是一种艺术、一种素质、一种境界：宽广眼界，容人胸怀，大局意识，用人方法，缺一不可。

第二节 亲爱友善的伦理观念

上善若水。水善利万物而不争，处众人之所恶，故几于道。……夫唯不争，故无尤。

——《老子·第八章》

释义

最高尚的德行好像水一样。水善于滋润万物而不和万物相争，停留在大家所厌恶的地方，所以最接近于“道”。……只因为有不争的美德，所以没有怨咎。

人君之道，清净无为，务在博爱，趋在任贤。

——〔西汉〕刘向《说苑·君道》

德莫高于博爱人，而政莫高于博利人。

——〔西汉〕贾谊《新书·修政语上》

释义

人君的治国之道，在于奉行清净无为的主张，务必发扬广泛的仁爱，势必需要任用贤能。

执政者的最高德行是广博地爱护人民，最大的政绩是更多地给人民带来实际利益。

解读

农耕文明奠定了家庭伦理社会的基础，夏禹改禅让制为嗣承制，开辟家国政治的模式，从而开始了家庭伦理与社会伦理的一统、宗法制度与亲情社会的一统。亲爱友善也就成为全社会的基本伦理。周朝建立后，这一理念也成为文化和政治的自觉。《毛诗序》曰：“亲亲以睦，友贤不弃，不遗故旧，则民德归厚矣。”孔子、孟子进一步完善该理念，倡导仁者“爱人”“泛爱众”“老吾老，以及人之老；幼吾幼，以及人之幼”。

春秋战国的诸子百家，提出了“爱民”“爱人”“泛爱众”“兼爱”等观念，之后“仁者爱人”就成为儒家思想的核心，成为家国政治的纲要。墨子的兼爱，是完全平等的爱；儒家的泛爱，是以己及人的爱；师旷及贾谊的博爱，则是对普遍对象的爱。尽管家国政治倡导的是儒家的泛爱，即爱民有亲疏之分，但始终是一种普遍的爱，没有对象之别。三国曹植的《当欲游南山行》诗句可以证明：“长者能博爱，天下寄其身。”秦汉成书的《孝经》说得更明白：“是故先之以博爱，而民莫遗其亲。”宋代欧阳修的《乞出表》也说：“臣闻愚诚虽微而苟至，可以动天；大仁博爱而无私，未尝违物。”

十八世纪，爱人开始上升为“博爱”。卢梭（1712—1778）、孟德斯鸠（1689—1755）等启蒙思想家，提出“天赋人权”说，提倡自由、平等、博爱精神。然而在1791年，法国女性德古吉因起草《女权和女性公民权利宣言》而被绞死。之后世界又经历了殖民统治、贩卖奴隶、疯狂掠夺、倾销鸦片、种族灭绝等践踏人权的百年历史，至1946年，人权被写进法国宪法。1948年，联合国通过《世界人权宣言》，才最终从文字上确定了人权“不分种族、肤色、性别、语言、宗教、政治或其他见解国籍或社会出身、财产、出生或其他身份等任何区别”。1963年，美国的马丁·路德·金大声疾呼：“我梦想有一天，我的四个孩子将生活在一个不是以肤色深浅，而是以品格的优劣作为评判标准的国家。”

人权，首先是最基本的生命权、生存权。在人权问题上，今天仍存在着事实上的差异，某些发达国家为了本国利益，对本国人与外国人奉行双重标准。不仅种族歧视、阶层歧视仍在延续，肆意解读“普世价值”，以所谓“普世人权”践踏他国主权、他人生命权的现象，以本国国民权益践踏世界公理、人类良知的现象，已成霸权主义的常态。科斯塔斯·杜兹纳的《人权与帝国：世界主义的政治哲学》说：“如今，人权只剩下悖论可以提

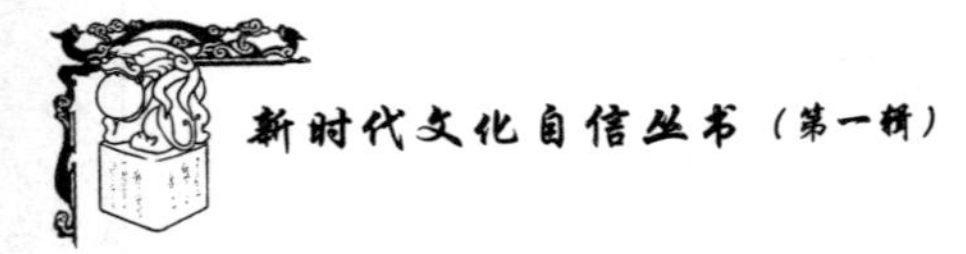

供给这个世界。”

正是中国自古就具有“心忧天下”“大庇天下”的人文情怀，今天，我们的社会主义核心价值观，首先是国家要求，“富强、民主、文明、和谐”；而后是社会保障，“自由、平等、公正、法治”；最后是个人守则，“爱国、敬业、诚信、友善”。设定国家价值、社会价值，个人的自由、平等就从国家使命、社会责任中获得了思想保障，而不只是放之四海而皆准的空洞口号。

小而言之，爱人亲善的伦理情怀，对于家庭建设极其重要。它能促进家庭和睦，促进亲人相亲相爱，促进下一代健康成长，促进老年人老有所养，促进“千千万万个家庭成为国家发展、民族进步、社会和谐的重要基点”。

乾道变化，各正性命，保合太和，乃利贞。首出庶物，万国咸宁。

——《周易·乾》

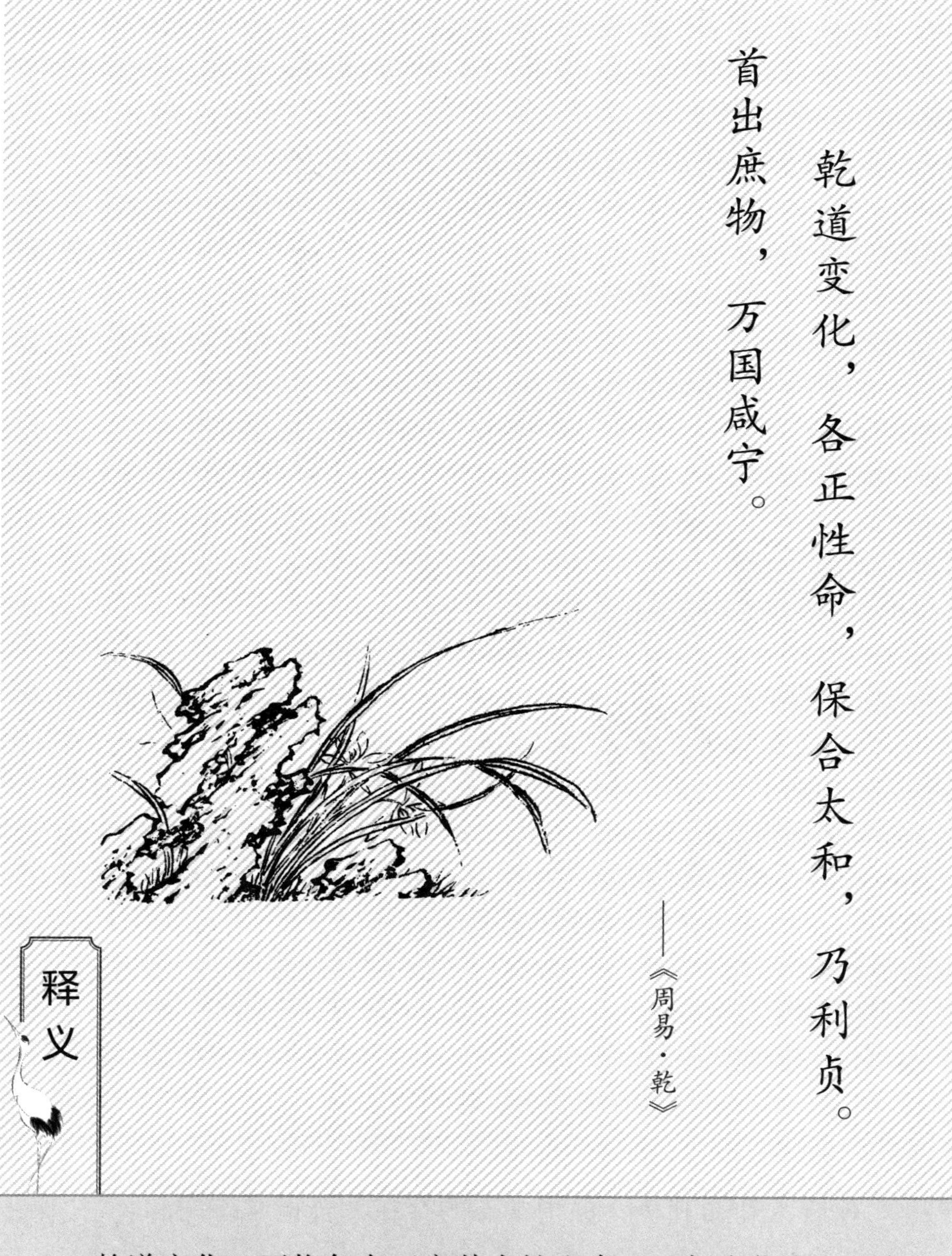

释义

乾道变化，万物各自正定其本性和命理，保全住太和之气，才能“利贞”。万物开始孕育更新，天下才能安宁。

保合太和乃利贞，保谓常存，合谓常和，保合太和，是以利且贞也。天地之道，常久而不已者，保合太和也。

——〔北宋〕程颐《周易程氏传·乾卦》

释义

保合太和乃利贞，保指常态的存在，合指常态的和合，“保合太和”，所以能和谐而有利于万物，能够保持中正之道。大自然之道，天长地久而不停止，就是“保合太和”。

乐民之乐者，民亦乐其乐；忧民之忧者，民亦忧其忧。乐以天下，忧以天下，然而不王者，未之有也。

——《孟子·梁惠王下》

释义

君主能够以民众的快乐为乐，民众就会以君主的快乐为乐；君主能够以民众的忧虑为忧，民众就会以君主的忧虑为忧。同天下忧乐与共，还不能称霸天下的，从来没有。

古之人与民偕乐，故能乐也。

——《孟子·梁惠王上》

圣王以天下为忧，天下以圣王为乐。

——〔东汉〕荀悦《申鉴·政体》

释义

古代圣贤与民同乐，因而能够快快乐乐。

圣明君王与天下同忧患，天下民众与君王同快乐。

先王善与民为一体。与民为一体，则是以国守国，以民守民也。

——《管子·君臣》

释义

古代君王善于与民众结成休戚相关的共同体。与民众结成共同体，那就能以国家的力量保卫国家，以民众的力量守护民众。

民以君为心，君以民为体。心庄则体舒，心肃则容敬。心好之，身必安之；君好之，民必欲之。心以体全，亦以体伤；君以民存，亦以民亡。

——《礼记·缁衣》

释义

民众把君主视为心脏，君主把民众视为身体。心胸端正，身体就安舒，内心严肃，容貌就恭敬。内心喜欢，身体必然安然；国君喜欢，民众自然渴求。内心因身体好而健全，也因身体不好而损伤；君主因民众拥护而存在，也因民众反对而灭亡。

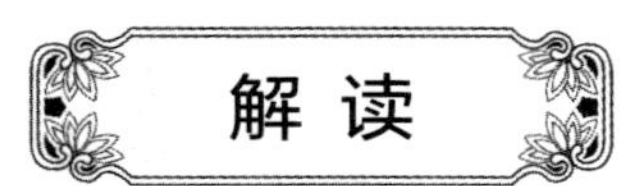

解读

“保合太和”，语出《周易》。《周易》说，天下的变化之道，各自率性发展，“保合太和”利于谋划，首先孕育万物，天下就安宁。保持、顺应自然变化之道达到最为适宜的状态，即“保合太和”；唯此方能物阜民丰，天下安宁。这一思想至宋明得以被阐扬：“天地之道，长久而不已者，保合太和也。”“阴与阳和，气与神和，是谓太和。”“孟子所谓始终条理，集大成于圣智者欤！”

顺应天道，率性发展而达到最佳状态，就是“保合太和”。大自然是自然而然的，故老子说“道常无为而无不为”；社会却是不然，多有意作为，因为人各有私、人各有志。而处世如何“保合太和”？孔子当为楷模。

一是用舍行藏。人有用世之志，然世事未必能如愿，纵有千里马，仍需遇伯乐。孔子主张积极入世致用，一生锲而不舍追求，周游列国，先后事于卫灵公、陈湣公、卫出公；虽有齐景公、楚昭王的知遇，却被臣子所阻挠；虽受到鲁定公的重用，不过四年而出走。孔子学为出仕，进而为政，退而授学，这就是孔子的“用之则行，舍之则藏”之道。

二是富贵有道。出入有底线：入世，坚持理想，“知其不可而为之”；出世，贫而乐道，“学而时习之，不亦乐乎”。一言以蔽之，“笃信好学，守死善道”，故“天下有道则见，无道则隐”；至于底线，“富与贵，是人之所欲也，不以其道得之，不处也。贫与贱，是人之所恶也，不以其道得之，不去也”，“不义而富且贵，于我如浮云”。

第四节 宁静致远的修养品格

天行健，君子以自强不息。

——《周易·乾》

地势坤，君子以厚德载物。

——《周易·坤》

释义

天道运行刚劲稳健，君子应以此为鉴，自强不息。

地道品质敦实宽厚，君子应以此为鉴，厚德载物。

物有本末，事有终始。知所先后，则近道矣。古之欲明明德于天下者先治其国，欲治其国者先齐其家，欲齐其家者先修其身，欲修其身者先正其心，欲正其心者先诚其意，欲诚其意者先致其知，致知在格物。物格而后知至，知至而后意诚，意诚而后心正，心正而后身修，身修而后家齐，家齐而后国治，国治而后天下平。自天子以至于庶人，壹是皆以修身为本；其本乱而末治者否矣。

——《大学》

释义

凡物都有根本和枝末，凡事都有开始和终结。知晓这个先后之理，就接近根本规律了。古代那些想要在天下弘扬光明正大品德的人，先要治理好国家；要想治理好国家，先要管理好自己的家庭和家族；要想管理好自己的家庭和家族，先要修养自身的品性；要想修养自身的品性，先要端正自己的心思；要想端正自己的心思，先要使自己的意念真诚，要想使自己的意念真诚，先要使自己获得知识；获得知识的途径在于认识、研究万事万物。明白洞察万物才能收获真知，真知在胸才能使意志笃诚，意志笃诚才能端正心态，心态端正才能修炼品性，品性修好才能理顺家庭，家庭和顺才能治理国家，国家治好才能安定天下。上至帝王，下至庶民，都要以修身为根本；这个根本乱了，枝节的治理是没用的。

宠辱不惊，闲看庭前花开花落；去留无意，漫随天外云卷云舒。

——〔明〕洪应明《菜根谭》

释义

对于受宠和受辱都无动于衷，永远用平静的心情欣赏庭院中的花开花落；对于所有的得失都漠不关心，随意观看天上的浮云随风聚散。

解读

人超越万物，在于思想，在于精神。因此，在与天斗与地斗的历程中，人最需要的是自我心灵的宁静，因为宁静能够致远。如何让自己有一个良好的心境，《淮南子》说：“是故非澹漠无以明德，非宁静无以致远，非宽大无以兼覆，非慈厚无以怀众，非平正无以制断。”三国诸葛亮以“静以修身”教子：“非澹泊无以明志，非宁静无以致远。夫学须静也，才须学也。非学无以广才，非静无以成学。”

宁静致远，是一种心境，是人性自我修为的最高境界。不只是内心安静、外表平静，而更是精神的恬静，只有自我修炼至和同天道、和谐人际、和顺自我，才可能有真正的心灵宁静，从而回归生命的本真。故老子说：“夫物芸芸，各复归其根；归根曰静，是谓复命。”又说：“专气致柔，能婴儿乎？”

和同天道，是一种认识品质，即认识自然、感悟真理的精神修炼。穷尽物理，才能有天之道“常无为而无不为”和人之道“终不自大，故能成其大”的认知，才能有“知者不言，言者不知”和“知者不博，博者不知”的认同。这也就是庄子的“齐同万物”“心性逍遥”，所以孔子说：“朝闻道，夕死可矣。”

和谐人际，是一种生活品质，即处理好人际关系，保持自我的人格修炼。《国语》记载，郑桓公与史伯讨论周王朝之弊，就在于“去和而取同”。这正是孔子鄙视的小人之举：“小人同而不和。”去和取同的小人，古贤称之为“乡愿”，即貌似为人谨愿忠厚、实与恶俗同流合污的“老好人”。荀子斥责说：“污者皆化而修，悍者皆化而愿。”所以孔子说：“乡愿，德之贼也。”

和顺自我，是一种心灵品质，即看透世事、洒脱地生活的人生价值修炼。世界观、人生观、价值观，不管你认同与否，或积极修炼，或消极接受，任何人都会在生活之旅的坎坷中逐步形成自己的理念。纵观古今，但凡大圣，必有坚定的信念、执着的精神、积极的心态和良好的品质。孔子恪守自己的为人为政之道，“知其不可而为之”，周游列国，宠辱不惊。他在郑国走失，独立城门下，被郑人讥讽为“累累若丧家之狗”，子贡据实相告，孔子欣然笑曰：“形状，末也。而谓似丧家之狗，然哉！然哉！”

天道酬勤。和同天道、和谐人际、和顺自我，不到圣哲境界，是很难体会这种修炼至境的。

第五节　道德合一的参悟境界

大其心，容天下之物；虚其心，受天下之善；平其心，论天下之事；潜其心，观天下之理；定其心，应天下之变。

——〔明〕吕坤《呻吟语·修身》

释义

博大心怀，包容天下万物；涵养胸怀，纳受天下善良；平和心态，讨论天下万事；宁静心境，观察天下道理；坚定心志，应对天下变化。

知天之所为，知人之所为者，至矣。知天之所为者，天而生也；知人之所为者，以其知之所知，以养其知之所不知，终其天年而不中道夭者，是知之盛也。

——《庄子·大宗师》

释义

知晓自然的运行规律，又知晓人的行为逻辑，是认识的最高境界。知晓自然的运行规律，就懂得事物发展出于自然；知晓人的行为逻辑，就懂得凭借自己所明晓的知识来探求未知的东西，终享天年而不至于中途夭折，这就是认知的最高境界。

君子养心莫善于诚，致诚则无它事矣，唯仁之为守，惟义之为行。诚心守仁则形，形则神，神则能化矣。诚心行义则理，理则明，明则能变矣。变化代兴，谓之天德。……夫诚者，君子之所守也，而政事之本也，唯所居以其类至。

——《荀子·不苟》

释义

君子修养身心莫过于真诚，达到真诚就没有其他事了，只要守住仁德、奉行道义就行了。真心实意坚守仁德，仁德就会在行为上体现出来，仁德在行为中体现出来，就会纳入人的形神，使人明智，如此即可感化别人。真心实意奉行道义，也就变得理智，理智了就能明察事理，就能使人改变。改变与感化轮流作用，这叫作天然的德行。……真诚，是君子的操守、政治的根本，唯有坚守，同类才会汇聚而来。

道隐于小成，言隐于荣华。故有儒墨之是非，以是其所非而非其所是。欲是其所非而非其所是，则莫若以明。

——《庄子·齐物论》

释义

大道理被小理论所隐蔽，正确的言论被浮华所掩盖。因此，就有了儒墨两家的是非之辩，用肯定对方的错误之处来非议对方的正确之处。想要用肯定对方的错误之处来非议对方的正确之处，不如以空明的心境去观照事物本来的情形。

解读

中国古代，历夏商而至西周，形成了天地人一统的世界观，春秋后期，老子以哲学思维穷究世界本原，提出了“道德”说。这“道”，即物质本原、自然规律；这“德”，即尊重自然、遵循规律。老子从哲学高度回答了天人关系：“孔德之容，惟道是从。”“天”即道，“人”即德，天人合一，即道德合一。这是《老子》的思想核心，也是中国古代学者的修养至境。

自老子以“道”定义万物本原和自然规律后，中国古典哲学一路走来，可以说是一部认知论解释学，即怎么概说认识路径。一代又一代的贤哲，不仅为我们传承了东方文明的思想财富，也为我们树立了学子对于文化使命的担当精神，更为我们展示了以学为乐的人生修炼。这种人文精神的集中体现就是“孔颜之乐”。

北宋周敦颐为程颢、程颐兄弟授学，教其探寻颜回、仲尼“所乐何事”，开启宋明学子的“孔颜乐处”之论。此论萌于韩愈，他认为“恶饮食乎陋巷兮”只是哲人的细末之事，但宋儒不愿苟同。欧阳修认为颜子之乐在于“外不诱于物，内不动于心”，周敦颐认为，其乐在诚，程颐认为不以贫穷累其心，程颢则认为乐在仁。“周、程、朱子不直说破，欲学者自得之。”至王阳明集心学大成，

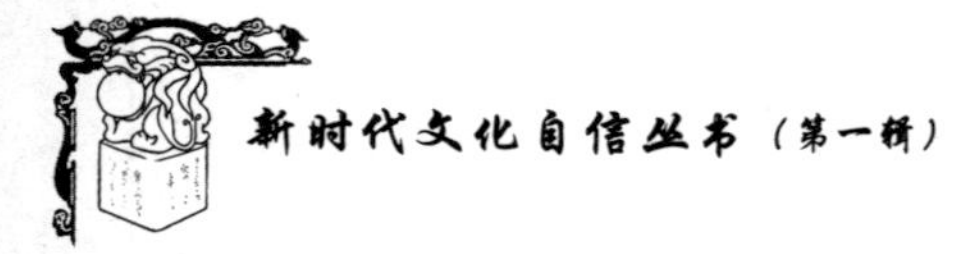

“此心安处即是乐也”，故“一念开明，反身而诚”，即此矣。

回看二程，可谓深得此道，以终身治学为乐事。学无止境，对于人类，是文化传承的历史要求；对于学子，则是践行文化担当的人生修炼。《列子·天瑞》记载了一个不见于《论语》的故事：“子贡倦于学，告仲尼曰：‘愿有所息。’仲尼曰：‘生无所息。’子贡曰：‘然则赐息无所乎？’仲尼曰：‘有焉耳。望其圹，睪如也，宰如也，坟如也，鬲如也，则知所息矣。’子贡曰：‘大哉死乎！君子息焉，小人伏焉。’”孔子这样教导子贡，自己也是这样践履的：学习“生无所息”，生命不息，就当不倦，亦当无他顾。这是学习至境。

学习，从书本学，从实践学，都需要借鉴，只有站在前人和别人肩膀上才能看得更深远广阔。这就有了“同情”之说。古之同情，出自陈寅恪对冯友兰《中国哲学史》的审查报告：“凡著中国古代哲学史者，其对于古人之学说，应具了解之同情，方可下笔。盖古人著书立说，皆有所为而发；故其所处之环境，所受之背景，非完全明了，则其学说不易评论。”但是，今人可依据的材料很有限，尽管经过“联贯综合之搜集，及统系条理之整理”，仍难免在“有意无意之间，往往依其自身所遭际之时代，所居处之环境，所熏染之学说，以推测解释古人之意志”。这就需要我们“必须备艺术家欣赏古代绘画雕刻之眼光及精神，然后古人立说之用意与对象，始可以真了解。所谓真了解者，必神游冥想，与立说之古人，处于同一境界”。

有孔颜之乐的情怀，有以学为乐的心境，有古之同情的悟性，这是古贤留下的真学子精神。文化浮躁的社会，是不可能出大师的。

和合文化

和合，是中华民族特有的文化观念。和合，作为一种自发思想，根植于中华农耕文明；但作为一种自觉理念，来源于东方天人合一世界观；上升为政治观念，则是一种民族精神的文化自觉。

和，有谐和、平和、亲和、和顺、和睦、和平诸义。汉字有使动用法，便有调和、适中、和解、应和、附和、响应、适应等义。无论怎样用，在和合理念中就是要“恰到好处”。

合，有符合、切合、吻合、契合、聚合、结合、联合、融洽诸义，还可表示动态，如会合、交合、收拢、配合、投合、参合、并合、汇合、总合、合作、统一、共商、应当。在和合理念中就是要“朋心合力”。

“和合”一词，最早出于《国语》:“商契能和合五教，以保于百姓者也。”即商契能融合父义、母慈、兄友、弟恭、子孝这五教，用来安抚保全百姓。《周易》则将“和合”视为大智慧、大谋略:“保合太和，乃利贞。”《墨子》将“和合”作为一种应然要求，用来分析社会现象:“内之父子兄弟作怨仇，皆有离散之心，不能相和合。”《管子》视“和合”为治民的养成教育:“畜之以道，则民和；养之以德，则民合。和合故能习，习故能偕。”

在《史记·循吏列传》中，“和合”已成为完全成熟的政治理念，而且是作为教育引导民众的治国方略提出来的：“施教导民，上下和合。”

和合理念作为一种文化观念、政治理念，成为中国社会共识，具有普遍意义，形成深远影响，成就了整个民族的基本精神。与世求和平，与物求和谐，与事求和顺，与人求和睦，与心求和乐，也就成为国人的基本人生态度。英国学者阿诺德·约瑟夫·汤因比看到了中国精神的魅力，他说：“西方观察者不应低估这样一种可能性：中国有可能自觉地把西方更灵活、也更激烈的火力与自身保守的、稳定的传统文化融为一炉。如果这种有意识、有节制进行的恰当融合取得成功，其结果可能为文明的人类提供一个全新的文化起点。”和合精神，正是中国文化传统、中华民族精神的内核。

党的十八大报告提出的“社会主义核心价值观”，充分体现了整体观、系统观的思想方法。核心价值观，不是笼统提出概念，而是从国家、社会、个人三个层面提出中华民族的价值取向，集中体现了传统文化的基本理念。从国家层面来说，“富强”是物质基础，“民主”是政治保障，“文明”是社会状态，“和谐”是生态环境；从社会层面来说，“自由”是人身要求，“平等”是政治要求，“公正”是权利要求，“法治”是制度要求；从个人层面来说，“爱国”是国民准则，“敬业”是从业准则，“诚信”是处事准则，“友善”是人际准则。国家价值、社会价值、个人价值，三者融为一体，最终全面实现自然、社会、政治、人际、自我的和谐融合。

中华传统政治方略，坚持“外儒内法”之道，而和合精神则是其中一以贯之的思想。再回到诸子时代，庄子继承老学以剖析社会，对孔学“阳挤阴助”，超越法家，提出了“以刑为体，以礼为翼，以知为时，以德为循”的治世药方。用今天的话说，即以法治为根本，德治为提升，认知为检验，理性为遵循。归纳起来是三句话：法德并治，与时俱进，坚持真理。这应该成为良法善政的总纲。

跋

学者非必为仕，而仕者必如学

古人云："学者非必为仕，而仕者必如学。"在信息化、知识化时代，领导干部加强学习，勤读书、善读书、读好书，特别是多读些国学经典尤为重要。习近平总书记指出，中国传统文化博大精深，学习和掌握其中的各种思想精华，对树立正确的世界观、人生观、价值观很有益处。中华优秀传统文化是中华民族的精神基因，是中华民族生生不息、薪火相传的丰厚养料。建设中华民族共有的精神家园，培育和践行社会主义核心价值观，要从优秀传统文化中汲取精神营养，只有这样才能凝魂聚气，强基固本，不断夯实中国特色社会主义的思想道德基础。

中华优秀传统文化在探索天人之际、古今之变、成人之道的过程中，形成了宝贵的治国理念和崇高的价值追求。比如，天下兴亡、匹夫有责的家国意识，民为邦本、惠民富民的民本思想，经世致用、知行合一的实践理性，民胞物与、泽被万物的人文情怀，穷变通久、与时偕行的创新精神，自强不息、厚德载物的道德追求，富贵不淫、贫贱不移的大丈夫人格……这些治国理念和价值追求是中华民族独特的精神标志，是深厚的文化软实力。学习中华优秀传统文化，可以更加深刻地理解为什么说中国特色社会主义植根于中华优秀传统文化、反映中国人民意愿、适应中

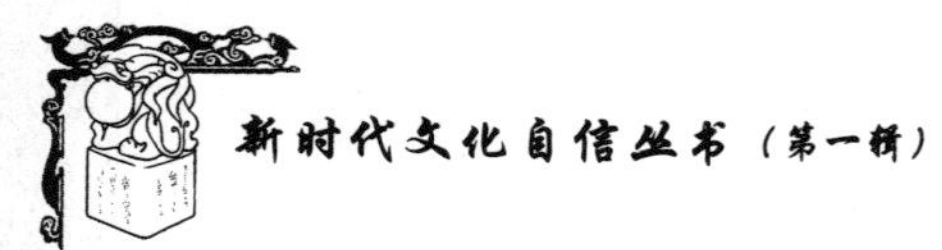

国和时代发展进步要求，从而更加坚定我们的道路自信、理论自信、制度自信、文化自信。

“君子之学也，以美其身。”通过学习来陶冶情操、完善人格，是中华优秀传统文化的一个突出特点。中华优秀传统文化重视通过自省、慎独、改过迁善、养浩然之气等自我修养来提升人生境界，如“吾日三省吾身”“君子慎其独也”“我善养吾浩然之气”等。中华优秀传统文化崇尚推己及人的处世准则，如“己所不欲，勿施于人”“己欲立而立人，己欲达而达人”等。中华优秀传统文化对“国家之败，由官邪也”有深刻的认识，强调为官者要涵育为政之德，如“律己以廉，抚民以仁，存心以公，莅事以勤”“当官之法惟有三事，曰清，曰慎，曰勤”等。总之，学习中华优秀传统文化有助于领导干部滋养心智、砥砺品格、提升能力。

中国的传统文化古籍卷帙浩繁，学习传统文化要取其精华、去其糟粕，做到“博学之，审问之，慎思之，明辨之、笃行之”。要坚持古为今用、推陈出新，加强对中华优秀传统文化的挖掘和阐发，努力实现中华传统美德的创造性转化、创新性发展，把跨越时空、超越国度、富有永恒魅力、具有当代价值的文化精神弘扬起来，把继承优秀传统文化又弘扬时代精神、立足本国又面向世界的当代中国文化创新成果传播出去，做到文化自觉、文化自信、文化自强。

陈宝生

（国家行政学院原党委书记、副院长）

新时代文化自信丛书（第一辑）

重民本

中国国学文化艺术中心／编
刘汉俊／著

红旗出版社

图书在版编目（CIP）数据

新时代文化自信丛书．第一辑．重民本 / 中国国学文化艺术中心编；刘汉俊著．-- 北京：红旗出版社，2023.7

ISBN 978-7-5051-5311-0

Ⅰ．①新… Ⅱ．①中… ②刘… Ⅲ．①民本思想—中国—干部教育—学习参考资料 Ⅳ．① D64

中国版本图书馆 CIP 数据核字（2022）第 210766 号

书　　名　新时代文化自信丛书（第一辑）·重民本
编　　者　中国国学文化艺术中心
著　　者　刘汉俊

责任编辑	吴琴峰	责任印务	金　硕
责任校对	吕丹妮　郑梦祎	装帧设计	大荣原创　顾　页
出版发行	红旗出版社		
地　　址	北京市沙滩北街2号	邮政编码	100727
	杭州市体育场路178号	邮政编码	310039
编 辑 部	0571-85310467	发 行 部	0571-85311330
E - mail	359489398@qq.com		
法律顾问	北京盈科（杭州）律师事务所　钱 航　董 晓		
图文排版	浙江新华图文制作有限公司		
印　　刷	北京画中画印刷有限公司		
开　　本	710 毫米 ×1000 毫米	1/16	
字　　数	120 千字	印　　张	12
版　　次	2023 年 7 月第 1 版	印　　次	2023 年 7 月第 1 次印刷
ISBN 978-7-5051-5311-0		定　　价	270.00 元（全六册）

“新时代文化自信丛书”编委会

主　编

李长喜

副主编

张　健　普颖华　滕潇然

编　委

张　磊　刘汉俊　尚　伟

邵文辉　程少华　欧阳晓东

编写说明

中华优秀传统文化绵延不绝，历久弥新，特别是以儒家文化为核心的中国传统哲学，致广大而尽精微，极高明而道中庸，是中国古代学术思想的主流，也是民族文化的精髓。如今，中华优秀传统文化越来越受到人们的重视，日益彰显出魅力和价值。

一个国家的文化自信源自对优秀传统文化的传承。所以，复兴和传承中华优秀传统文化的意义极其巨大，不仅能提升国家文化软实力，也有利于重塑民族道德体系。基于此，“传统文化与中小学生人格培养研究”（教育部规划课题）、“中华优秀传统文化教育研究”和“中华优秀传统文化传承体系构建研究”三大课题合并研究，着手解决学科教育理论和课程构建等核心问题，旨在为中华优秀传统文化的伟大复兴作出积极努力。

作为课题的重要研究成果之一，本丛书系统阐述了传统文化人文精神与当代行政管理的内在有机联系和相互融合，为各级行政机构提升执政思想、强化决策能力、创新执行策略、扩大用人视野、提升人文素养等提供了完整的理论体系和指导，体现了“为人修身、为政以德、为官有法、公正和谐”的新时期执政理念。

因中华传统文化经典卷帙浩繁，且古籍版本流传不一，所以本丛书在引用原文并进行译注时博采众长，参考了中华书局、商务印书馆、上海古籍出版社、岳麓书社等出版社的相关权威版本，并根据标点符号用法的现行规范作了处理。

为了在便于阅读的基础上尽可能地保留古韵，丛书以简体竖排的形式对所引原文进行呈现。同时，我们考虑到汉以前著作的作者和创作年代多不能确考：有的因年代久远而难以考证，如《周易》《左传》等；有的并非一时、一人所作，后经人收集、加工、修改，编纂成册，如《论语》《诗经》等；有的甚至是托名创作的作品，如《管子》《晏子春秋》等。诸如此类，不一而足。为了避免争论，丛书对此作了统一处理，即汉代以前的著作只标出书名，汉代及以后的则标出书名、作者和创作年代。

国家行政学院政治学教研部、教育部规划课题“传统文化与中小学生人格培养研究”等三大课题组、中华传统文化振兴基金会、红旗出版社等对丛书的出版给予了极大的关心和支持，陈宝生、陶西平、滕纯、季明明、郑增仪、曹卫洲、王岳、孙默、曾祥翊、马小强、洪文秋、荣光、李墨卿等多位专家也给予了大力支持，在此一并表示感谢。

中国国学文化艺术中心

总序

弘扬中华优秀传统文化
进一步坚定中国特色社会主义文化自信

读书学习，是领导干部加强党性修养、坚定理想信念、提升精神境界、涵养高雅情趣的一个重要途径。习近平总书记高度重视领导干部的学习问题，他指出，读书人不一定都要当领导干部，而担任领导职务的干部必须坚持读书学习。他还指出，在大量书籍中，领导干部应当围绕提高思想水平、增强工作能力、完善知识结构、提升精神境界，选择那些与所从事的工作关系密切、自己爱好和有兴趣的书来读，力争在有限的时间内取得最佳的读书效果。就一般情况而言，领导干部普遍应当读下列三个方面的书。第一，当代中国马克思主义理论著作。第二，做好领导工作必需的各种知识书籍。第三，古今中外优秀传统文化书籍。

我们要通过研读优秀传统文化书籍，吸收前人在修身处世、治国理政等方面的智慧和经验，养浩然正气，

塑高尚人格，不断提高人文素质和精神境界。对于先人传承下来的文化，要坚持古为今用、推陈出新，有鉴别地加以对待，有扬弃地予以继承，努力做到创造性转化、创新性发展，进一步坚定中国特色社会主义文化自信。

党的二十大报告指出：“坚持和发展马克思主义，必须同中华优秀传统文化相结合。只有植根本国、本民族历史文化沃土，马克思主义真理之树才能根深叶茂。中华优秀传统文化源远流长、博大精深，是中华文明的智慧结晶，其中蕴含的天下为公、民为邦本、为政以德、革故鼎新、任人唯贤、天人合一、自强不息、厚德载物、讲信修睦、亲仁善邻等，是中国人民在长期生产生活中积累的宇宙观、天下观、社会观、道德观的重要体现，同科学社会主义价值观主张具有高度契合性。我们必须坚定历史自信、文化自信，坚持古为今用、推陈出新，把马克思主义思想精髓同中华优秀传统文化精华贯通起来、同人民群众日用而不觉的共同价值观念融通起来，不断赋予科学理论鲜明的中国特色，不断夯实马克思主义中国化时代化的历史基础和群众基础，让马克思主义在中国牢牢扎根。”

习近平总书记指出：“培育和弘扬社会主义核心价值观必须立足中华优秀传统文化。牢固的核心价值观，都有其固有的根本。抛弃传统、丢掉根本，就等于割断了自己的精神命脉。”他还指出：要认真汲取中华优秀传统文化的思想精华和道德精髓，大力弘扬以爱国主义为核心的民族精神和以改革创新为核心的时代精神，深入挖掘和阐发中华优秀传统文化讲仁爱、重民本、守诚信、崇正义、尚和合、求大同的时代价值，使中华优秀传统文化成为涵养社会主义核心价值观的重要源泉。

根据党的二十大精神以及习近平总书记的重要讲话精神，中国国学文化艺术中心组织编著了“新时代文化自信丛书”，选取经典文献的原文以及名言警句等，用通俗易懂的语言将其译成白话文，对有关的背景和典故进行解释；联系实际，古为今用，以古鉴今，深入挖掘和阐发其对于解决当前问题的时代价值和现实意义，着力论述其对于培育和践行社会主义核心价值观的借鉴意义和精神力量。

我们力求使这套丛书成为各级党政干部和有自学阅读能力的人们愿意读、读得懂、易践行的通俗读物，对坚持社会主义核心价值体系起到积极的长效作用，也企盼读者提出宝贵意见。

李长喜

（中共中央宣传部原副秘书长）

目录

第一章　原始社会至夏商西周时期的民本思想

古代神话是人类文明的重要组成部分，凝聚在神和英雄身上的精神是人类精神的起源之一，也是人类对自己的认识。中国古代神话寄寓了中国先民早期的精神追求，蕴含着中华民族早期的民本思想。夏商周时期的中国处于由原始部落向奴隶社会、封建社会的转型时期，其文化标志之一是早期思想的萌芽和形成，民本思想是主要的成果之一。到西周末年，中华民族早期民本思想的基本框架、主要内涵、基本特征和实践特点趋于成熟。从遗存的经典看，西周以来的民本思想是对前代的进一步丰富、完善、补充，因此整理、继承这一时期的民本思想，是解读中华民族早期民本思想的关键。

第一节 古代神话传说中的民本故事

首生盘古，垂死化身。气成风云，声为雷霆。左眼为日，右眼为月，四肢五体为四极五岳，血液为江河，筋脉为地理，肌肉为田土，发髭为星辰，皮毛为草木，齿骨为金石，精髓为珠玉，汗流为雨泽，身之诸虫，因风所感，化为黎虻。

——〔三国〕徐整《五运历年纪》

释义

首先诞生的创世神盘古，在临近死亡时把身体化为天地宇宙的构成。他呼出的气化作风和云，发出的声音化作隆隆的雷霆。他的左眼化作太阳，右眼化作月亮，四肢五体化作大地上的东、西、南、北四极和五座高山，血液化作江河，筋脉化作山川平原，肌肉化作田地土壤，头发和胡须化作星辰，皮毛化作草木，牙齿和骨头化作金属和石头，精气骨髓化作珍珠和玉石，流出的汗化作雨水，身上的各种小虫子被风一吹，化作黎民百姓。

黄帝者，少典之子，姓公孙，名曰轩辕。生而神灵，弱而能言，幼而徇齐，长而敦敏，成而聪明。轩辕之时，神农氏世衰。诸侯相侵伐，暴虐百姓，而神农氏弗能征。于是轩辕乃习用干戈，以征不享，诸侯咸来宾从。而蚩尤最为暴，莫能伐。炎帝欲侵陵诸侯，诸侯咸归轩辕。轩辕乃修德振兵，治五气，艺五种，抚万民，度四方，教熊罴貔貅貙虎，以与炎帝战于阪泉之野。三战，然后得其志。蚩尤作乱，不用帝命。于是黄帝乃征师诸侯，与蚩尤战于涿鹿之野，遂禽杀蚩尤。而诸侯咸尊轩辕为天子，代神农氏，是为黄帝。

——〔西汉〕司马迁《史记·五帝本纪》

释义

黄帝，是少典之子，姓公孙，名叫轩辕。他一生下来就很有灵性，很小的时候就能说话，幼儿时敏捷聪慧，长大后忠厚机敏，成年以后聪慧英明。轩辕时期，神农氏部落走向衰败。诸侯之间互相攻战，残害百姓，而神农氏没有力量征讨他们。于是轩辕就习兵练武，去征讨那些不来朝贡的诸侯，各诸侯都来归从。而蚩尤在各诸侯中最为凶暴，没有人能征讨他。炎帝想攻打诸侯，诸侯便都来归顺轩辕。轩辕于是修行德业，整顿兵力，研究五行之气变化，种植五谷，安抚民众，丈量四方的土地，训练熊、罴、貔、貅、貙、虎等猛兽，跟炎帝在阪泉的郊野作战，打了几仗才征服炎帝，如愿得胜。蚩尤发动叛乱，不听从黄帝之命。于是黄帝征调诸侯的军队，在涿鹿郊野与蚩尤作战，终于擒获并杀死了他。这样，诸侯都尊奉轩辕做天子，取代了神农氏，这就是黄帝。

解读

目前发现的人类最早的文字，多是关于神的故事记载。神话，镌刻着人类群体的思维情感和社会生活的烙印，为后人了解人类早期的精神、思维以及社会发展的历程，提供了一个重要的窗口。马克思指出，神话是在人民的幻想中经过不自觉的艺术方式加工过的自然界和社会形态，“任何神话都是用想象和借助想象以征服自然力，支配自然力，把自然力加以形象化”。恩格斯指出，神话是自然现象、对自然的斗争，以及社会生活在广大的艺术概括中的反映。这些论断指出了神话的本质。

神话产生于现实，又是对现实高度的艺术概括，这决定了神话与现实生活有着紧密的关联。神话是先民劳动过程和成长状态的神化反映，神的意志、心理、情感和行为，都是凡世的一一映射，因而神话具有一定的现实性，它既有将万物神格化的特点，也有将万物人格化或者拟人化的特点，即神化人和人化神。在这一过程中，神话被赋予了一定的精神和思想，蕴育着早期民本思想。

中国神话传说和民间故事产生于上古时期，距今至少有五千年的历史。它是中国古代先民对自然、对自身认识的体现，是将自然现象和客观世界神格化、形象化、故事化的产物。中国神话传说和民间故事大多散见于《山海经》《太平御览》《淮南子》《搜神记》《逍遥游》《楚辞》《史记》等作品中，例如盘古开天辟地、盘古化生万物、女娲造人、女娲补天、燧人钻木取火、伏羲氏画卦结网、神农氏鞭百草、后稷教民稼穑、仓颉造字、嫘祖养蚕、高元作室、夸父追日、精卫填海、后羿射日、鲧禹治水等，口口相传或用文字传承了几千年，蕴含了丰富的人文精神和民本思想。

中国古代神话在发展过程中，出现了历史化的倾向，即神话逐步被改造，超现实主义色彩渐渐减弱，现实主义色彩渐渐浓厚，即“神味”变得越来越有“人味”，一些有来源的神话最终演变为有根据的历史，成了各民族的起源，这是中国古代神话的显著特点。先民把神话中的神作为人类的祖先，再进行神化并加以膜拜，比如神话传说中的炎帝、黄帝、尧、舜等被后世供奉，他们的英雄壮举、为民情怀和创业精神世代相传。神人合一，反映了中国古代先民对神明的崇拜，对人类起源的模糊认识，也反映了人类对自身力量的某种自信。

中国古代民本思想滥觞于原始社会后期，一些氏族部落首领为了维护氏族部落整体利益，维护自身的特权地位，不得不考虑部落普通成员和底层成员的诉求，作出某种妥协，并渐渐形成一种统治方式和理念。在人际关系、社会关系不断调整、不断形成的过程中，人们口口相传地创造了先王们和英雄们的神话传说故事，塑造了他们“抚万民，度四方”以及为民、利民、救民的形象。这一时期是民本意识的萌生期。

第二节 夏商时期的民本思想

德惟善政，政在养民。水、火、金、木、土、谷，惟修；正德、利用、厚生，惟和。九功惟叙，九叙惟歌。戒之用休，董之用威，劝之以九歌，俾勿坏。

——《尚书·大禹谟》

释义

德政主要表现在搞好政事，而为政的关键在于养育百姓。水、火、金、木、土、谷这六类物质要修治准备好；端正百姓的德行，丰富他们的财用，改善他们的生活，这三件事要互相配合做好。这九个方面的事情都要安排得有条不紊，百姓才会对君主歌功颂德。用美德来规劝引导百姓，用刑罚来监督他们，用歌咏来激励他们，这样就可以使百姓的德行不致败坏。

皇祖有训：民可近，不可下。民惟邦本，本固邦宁。予视天下，愚夫愚妇一能胜予。一人三失，怨岂在明？不见是图。予临兆民，懔乎若朽索之驭六马。为人上者，奈何不敬？

——《尚书·五子之歌》

释义

伟大的祖先大禹曾有明训：百姓只可以亲近而不可以蔑视。百姓是国家的根本，根本牢固国家才会安宁。我观天下，愚夫愚妇都能胜过我。一个人有多次失误，体察民怨难道要等到它暴露吗？应该在还没有显现的时候就要考虑如何应对。我治理亿万百姓，恐惧得像用腐坏的绳子套着六匹马在奔驰一样。作为百姓的君主，怎么能不恭敬谨慎呢？

明听朕言，无荒失朕命。呜呼！古我前后，罔不惟民之承保。后胥戚鲜，以不浮于天时。殷降大虐，先王不怀厥攸作，视民利用迁。汝曷弗念我古后之闻？承汝俾汝，惟喜康共，非汝有咎比于罚。予若吁怀兹新邑，亦惟汝故，以丕从厥志。今予将试以汝迁，安定厥邦。汝不忧朕心之攸困，乃咸大不宣乃心，钦念以忱，动予一人。尔惟自鞠自苦，若乘舟，汝弗济，臭厥载。尔忱不属，惟胥以沉。不其或稽，自怒曷瘳？汝不谋长以思乃灾，汝诞劝忧。今其有今罔后，汝何生在上？

——《尚书·盘庚》

释义

你们要听清楚我的话，不要轻视我的命令。啊！从前我的先王，没有不是顾全百姓的。君臣都有忧患意识，所以没有被天灾惩罚。从前有大灾降临时，先王没有安居于已建成的都邑，而是考虑百姓的利益迁都。你们为什么不想想我们先王的这些传闻呢？我现在顺从你们的意志，遵从你们的心愿，是希望你们能共享安康，而不是因为你们有罪过要惩罚你们。我如此呼吁你们安心迁到新都，也是为了你们的缘故，极力地遵从你们的心愿。现在我要带领你们迁都，使国家安定。你们不体谅我的难处，竟然完全不向我坦露你们的心声，不想着以诚意来配合我。你们这是自找苦吃，就像坐在船上，你们不渡河，却等着船腐烂。你们热衷于固守不变，那就只好一起沉下去。你们不能查找原因，自己恼怒有什么益处呢？你们不长远地思考如何应对这些灾害，还虚妄地安于享乐。你们现在这样只顾今天而不管明天，怎么能安稳地活在世上呢？

解读

中国先民的民本思想产生于母系氏族社会的农业生产过程中，在恶劣的生存生产条件下，关心氏族公社的每一位成员，是氏族公社首领的天职。到了尧、舜、禹所在的父系社会，这些部落首领亲自从事劳作生产，因而对民生、民意、民众有更加深切的感受。

夏朝的初创者是大禹。大禹在治水的过程中，走遍天下，走进百姓，了解民意，对百姓有深厚的感情。他还将九州按土壤颜色、赋税等级、贡物等级划分为三等九类。大禹死后，传位于儿子启。“夏禹传子”结束了原始部落时期尧让位于舜、舜让位于禹的禅让制，创立了在中国延续约四千年的世袭制度。

一般认为，夏朝是中国古代民本思想的滥觞期。夏朝的故事，多与民生相关。夏王启的儿子、大禹之孙太康在位时喜好外出田猎，不理朝政，漠视百姓，激起朝野上下的不满。大臣羿趁机起兵反对太康，把守黄河北岸，不让太康回都，太康的五个弟弟护佑着母亲，在洛水边等候太康达一百多天。五人以诗歌表达了对太康不理朝政、不亲百姓行为的怨恨和批评。这首诗歌便是《尚书》中的《五子之歌》，其中的“民可近，不可下”“民惟邦本，本固邦宁”等句，成为夏朝以来民本思想的经典，为后人所敬奉尊崇。

夏时期民本思想的历史价值，一是体现在以人为本，而不是以神为本；二是体现在以民为本，而不是以君为本；三是天意要服从民意；四是君主治理国家的首要任务是“安民”“保民”“敬民”。君主所做的工作，正如皋陶所说的“在知人，在安民”，又如大禹所说的“知人则哲，能官人；安民则惠，黎民怀之”。

殷商是中国第一个有文字可考证的王朝。商本是夏朝的一个诸侯国，商的部落首领是汤。夏朝君主桀荒淫无度，不理民生，导致国家动荡、民怨沸腾。汤于是率诸侯国一举灭夏，在亳（今河南商丘）建立商朝。之后，商朝频繁迁都，及至盘庚迁殷（今河南安阳）后，国都才安定下来。末代君主纣王骄奢淫逸，连年征战，导致民不聊生，又以酷刑对付百姓，渐渐失去民心。牧野之战中，纣王被周武王击败，后自焚而亡。

商朝先后经历先商、早商、晚商三个时期。商朝的民本思想，主要体现在商汤、盘庚、武丁三位君主的言行中。

汤是商朝的第一位国君，由于夏桀的残暴统治，夏朝早如处风烛残年，摇摇欲坠。汤抓住有利时机，发起了灭夏之战。《尚书·汤誓》是汤发起战争的动员令，他说“夏氏有罪”，害怕上帝发怒，不敢不讨伐夏朝。他历数夏桀的罪行，说他让百姓承受沉重的负担，不惜民力，疯狂地剥削欺压百姓，百姓都抱怨“时日曷丧”（意即夏王何时灭亡）。他动员百姓的力量，齐心协力一举推翻了夏朝，建立了商朝。商汤的战斗檄文，包含了丰富的民本思想，他正是运用民本思想凝聚了民心民力，完成了建朝大业。

盘庚是汤的第十世孙，是一位明君。《尚书》收录了他关于迁都的三篇演讲内容。在第一篇中，盘庚为了使百姓生活安定、国家避免水灾，决定迁都，但这一决定遭到贵戚近臣的反对。他把这些人召集起来训话，要求他们抛却私心，把迁都的原因和思想正确无误地传达给百姓，给百姓一些实实在在的好处，切不可煽动百姓反对迁都。在第二篇中，盘庚把那些不服从迁都命令的百姓召集起来进行说服教育。在第三篇中，盘庚把百官召集起来，告诉他们新都已经迁好了，让他们不要贪图玩乐和怠慢懒惰，要“懋建大命”，即完成重建家园的大业，恭敬地治理民事，不要贪图享受，不要敛财聚宝，而要广布民德，与人民一起同心同德建设家园。这三次演讲通篇贯穿了安民、顺民、富民思想。而且盘庚还提出根据民意来考察使用干部，他对百官们说：“你们要思考自己的职责，我将按照你们取得的政绩任用你们，而不会任用那些贪财好货之辈。”

盘庚之后，他的侄子、商王小乙之子武丁继任商朝第二十三任君主。武丁在位期间得到贤臣傅说及甘盘、祖己等的辅政。他继承商汤的祖训，以民众认可的道义为标准，勤于政事，推行德政，使得天下百姓欢欣喜悦、幸福安康，商朝出现了“武丁盛世”。

商朝是中国古代民本思想得到继承、丰富发展的重要时期。虽然与西周以后的民本思想相比，在理论概括、观点提炼、思想表达上显得原始而拙朴，而且更多的是行动和训诫，但商时期的民本思想仍是中国古代思想史上的一座高峰。

第三节 西周时期的民本思想

王曰：『古人有言曰：「牝鸡无晨；牝鸡之晨，惟家之索。」今商王受惟妇言是用，昏弃厥肆祀，弗答；昏弃厥遗王父母弟，不迪。乃惟四方之多罪逋逃，是崇是长，是信是使，是以为大夫卿士，俾暴虐于百姓，以奸宄于商邑。今予发，惟恭行天之罚。』

——《尚书·牧誓》

释义

周武王说：“古人说：‘母鸡是不在清晨报晓的；若母鸡报晓，说明这户人家就要衰落了。’现在商纣王只听信妇人的话，对祖先的祭祀不闻不问，轻蔑并抛弃同祖兄弟而不任用，却对从四方逃亡来的罪恶多端的人推崇又信任，任用他们为大夫、卿士，使得这些人能够施暴于百姓，违法作乱于商邑。现在，我姬发奉天命进行惩罚征讨。”

惟十有三祀，王访于箕子。王乃言曰：『呜呼！箕子，惟天阴骘下民，相协厥居，我不知其彝伦攸叙。』箕子乃言曰：『我闻在昔，鲧陻洪水，汩陈其五行。帝乃震怒，不畀洪范九畴，彝伦攸斁。鲧则殛死，禹乃嗣兴。天乃锡禹洪范九畴，彝伦攸叙。初一曰五行，次二曰敬用五事，次三曰农用八政，次四曰协用五纪，次五曰建用皇极，次六曰乂用三德，次七曰明用稽疑，次八曰念用庶征，次九曰向用五福，威用六极。』

——《尚书·洪范》

释义

周文王十三年，武王拜访箕子。武王说道："啊！箕子，上天庇护臣民，使他们和谐地安居在一起，我不知道上天规定了哪些治国的常理。"箕子回答说："我听说从前鲧用堵塞的办法治理洪水，将水、火、木、金、土五行的排列搞乱了。所以天帝大怒，就没有把九种治国大法传给鲧，因而导致治国安邦的常理受到了破坏。鲧在流放中死去，禹继承父业。天帝于是把九种治国大法赐给了禹，禹便掌握了治国安邦的常理。第一是遵循五行的秩序，第二是谨慎地做好五件事，第三是努力办好八种政务，第四是合理地用好五种记时方法，第五是建立最高原则，第六是用三种德行治理臣民，第七是用明确的办法来解疑释惑，第八是细致研究多种大自然的征兆，第九是用五福劝导民众，用死亡、疾病等六事来警示民众。"

解读

周朝的兴起，是从一代贤君周文王姬昌开始的。据《史记·周本纪》记载，姬昌曾继承西伯侯之位，故称西伯昌。他“克明德慎罚”，“遵后稷、公刘之业，则古公、公季之法，笃仁，敬老，慈少，礼下贤者”，在封地周国励精图治，勤于朝政，重视民生，使属地民心归顺。他还礼贤下士，广罗人才，拜姜太公为军师，纳谏问计，使得周国经济大振、实力大增，使“天下三分，其二归周”。但是姬昌的善治引起商朝当权者的猜忌。崇侯虎谮西伯于殷纣曰：“西伯积善累德，诸侯皆向之，将不利于帝。”于是商纣王就把姬昌囚在羑里。后来姬昌被赦后在周国继续行善政，社会风气良好。有虞、芮两个国家的人因为国土纠纷，一同来周国请姬昌断案，一到周国就发现“耕者皆让畔，民俗皆让长”，感到自己所争之事为周国所耻，很汗颜，“俱让而去”。姬昌在位五十年，享年九十七岁。他的善言义举体现了以民为本的思想，而且他的治国实践也证明这些思想是民富国强的保障。

大约在公元前1046年，武王在商郊牧野集众誓师，拉开灭商之战。《尚书·牧誓》是武王伐纣时的战斗檄文，文中列举了商纣王的四条罪状：一是“惟妇言是用”，即听信妇人之言；二是不祭祖；三是不任用同宗长辈或兄弟，却提拔任用逃亡的罪人；四是任由这些逃亡之人残暴地欺压百姓，听任他们在商朝之都犯法作乱。《尚书·泰誓上》记述了牧野之战拉开帷幕之前的准备过程中周武王的言论，他抨击商纣王“弗敬上天，降灾下民。沉湎冒色，敢行暴虐，罪人以族，官人以世”“以残害于万姓。焚炙忠良，刳剔孕妇”，民生成为周武王征伐商纣王的一大理由。在《尚书·泰誓中》中，周武王指出“惟天惠民，惟辟奉天”，意即上天要惠爱下民，君主要尊奉上天。周武王还提出一个著名观点：“天视自我民视，天听自我民听。”即上天看到的来自老百姓看到的，上天听到的来自老百姓听到的，在这里，“民”是第一位的，这就是周武王的民本思想。

说到西周时期的民本思想，不能不说周公。周公姓姬名旦，也称周公旦，西周初期杰出的政治家、军事家、思想家、教育家，是周文王姬昌的第四子、周武王姬发的胞弟。周公曾两次辅佐周武王伐纣，并制作礼乐安民兴邦。周公被尊为“元圣”，是儒学的先驱。武王于灭商两年后去世，当时周成王尚在襁褓中，为维持天下稳定，完全有资格继位的周公代替成王处理政务，等到周成王可以坐朝后，周公归政于成王。

周公摄政七年，制定了不少典章制度，完善了宗法制度、分封制、嫡长子继承法和井田制，为周朝的统治奠定了基础。周公在《无逸》中告诫年少的周成王，要“知稼穑之艰难”“知小人之依”，因为只有了解稼穑的艰难，才能知道老百姓的所依所靠、所需所求。他教育周成王要有了解民意的意识以及同情百姓的情怀。周公的功绩被《尚书大传》概括为:“一年救乱，二年克殷，三年践奄，四年建侯卫，五年营成周，六年制礼乐，七年致政成王。”

《国语》记录了周王室和鲁国、齐国、晋国、郑国、楚国、吴国、越国等诸侯国的历史。《展禽论祭爰居非政之宜》一文记载，鲁国大夫展禽有过这样一番评价:“黄帝能成命百物，以明民共财，颛顼能修之，帝喾能序三辰以固民，尧能单均刑法以仪民，舜勤民事而野死，鲧障洪水而殛死，禹能以德修鲧之功，契为司徒而民辑，冥勤其官而水死，汤以宽治民而除其邪，稷勤百谷而山死，文王以文昭，武王去民之秽。”从中可以看出，这些先王有着浓厚的民本思想，值得后世敬重。

第二章　春秋战国时期的民本思想

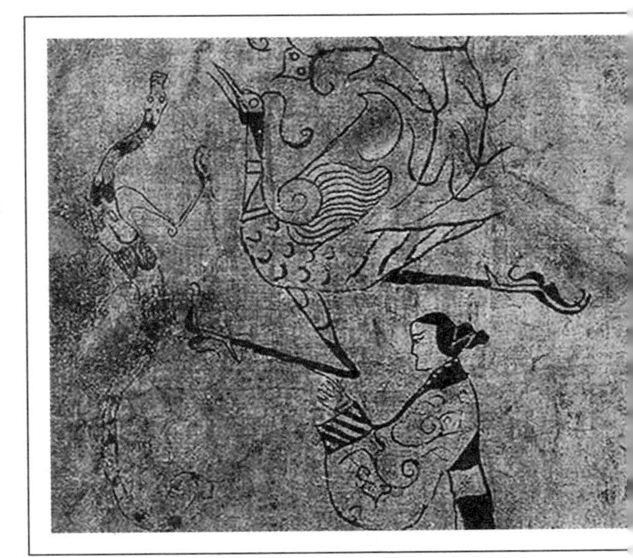

春秋战国时期是中国古代思想最活跃的时期之一，诞生了大批的思想家和各种学说。这一时期也是民本思想的开端期，许多思想家、政治家将远古时期的神话传说，夏商和西周时期君臣们治国理政言行中的民本故事、民本观点进行归纳和提炼，逐渐形成了自己的民本观念。

这一时期也是中国古代社会的转型期，人们的社会地位发生了转变，民族统治体系与公社共同体结构瓦解，一些贵族“降为皂隶”，使中国古代社会的“民”的内涵发生了变化，“民”的概念和以民为本的思想观念呈现出动态的变化。一些人认为，“民”最早的概念是指与商王有着共同信仰和社会背景的“同血缘、同居所”的聚族而居的人群。即“殷民”，而春秋战国时期的“民”，是指庶民等没有地位的人群。

一些人认为，从甲骨文字来看，“民”字像一只被刺伤的眼睛，“周人初以敌囚为民时，乃盲其左目以为奴征”（郭沫若语），因此“民”最初可能是指被刺瞎左眼的奴隶，后来泛指有别于君臣百官的庶民。

春秋战国时期，由于转型期制度的重建，一些掌握重权的政治家、有影响力的思想家的民本思想显得十分重要，儒家、道家、墨家、法家、兵家、杂家等虽然在政治理念和学说上各不相同，甚至大相径庭，但在以民为本的思想方面有着高度的一致性。他们大多敬奉远古神话传说中的人物形象，对黄帝、尧、舜、禹所推崇的民主政治尤其是禅让制度给予高度肯定，阐发了大量有关神与民、君与民、天意与民意、国家与民众等的观点，不断因国制宜、因时制宜，在继承的基础上有创新，在坚持的前提下有突破，形成了一股浩浩荡荡的民本思想潮流。其中一些政治家、思想家具有深远的影响力，往往一个人的思想观点就成为一国之策、一朝之政，对社会发展产生重要作用。这些重要思想经过时间的洗礼，对后世治国理政起到指导作用，是中国传统文化的精华。春秋时期的孔子，正是这样一位伟大的思想家，他的诸多思想成为中华民族的重要思想。

第一节 孔子的民本思想

子曰：『道之以政，齐之以刑，民免而无耻。道之以德，齐之以礼，有耻且格。』

——《论语·为政》

释义

用政令来引导百姓顺从，用刑罚来约束百姓，百姓只会暂求免于刑罚却失去了廉耻之心。用道德教化百姓，用礼制来规范百姓，百姓不仅会有廉耻之心，而且人心归服。

子贡曰：『如有博施于民而能济众，何如？可谓仁乎？』子曰：『何事于仁！必也圣乎！尧、舜其犹病诸！夫仁者，己欲立而立人，己欲达而达人。能近取譬，可谓仁之方也已。』

——《论语·雍也》

释义

子贡说："如果有人能够广泛地给人民以好处，又能周济帮助大家，怎么样？可以说是仁人吗？"孔子回答说："岂止是仁人！那一定是圣人了！恐怕连尧、舜都担心做不到吧！所谓仁人，就是自己想要立身，同时也使别人能够立身；自己想要事事行得通，同时也使别人事事行得通。凡事能够推己及人，可以说是实践仁道的方法了。"

鲁哀公问政于孔子，对曰：『政有使民富且寿。』哀公曰：『何谓也？』孔子曰：『薄赋敛则民富，无事则远罪，远罪则民寿。』公曰：『若是，则寡人贫矣。』孔子曰：『诗云：「恺悌君子，民之父母。」未见其子富而父母贫者也。』

——《说苑·政理》

释义

鲁哀公向孔子咨询如何处理政事，孔子回答说：“有政策能让百姓富裕而且长寿。”哀公说：“什么政策？”孔子说：“减轻百姓的税收负担就可以使他们富裕起来，不扰民就可以使他们远离犯罪，百姓远离犯罪就可以长寿了。”哀公说：“要是这样，那我就贫穷了。”孔子说：“《诗经》上说：‘品德优良、平易近人的君子，就是百姓的父母。’没见过孩子富裕而父母贫穷的。”

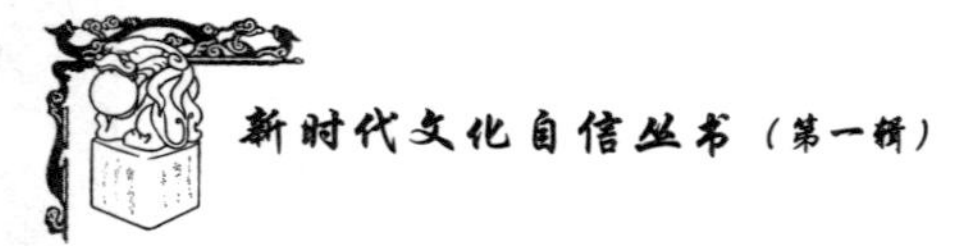

解读

孔子，名丘，字仲尼，春秋时期鲁国人。中国古代著名的思想家、政治家、教育家。孔子开创了私人讲学的风气，是儒家学派的创始人。

据说孔子有弟子三千多人，其中七十二位贤人。他曾就教于老子，率众弟子周游列国十四年，晚年回到鲁国后修订六经，即《诗》《书》《礼》《乐》《易》《春秋》。孔子去世后，弟子及其再传弟子把他和他弟子的言行思想记录下来，整理成儒家经典《论语》。孔子被后世尊为至圣先师、大成至圣、万世师表等。古往今来，享受此殊荣者仅此一人。

孔子的民本思想体现在他的论述、行事中。可以说，孔子是中国古代第一个全面阐述民本思想的思想家。孔子整理出的上古经典中，包含着极其丰富的民本思想，选择、勘正、提炼、褒扬本身就是态度，这些观点一定程度上也代表着孔子的民本思想。

一是主张在国家治理中体现仁政思想。“仁”是孔子思想的基础，是他强调最多的观点，也是儒家学说的出发点。他崇尚尧、舜、禹、汤、周文王、周武王、周公等古之圣贤，主张“仁者，爱人”“仁者先难而后获，可谓仁矣”的思想。他说“夫仁者，己欲立而立人，己欲达而达人”“己所不欲，勿施于人”，以此说明“仁”是协调一切社会关系的总原则。那么什么是“仁”呢？在孔子的概念中，“仁”的涵盖范围最广，包括孝、义、礼、智、信、忠、德、宽、恕、勇、廉、恭、俭、敏等。如何实施仁政呢？孔子说“克己复礼，天下归仁焉”，那么如何做到“克己”呢？“非礼勿视，非礼勿听，非礼勿言，非礼勿动。”只有先“克己复礼”，即克制自己的私欲而符合于礼，才能“天下归仁”。孔子不但指出了仁政的内容，还指明了站在政治两端的当政者、百姓各自应该有的修为：对当政者来说，要“身正”“为政以德”，才能“譬如北辰，居其所而众星共之”，还要“慎独”，即“莫见乎隐，莫显乎微，故君子慎其独也”；对百姓来说，要恭敬、宽厚、诚信、积极。孔子既敦促当政者又引导百姓要向善去恶、尊德守法。以仁生义，由仁及德——孔子的仁政观、德政观，是其民本思想的核心。

二是主张在政治生活中体现重民思想。孔子主张“民以君为心，君以民为本”“君以民存，亦以民亡”的君民观，指出君不是先天就存在的，而是依民而立、因民而生的。他反对以苛政暴政欺民，主张爱民、重民、贵民、养民、敬民，反对害民、残民、虐民，尤其反对对百姓施以猛刑重典，他认为“不教而杀谓之虐，不戒视成谓之暴，慢令致期谓之贼”，这些都是虐民之举。这一思想，既是对上古民本思想的继承，也是对奴隶社会以来君本思想的批判，开启了“君轻民贵”思想的先河，具

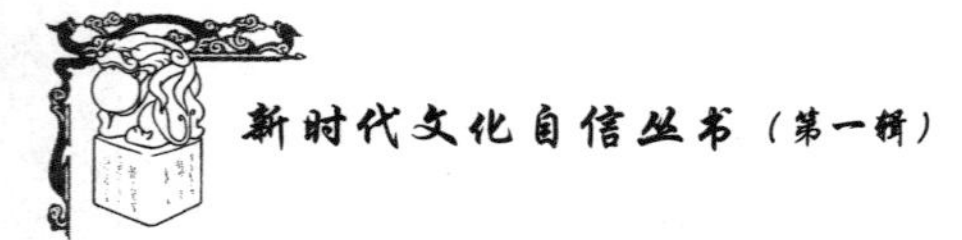

有进步意义。

三是主张在社会管理中体现平等思想。孔子主张“有教无类”，因材施教，对全民进行教育，给他们以受教育的平等权利。他提倡“道之以德，齐之以礼”，以道育人、以德化人、以术授人是孔子教育思想的三个层次。他谈到如何教化百姓时说：“临之以庄，则敬；孝慈，则忠；举善而教不能，则劝。”孔子注重对人心性、品格的培育，设坛开讲，诲人不倦，用仁、义、道、德教化百姓，教他们六艺，以提升他们的文化知识水平和精神素养，从而通过教育来消除贫富、贵贱的差距。孔子的这种民本思想被后来历代政治家、思想家所继承。

四是主张在国家事务中体现贤人理政的思想。孔子思想中有相当大的成分是关于君主如何“为政以德”以及掌权者如何处理君臣、君民关系的。他多次褒扬历史上的仁人、贤人和圣人，认为君主要谨言慎行、修德修仁，指出“一言可以兴邦”“一言可以丧邦”；当权者要身正行正，因为“其身正，不令而行；其身不正，虽令不从”“子帅以正，孰敢不正”；要勤于朝政，励精图治，做到“在邦无怨，在家无怨”；对下级官吏要有正确的态度和方法，即“先有司，赦小过，举贤才”，让他们分工明确、各司其职，即使有点小过失也要宽容他们，即“躬自厚而薄责于人”。

五是主张在经济生活中体现民生思想。孔子并不是一个只做学问不问世事、“四体不勤、五谷不分”的书呆子，而是知道民间疾苦、同情民众境遇、有着民众情怀的人。他看到子路执政时“田畴尽易，草莱甚辟，沟洫深治”的情形后大加赞赏。他主张致富，说要先有人，人多了才能多生产，多生产社会才能富裕，即“足食足兵，民信之矣”。国家富裕后，百姓才会信赖、依赖国家。他强调“使民也义”“节用而爱民”“因民之利而利之”“薄赋敛而民富”，要“使民以时”“择可劳而劳之”，指出保护劳动力就是发展生产力，孔子这一思想有超时代的积极意义。他强调“政在节财”、尚俭戒奢，自己则做到“饭疏食饮水，曲肱而枕之，乐亦在其中矣”。

孔子的民本思想极其丰富，是后世民本思想的源头之一，也为后来历代政治家、思想家提供了精神范本和基本框架。

第二节 孟子、荀子的民本思想

王如施仁政于民，省刑罚，薄税敛，深耕易耨。壮者以暇日修其孝悌忠信，入以事其父兄，出以事其长上，可使制梃以挞秦楚之坚甲利兵矣。

——《孟子·梁惠王上》

释义

君主如果对百姓施行仁政，应当减免刑罚，减轻他们的赋税负担，让百姓能够深耕细作、早除杂草。让年壮的人能够利用空闲的时间修养他们的孝悌忠信之德，回到家能够侍奉父母兄长，出门在外能够侍奉尊长上级，这样就可以使百姓制作棍棒之类简单的武器也能抗击秦国和楚国那些身穿坚硬铠甲、手持锋利兵器的敌军了。

孟子曰：『民为贵，社稷次之，君为轻。是故得乎丘民而为天子，得乎天子为诸侯，得乎诸侯为大夫。诸侯危社稷，则变置。牺牲既成，粢盛既洁，祭祀以时，然而旱干水溢，则变置社稷。』

——《孟子·尽心下》

释义

孟子说：“百姓最重要，代表国家的土谷之神其次，君主最轻。所以，得到民心的就能成为天子，得到天子欢心的就能成为诸侯，得到诸侯欢心的就能成为大夫。诸侯如果危害国家，那就改立诸侯。用于祭祀的牲畜很丰盛，用于祭祀的谷物很洁净，祭祀也按时进行了，但还是会发生旱灾和水患，那就改立土谷之神。”

解读

孟子，名轲，战国时邹国人，鲁国贵族之后，孔子之孙子思门人的学生，思想家，孔子之后儒家代表人物，被称为“亚圣”。曾周游齐、宋、滕、魏、鲁、薛等国二十多年，晚年归隐乡里，著书立说育人。孟子的思想主要见于《孟子》。民本思想是孟子思想的核心和主体。

孟子主张“法先王，行仁政”，以夏商周三代圣王贤君的政治理想和施政理念为榜样。在这里，遵先王之法并不是回到从前，而是回归道的本身，即行仁政，因为“三代之得天下也以仁，其失天下也以不仁。国之所以废兴存亡者亦然”。孟子还说：“诸侯有三宝：土地、人民、政事。”所以说孟子的民本思想是以仁政理念为基础的。

孟子的民本思想首先表现为“君轻民贵”。孟子认为，“民为贵，社稷次之，君为轻”，“得乎丘民为天子，得乎天子为诸侯，得乎诸侯为大夫”。得到百姓的拥护可以成为天子，得到天子的器重可以成为诸侯，得到诸侯的赏识可以成为大夫。百姓的地位得到高度重视，他甚至认为百姓是君权的授予者。孟子说：“得天下有道，得其民，斯得天下矣；得其民有道，得其心，斯得民矣。”这正是“得民心者得天下”说法的由来。但是如何能得到民心呢？孟子说：“得其心有道，所欲与之聚之，所恶勿施尔也。”要做到这一点，当“乐民之乐者，民亦乐其乐；忧民之忧者，民亦忧其忧”。《孟子》中还提出“独乐乐”不如“与人乐乐”、“与少乐乐”不如“与众乐乐”的思想，这也是后来“与民同乐”“先天下之忧而忧，后天下之乐而乐”思想的出处。君与民，不只看地位上孰贵孰贱、孰重孰轻，而且看国家天平上的分量对比。

孟子的民本思想核心在施仁政。《孟子》一书中，“仁政”一词出现十余次，说明仁政思想在孟子思想中的分量。《孟子》中记载了孟子与梁惠王的一段对话：“王如施仁政于民，省刑罚，薄税敛，深耕易耨。壮者以暇日修其孝悌忠信，入以事其父兄，出以事其长上，可使制梃以挞秦楚之坚甲利兵矣。”孟子这里所说的仁政，涉及法制、经济、农业、道德教化、军事等多方面，是爱民、宽民、保民、重民的政策。孟子反对虐政：“暴其民甚，则身弑国亡。不甚，则身危国削。”他警告统治者不要残害百姓，如果暴虐百姓太甚，会导致身死国亡，或身危国削。孟子强调“老吾老，以及人之老；幼吾幼，以及人之幼”，人人以“推恩”之心待人，“推恩足以保四海，不推恩无以保妻子”；要激发每个人心中的“不忍人之心”，由此及彼、由禽兽及民众、由亲人及他人，在此过程中激发、融通人人都具有的仁心、良心。善意、良知，这既是孟子性善论的基础，也是他所主张“仁政”的前提。孟子说“仁者无敌”“行仁政而王”“不以仁政，不能平治天下”，强调“仁政”是“王天下”的途径，因此在孟子的思想里，仁政就是王政，是维护统治的手段和方法。

孟子的民本思想继承了孔子的惠民思想。孟子向往“百亩之田、五亩之宅，可以衣帛，可以食肉，可以无饥”的社会，这是他为百姓描绘的一张理想蓝图。他主张要寡取于民，防止为富不仁，提出了减少赋税、藏富于民的政策，他举三代赋税制度为例说“夏后氏五十而贡，殷人七十而助，周人百亩而彻，其实皆什一也”，认为夏人的“贡法”不如殷人、周人的“助法”好（“治地莫善于助，莫不善于贡”）。孟子提出“制民之产”的观点，目的是确保百姓“仰足以事父母，俯足以蓄妻子，乐岁终身饱，凶年免于死亡”。“制民之产”是一项很好的惠民举措，能使百姓拥有“恒产”。“无恒产而有恒心者，惟士为能。若民，则无恒产，因无恒心。苟无恒心，放辟邪侈，无不为已。及陷于罪，然后从而刑之，是罔民也。焉有仁人在位，罔民而可为也？”如何做到使百姓有“恒产”呢？“夫仁政，必自经界始。经界不正，井地不钧，谷禄不平，是故暴君污吏必慢其经界。经界既正，分田制禄可坐而定也。”孟子指出要使百姓有“恒心”“恒产”，必先从田界的公正划分开始，实行“井田制”，“方里而井，井九百亩，其中为公田。八家皆私百亩，同养公田；公事毕，然后敢治私事”。田界划分正确就有公平了，贪官污吏不敢大肆兼并土地，百姓就会安居乐业，不会因失去“恒产”而流离失所，甚至违法闹事。

孟子的民本思想体现在教民育民上。孟子说，“天下之本在国，国之本在家，家之本在身”，所以修己之身是治理家国的前提。他继承了孔子“富之教之”的思想，主张在解决生存问题之后，对百姓进行精神教化，要在满足百姓“五亩之宅”“百亩之田”的需求后，“谨庠序之教，申之以孝悌之义”，主张“设为庠序学校以教之；庠者，养也；校者，教也；序者，射也。夏曰校，殷曰序，周曰庠，学则三代共之，皆所以明人伦也”，由此可以看出，教民的目的在“明人伦”。如果对富起来的民众不教化，“饱食、暖衣、逸居而无教，则近于禽兽”，要召集民众“教以人伦：父子有亲，君臣有义，夫妇有别，长幼有序，朋友有信”。孟子还说：“善政不如善教之得民也。善政，民畏之；善教，民爱之。善政得民财，善教得民心。”让百姓得到很好的教育，是治民之本、治民之术。

马骇舆则君子不安舆，庶人骇政则君子不安位。马骇舆则莫若静之，庶人骇政则莫若惠之。选贤良，举笃敬，兴孝弟，收孤寡，补贫穷，如是，则庶人安政矣。庶人安政，然后君子安位。传曰：『君者，舟也；庶人者，水也。水则载舟，水则覆舟。』此之谓也。

——《荀子·王制》

释义

马在拉车时受惊，那么君主就不能安坐其上；百姓受到政事的惊吓而恐惧，君主就不能稳坐在王位上。马在拉车时受惊了，就没有比使它安静下来更好的了；百姓惊恐于政事，那就没有比给他们恩惠更好的了。选拔贤良能干的人，提拔忠厚恭谨的人，倡导孝顺父母、敬爱兄长，收养抚恤孤儿寡妇，补助救济贫穷的人，如果做到了这些，那么百姓就安心于政治了。百姓安心于政治，然后君主的王位才能安稳。古书上说：“君主，好比是船；百姓，好比是水。水能承载船只，也能倾覆船只。”说的就是这个意思。

修礼者王，为政者强，取民者安，聚敛者亡。故王者富民，霸者富士，仅存之国富大夫，亡国富筐箧、实府库。筐箧已富，府库已实，而百姓贫，夫是之谓上溢而下漏，入不可以守，出不可以战，则倾覆灭亡可立而待也。

——《荀子·王制》

释义

遵循礼义的君主能成就帝王大业，善于处理政事的君主能使国家富强，获得民心的君主能安坐江山，贪财敛宝的君主会导致国家灭亡。所以称王于天下的君主使士兵富足，称霸于诸侯的君主使勇士富足，勉强能保国家的君主使士大夫富足，而亡国的君主只是充实自己的箱子和仓库。自己的箱子、仓库充实了，而百姓却贫困了，这叫作上面漫出而下面泄露，在内不能防守，在外不能打仗，那么国家的覆灭之日马上就要到来了。

解读

荀子，名况，战国时赵国人。荀子五十岁到齐国，在齐襄王的稷下学宫讲学，后因被谗到了楚国，被春申君请为兰陵令，最终殁于兰陵。荀子是先秦儒家思想的集大成者，与孔子、孟子一起被视为儒学最重要的三位代表人物。荀子的思想主要见于《荀子》。民本思想是荀子思想的重要组成部分。

荀子的民本思想综合了战国时期道家、墨家、名家、法家的思想，对儒家民本思想进行了创造性发展。

荀子思想的一个特点是，与孟子的性善论相反，他主张性恶论。他认为，人生来就具有恶的一面："人之性恶，其善者伪也。今人之性，生而有好利焉，顺是，故争夺生而辞让亡焉；生而有疾恶焉，顺是，故残贼生而忠信亡焉；生而有耳目之欲，有好声色焉，顺是，故淫乱生而礼义文理亡焉。"为避免由此产生的种种争夺和混乱，荀子主张要制定礼义来规范、调节人的欲望和行为。"礼"即是荀子民本思想中一个最大的特点。

所以说，荀子的民本思想中的驭民法则，核心是礼。那么什么是礼呢？礼是规范社会和民众行为的等级制度、道德准则和礼仪形式，是君主之所以是君主、百姓之所以是百姓的根据，是治国之根本、驭民之法则，此所谓"人之命在天，国之命在礼"。荀子也谈道："道者，进则近尽，退则节求，天下莫之若也。”在这里，道即是礼。

应该制定什么样的礼义呢？荀子认为“贵贱有等，长幼有差，贫富轻重皆有称者也”，这是荀子设想的上下有别、尊卑有序的社会制度，是治民驭民的根本法则。礼有多么重要呢？荀子认为它是“人道之极”“道德之极”“国之命脉”，强调“天下从之者治，不从者乱；从之者安，不从者危；从之者存，不从者亡”“人无礼不生，事无礼不成，国家无礼不宁”“礼有三本：天地者，生之本也；先祖者，类之本也；君师者，治之本也”。因而荀子认为礼是维系国家的生命线、安顿民生的重器，足见礼在荀子的民本思想中占据了重要位置。

荀子认为“积礼义而为君子”，即百姓通过修习礼义可以修炼成君子，“积善全尽谓之圣人”则是更高的境界。这一思想具有一定的进步意义。

鉴于礼的重要性，荀子提出隆礼的观点，即对礼要给予高规格的重视。他把君主分成三种类型进行比较：“君人者，隆礼尊贤而王，重法爱民而霸，好利多诈而危。”他告诫君主，要想“王天下”，必须隆礼。但是荀子的礼与孔子的礼、孟子的礼有所不同：孔子的礼主要是指西周时期的礼义内涵和礼仪规范；孟子的礼是从本心出发，强调人性善和自我修养；而荀子的礼加入了法的成分，在隆礼的同时重法，强调法制的约束，即“明礼义以化之，起法正以治之，重刑罚以禁之”，强调对百姓要“禁暴恶恶，且惩其未也”。他倡导的重法正是建立在性恶论基础之上的。

荀子的民本思想是以性恶论和重法为立论原则的，是对传统儒家民本思想的补充，进一步丰富和完善了中国古代的民本思想。

第三节 老子、庄子的民本思想

上善若水。水善利万物而不争，处众人之所恶，故几于道。居善地，心善渊，与善仁，言善信，正善治，事善能，动善时。夫唯不争，故无尤。

——《老子·第八章》

释义

最高的德行好像水一样。水善于滋润万物而不和万物相争，停留在大家所厌恶的地方，所以最接近于“道”。居处善于选择地方，心胸善于包容万物，待人善于真诚相爱，说话善于遵守信用，为政善于处理妥当，处事善于发挥所长，行动善于掌握时机。只因为有不争的美德，所以没有怨咎。

治大国，若烹小鲜。以道莅天下，其鬼不神；非其鬼不神，其神不伤人；非其神不伤人，圣人亦不伤人。夫两不相伤，故德交归焉。

——《老子·第六十章》

释义

治理一个大的国家，就如同煮一条小鱼。用“道”来治理天下，鬼怪就起不了作用了；不但鬼怪起不了作用，就是神也伤害不了百姓；不但神伤害不了百姓，就是圣人也不会伤害百姓。如果鬼神和圣人都不伤害百姓，就可以让百姓享受到德的恩泽了。

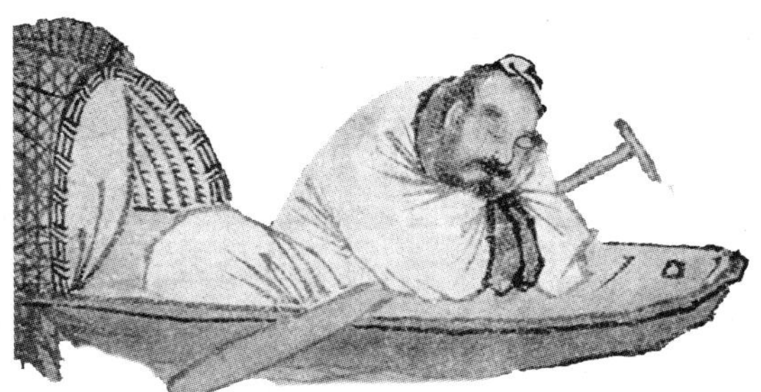

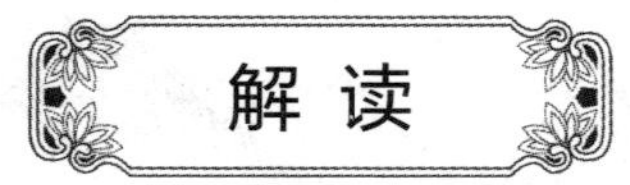

解读

老子与庄子并称老庄，是道家学派的主要代表人物，他们创造的道家学派与孔孟创造的儒家学派一道，构成先秦文化的主流，后来演变成中华民族传统文化的两支主流。他们的民本思想是中国古代民本思想的重要组成部分。

老子，姓李，名耳，字聃，春秋时期楚国苦县厉乡曲仁里人，与孔子是同时代人，曾做过周朝“守藏室之官”（管理藏书的官员）。他是我国古代春秋时期的哲学家、思想家、道家学派创始人，存世的著作有《道德经》，又称《老子》。在道教中，老子被尊为道教始祖。老子的学说下启庄子，孔子也曾问学请教老子。老子的民本思想主要体现在《老子》中。

中国古代任何一位思想家都不能不面对百姓，任何一种思想学说都不能不探讨对社会的管理和对百姓的统治问题。作为春秋时期的思想家和士大夫，老子必须面对百姓，提出自己的驭民主张。一些说老子没有民本思想的观点是站不住脚的。

老子以道家独特的方式表达自己的民本思想。主要表现如下：

一是老子的民本思想体现在君民关系上。老子认为，统治者必须效法天道。什么是道呢？老子的道与孔子的道不同，主要指自然混沌先于天地而生，效法自然而成的宇宙本体和规律法则。道无象无形、无影无踪，是一种“无”，人的感官无法感觉，但又确实存在、无处不有，寓于万物之中。道不依人而独立存在，周而复始、对立存在、运动转化、化育万物，完成自然和社会的变化。老子用这种虚无却存在的天道观，取代商周时期的天命观。老子认为统治者要无私无欲地善待百姓、善待万物，不要造成物人差别、人人差别，由此衍生出“贵以贱为本，高以下为基”“圣人欲上民，必以言下之；欲先民，必先身后之”“圣人处上而民不重，处前而民不害”等理念。老子要求统治者不要过分看重自己，与孟子“民贵君轻”理念一样，他承认百姓的地位和自我管理的能力。老子以“柔”“下”之心待民，以“无君”胜“有君”、“无为”胜“有为”的思想，成为处理君民关系的准则之一。

二是老子的民本思想体现了无为清静的主张。针对春秋战国动荡之际，统治者横征暴敛、为所欲为、穷兵黩武的现实，老子主张“绝圣弃智，民利百倍；绝仁弃义，民复孝慈；绝巧弃利，盗贼无有”，他的思想具有批判性。他告诫当权者应当俭约谦下，不能高居在上；应当节俭朴素，不能奢侈无度；应当清净寡欲，不能放纵欲望。老子认为，治政贵在无为、淳朴、自然，“治大国，若烹小鲜”，不折腾、不扰民，让社会在天道的支配下自由发展，让百姓在天道的支配下自行管理。

三是老子的民本思想明确反对“以智治国”。老子认为：“古之善为道者，非以明民，将以愚之。”历史上许多学者批评说这是老子的愚民政策，实际上这是一种误解。理解这句话，应当将前后文联系起来。因为就在这句话下面，紧接着另一句话：“民之难治，以其智多。故以智治国，国之贼；不以智治国，国之福。”在这里，老子认为，以巧智心计治国者是国之贼，而以愚朴之法治国者是国之福，可见老子的“将以愚之”并非愚民，而是“无为”，指的是不以智驭民。这样的解读才符合老子无为而治、反对过多干预民生的思想原意。

四是老子的民本思想体现在其构建的理想社会中。“小国寡民”是老子设计的一种社会模式，在这个理想国里，没有官扰民，没有重赋税，人们“甘其食，美其服，安其居，乐其俗。邻国相望，鸡犬之声相闻，民至老死不相往来”。这是一个公平、平等的社会，没有压迫，没有剥削，没有争斗，人们无知无欲，见素抱朴，远离时代发展，回到原始状态、复古状态。这一民本思想充斥着浓厚的理想色彩。

五是老子的民本思想里有反战的观点。他认为，战争带给百姓的是动荡、灾难、痛苦，此所谓“师之所处，荆棘生焉。大军之后，必有凶年”“兵者，不祥之器，非君子之器，不得已而用之，恬淡为上”。反对战争，反对炫耀武力，尤其反对主动发起战争，主张可以开展不得已而为之的防御应战，是老子的民本思想的一大特点。

老子的民本思想对于当时的现实具有一定的批判性和针对性，有积极的价值，其中一些思想至今仍可以借鉴，但其中不顾现实、远避发展的消极观念应予抛弃。

泉涸，鱼相与处于陆，相呴以湿，相濡以沫，不如相忘于江湖。与其誉尧而非桀也，不如两忘而化其道。

——《庄子·大宗师》

释义

泉水干涸了，鱼儿困在陆地上相互依偎，互相大口出气来取得一点湿气，以唾沫相互润湿，这样艰难，不如当时彼此不相识，各自畅游于江湖。与其赞誉尧的圣明而非议桀的暴虐，不如把他们都忘掉而把他们的作为都归于事物的本来规律。

吾意善治天下者不然。彼民有常性，织而衣，耕而食，是谓同德。一而不党，命曰天放。故至德之世，其行填填，其视颠颠。当是时也，山无蹊隧，泽无舟梁；万物群生，连属其乡；禽兽成群，草木遂长。是故禽兽可系羁而游，鸟鹊之巢可攀援而窥。夫至德之世，同与禽兽居，族与万物并，恶乎知君子小人哉？同乎无知，其德不离；同乎无欲，是谓素朴。素朴而民性得矣。

——《庄子·马蹄》

释义

我认为善于治理天下的人不会这样。百姓有固定不变的天性，他们织布穿衣、耕种吃饭，这是共有的本能。百姓的思想行为浑然一体、没有偏向，这就叫作任其自然。所以在道德最为昌盛的年代，百姓的行为悠闲自得。正是在这个年代里，山里没有小路和隧道，水上没有船只和桥梁；万物共同生活在一起，居所相连；禽兽成群结队，草木茂盛生长。所以禽兽可以供人用绳子牵着游玩，鸟鹊的巢窠可以任人攀登上去窥探。在道德最为昌盛的年代，百姓跟禽兽混杂而居，与万物聚集并存，哪里知道什么君子、小人的区别呢？百姓几乎不用智慧技巧，所以本性就不会丧失；百姓几乎没有贪欲，这就叫作纯真朴实。正因为纯真朴实，百姓的本性就保留下来了。

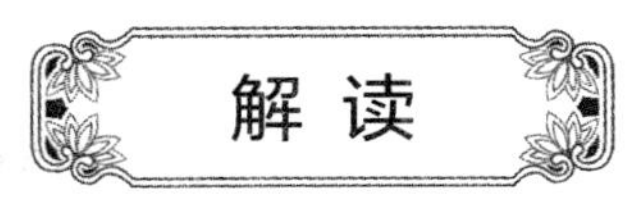

解读

庄子，姓庄，名周，字子休，战国时期宋国蒙人，曾做过宋国地方的漆园吏，先祖是宋国君主宋戴公。他是我国古代战国中期的思想家、哲学家和文学家，主要作品是《庄子》。庄子的思想极其丰富和深邃，涵盖面很广、寓意很深，后世可以从各个角度解读。从民本思想来看，至少包括以下方面：

一是对生命价值的珍视。庄子生活的战国时期，是中国古代历史上最动荡的时期之一。诸侯国之间的战争频率高、规模大，战争方式极其野蛮残酷。例如秦、赵之间的长平之役，秦将白起大破赵军，坑杀降卒四十多万人。孟子描述当时的社会是“争地以战，杀人盈野；争城以战，杀人盈城”。生存、生活的艰难，生灵涂炭，民不聊生，引发了庄子对生命的思考，庄子的民本思想正是在这种社会背景下出现的。《史记·老子韩非列传》记载了这样一件事，楚威王听说庄子贤德，就派人携重金请他做宰相，但被庄子一笑谢之：“千金，重利；卿相，尊位也。子独不见郊祭之牺牛乎？养食之数岁，衣以文绣，以入太庙。当是之时，虽欲为孤豚，岂可得乎？子亟去，无污我。我宁游戏污渎之中自快，无为有国者所羁。”他以“终身不仕”作为自己的志向。在庄子看来，高官厚禄和尊位都不重要，生命和生命的价值是最重要的。庄子主张“保身全生”，反对儒家的“杀身成仁”，他认为这是对生命的践踏和生命价值的毁灭。在《养生主》篇中，庄子认为“缘督以为经，可以保身，可以全生，可以养亲，可以尽年”，这才是最珍贵的。中国古代士大夫所遵循的“达则兼善天下，穷则独善其身”的信条，实际上就是儒道思想的合一。

二是对自由精神的向往。庄子在《马蹄》篇中认为，“马，蹄可以践霜雪，毛可以御风寒，龁草饮水，翘足而陆”，这是马的真性，但是如果把马置于高台大堂之上，把马束缚起来，就使马失去了天性。如果进而“饥之，渴之，驰之，骤之，整之，齐之，前有橛饰之患，而后有鞭策之威”，那么马连生命都难以保证了。庄子此意在反对束缚和羁绊，提倡回归自然和自由，恢复百姓的天性和人的自由。《逍遥游》中的“水击三千里，抟扶摇而上者九万里”，是一种浪漫思维，更是他对自由社会的期盼，对自由世界的向往，在庄子看来，没有什么比人的自由解放更重要的了。

三是对“无为”思想的主张。在庄子看来，现实社会的动荡源于君主的“治”，“治”是乱的根本原因，所以庄子主张摒弃仁义和礼乐，解除一切束缚和羁绊，让民众回到自由状态，让社会回到原生状态，让事物回归自然本性。庄子对仁义、礼乐的虚伪性、蒙蔽性有不少揭露、抨击，甚至指责孔子和儒者为“天刑者”，指出统治者治理天下的规矩和办法，都是对社会自然属性和百姓本性的伤害，是“圣人之过”。这也正是庄子不愿意当官的原因，除了不自由，更重要的是不想入世。“无为”是他和老子共同的政治主张，也是庄子民本思想产生的基本动因。

庄子的无为思想当然有消极意义，如果任由事物的状态自由发展，人性的弱点会导致社会的自由散漫和无序。但是他关于尊重人的天性、主张人的自由、珍视生命价值、减少“乱作为”等的观点有积极意义，是中国古代民本思想的组成部分。

第四节 墨子、韩非子的民本思想

若使天下兼相爱，爱人若爱其身，犹有不孝者乎？视父兄与君若其身，恶施不孝？犹有不慈者乎？视弟子与臣若其身，恶施不慈？故不孝不慈亡有。犹有盗贼乎？故视人之室若其室，谁窃？视人身若其身，谁贼？故盗贼亡有。犹有大夫之相乱家、诸侯之相攻国者乎？视人家若其家，谁乱？视人国若其国，谁攻？故大夫之相乱家、诸侯之相攻国者亡有。若使天下兼相爱，国与国不相攻，家与家不相乱，盗贼无有，君臣父子皆能孝慈，若此则天下治。故圣人以治天下为事者，恶得不禁恶而劝爱？故天下兼相爱则治，交相恶则乱。

——《墨子·兼爱》

释义

假使天下都能相亲相爱，爱别人就像爱自己，还能有不孝顺的人吗？看待父亲、兄长及君主像看待自己一样，怎么会做出不孝顺的事情呢？还会有不慈爱的人吗？看待弟弟、儿子及臣仆就像看待自己一样，怎么会做出不慈爱的事情呢？所以不孝顺、不慈爱的事情就没有了。这样还会有强盗和贼寇吗？所以看待别人的家就像看待自己的家一样，谁还会盗窃呢？看待别人的身体就像看待自己的身体一样，谁还会害人呢？所以强盗和贼寇就没有了。这样还会有大夫之间相互侵害、诸侯之间相互攻伐的事情吗？看待别人的家族就像自己的家族一样，谁还会侵害其他家族？看待别人的国家就像自己的国家一样，谁还会攻伐其他国家？所以大夫之间相互侵害、诸侯之间相互攻伐的事就没有了。如果天下的人都相亲相爱，国家之间互不攻伐，家族之间互不侵害，没有了强盗与贼寇，君臣父子之间都能孝敬慈爱，这样天下就治理好了。所以圣人以治理天下为己任，怎么能不禁止互相仇恨而劝导相爱呢？所以相亲相爱就能治理好天下，相互交恶就会使天下混乱。

国家发政，夺民之用，废民之利，若此甚众，然而何为为之？曰：我贪伐胜之名，及得之利，故为之。子墨子言曰：计其所自胜，无所可用也；计其所得，反不如所丧者之多。

是故古之仁人有天下者，必反大国之说，一天下之和，总四海之内。焉率天下之百姓，以农臣事上帝山川鬼神。利人多，功故又大，是以天赏之，鬼富之，人誉之，使贵为天子，富有天下，名参乎天地，至今不废。此则知者之道也，先王之所以有天下者也。

夫杀之人，灭鬼神之主，废灭先王，贼虐万民，百姓离

散，则此中不中鬼之利矣。意将以为利人乎？夫杀之人，为利人也博矣。又计其费，此为周生之本，竭天下百姓之财用，不可胜数也，则此下不中人之利矣。

——《墨子·非攻》

释义

国家发动战争，夺走百姓的财用，废除百姓的利益，像这样的情况很多，但为什么还要这么做呢？回答说：我贪图战胜者的声名，还获得了利益，所以愿意去干这种事。墨子说：算算所赢得的胜利，是没有什么用处的；算算所得到的东西，反而不如失去的多。

所以古时拥有天下的仁人，必然反对大国攻伐的说法，使天下的人和睦一致，并统领天下。于是他们率领天下百姓务农，以臣下的礼仪侍奉上帝、山川、鬼神。他们带给百姓很多利益，功劳又很大，所以上天赏赐他们，鬼神使他们富裕，百姓赞誉他们，使他们贵为天子，富有天下，名扬于天地间，至今都不废弃。这就是智者之道，也是先王之所以统领天下的原因。

杀害人民，灭掉鬼神的牌位，废灭了先王的道，残害虐待百姓，使百姓分散，那么就不符合鬼神的利益。还认为这是有利于百姓的吗？杀害人民，认为这样有利于百姓是非常荒谬的。再算算那些耗费，全都是百姓的生存之本，耗尽了天下百姓的财用，不可胜数，那么，这样就不符合百姓的利益。

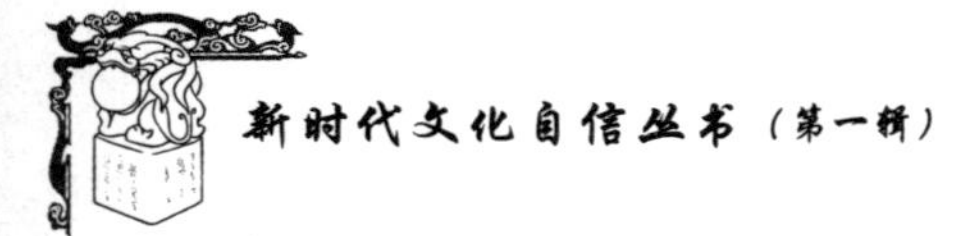

解读

墨子，名翟，春秋末期、战国初期著名思想家、教育家、科学家、军事家。墨家学派的创始人。墨子的思想主要体现在《墨子》中。有后人指出，《墨子》一书并非墨翟本人所著，而是由其门人学徒渐次辑录而成，成书甚至晚于《孟子》，原为七十一篇，现存五十三篇。

墨子的思想主要包括“兼爱”“非攻”“尚贤”“尚同”“尊天”“事鬼”“非乐”“非命”“节用”“节葬”等，其民本思想体现在这些思想中。

儒家学说和墨家学说都是春秋战国时期的两大显学。《淮南子·主术训》中说“孔丘、墨翟修先圣之术，通六艺之论”，《淮南子·要略》中说“墨子学儒者之业，受孔子之术”，这意味着墨子最早也是研习儒学的，因此儒、墨二学是同源而异流。

墨子出身低贱，做过木工，他的民本思想与孔子维护贵族利益和统治者地位的出发点是不一样的。墨子对社会底层民众“饥者不得食，寒者不得衣，劳者不得息”的状况熟悉，而且因儒家学说“其礼烦扰而不悦，厚葬靡财而贫民，服伤生而害事”而感到不满，因此墨子主张“背周道而用夏政”。孔子对社会“礼崩乐坏”的现状深感忧虑，主张用周礼挽救世风，具有理想主义色彩，而墨子的民本思想更加具有平民视角，充满现实主义色彩，最终走到了儒家思想的对立面，成为其批判者，指责“儒之道，足以丧天下”。相传墨家弟子多是来自社会下层的三教九流之徒，以苦修行，以苦励志，个个身怀技艺，其中善辩者被称为墨辩，善武者被称为墨侠，墨家领袖被称为钜子，而且墨家有着严密的组织和严明的纪律（“墨者之法，杀人者死，伤人者刑”）。

“兼相爱，交相利”是墨子学说的核心，也是其民本思想的基础。在这里，“兼”即视人如己，“兼爱”就是爱人如爱己，“天下兼相爱”就可以达到“交相利”；如果人与人之间的交往都是有利的，那么这个社会就是和谐的。基于这一思想，墨子在政治上主张“尚贤”“尚同”“非攻”，在经济上主张“节用”，在思想上主张“上尊天，中事鬼神，下爱人”。

墨子主张“兼爱”，兼而爱之，从而利之，强调“视人之国，若视其国；视人之家，若视其家；视人之身，若视其身。是故诸侯相爱，则不野战；家主相爱，则不相篡；人与人相爱，则不相贼；君臣相爱，则惠忠；父子相爱，则慈孝；兄弟相爱，则和调。天下之人皆相爱，强不执弱，众不劫寡，富不侮贫，贵不敖贱，诈不欺愚”。这些“兼爱”是广义的爱，是从平民视角出发的平等的爱。这些观点的提出，也体现了墨子博爱的思想。

墨子主张“节用”，尤其是君主要节制自己的欲望，适可而止，不能追求奢华。他在《辞过》篇中说，古代圣王建宫室的原则是：地基高度能够避免潮湿，四面墙能够抵御寒风，房顶能够遮挡雪霜雨露，墙高能够满足男女有别就行了。而现在的君主修建豪华宫殿时劳民伤财，必定向民众横征暴敛，国家的钱不够用，百姓因此变穷，也更难管理了。墨子并不一味反对君主，但建议在建宫室、做衣服、用饮食、造舟车、养妻妾这五件事上要有所节制，不要损民、劳民、侵民。“厚葬久丧，重为棺椁，多为衣衾，送死若徙，三年哭泣，扶后起，杖后行，耳无闻，目无见，此足以丧天下。又弦歌鼓舞，习为声乐，此足以丧天下。又以命为有，贫富寿夭、治乱安危有极矣，不可损益也。为上者行之，必不听治矣；为下者行之，必不从事矣，此足以丧天下。”墨子在《公孟》篇中，历数了儒家繁文缛节的弊端，认为在“力不足，财不赡，知不知”的情况下如此厚葬久丧加重了民众负担，主张节葬（“俭节则昌，淫佚则亡”）；墨子还认为用大钟、鸣鼓、琴瑟、竽笙等奏乐虽然好听，但不符合圣明君主的要求，不符合百姓的利益，上不中圣王之事，下不能解决民之三患，也是不好的，所以提出“非乐”。墨子这里的判断，显然是从百姓的角度出发而作出的。

墨子经常提醒君主要为百姓办实事，不能徒劳无益甚至劳民伤财。他在《七患》篇列举了国家必亡的七种情形，指出“先尽民力无用之功，赏赐无能之人，民力尽于无用，财宝虚于待客”是国家灾患之一，君主要多体恤民情，发展民生，因为“一谷不收谓之馑，二谷不收谓之旱，三谷不收谓之凶，四谷不收谓之馈，五谷不收谓之饥”，如果“民无仰则君无养，民无食则不可事”，所以墨子说：“食不可不务也，地不可不力也，用不可不节也。”这种民本思想是建立在最下层民众社情和民情上的，因而尤显深刻和清醒。

为国家推举贤能是墨子的民本思想之一，他认为君主为政，国家不富而贫、不众而寡、不治而乱，原因是不能尚贤事能。他在《尚贤》篇中说“国有贤良之士众，则国家之治厚；贤良之士寡，则国家之治薄”，因而主张要对贤德之人“富之、贵之，敬之、誉之”。尤其值得指出的是，墨子提出“列德而尚贤”要不拘一格，“虽在农与工肆之人，有能则举之，高予之爵，重予之禄，任之以事，断予之令”，他的“民无终贱，有能则举之，无能则下之，举公义，辟私怨”观点，具有进步的意义。

综观墨子关于兼爱、非攻、尚同、节用、非乐、非命、非儒、修身、辞过、尚贤、节葬等的论述，会发现其民本思想的光辉难掩。

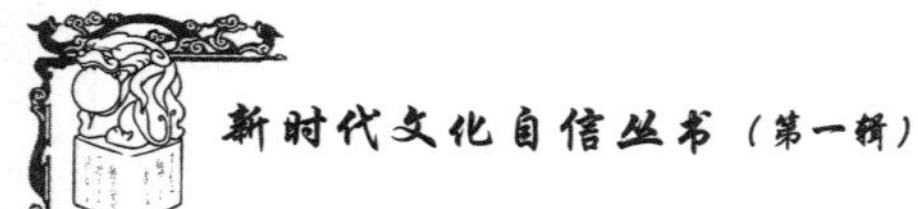

故以法治国，举措而已矣。法不阿贵，绳不挠曲。法之所加，智者弗能辞，勇者弗敢争。刑过不辟大臣，赏善不遗匹夫。故矫上之失，诘下之邪，治乱决缪，绌羡齐非，一民之轨，莫如法。厉官威民，退淫殆，止诈伪，莫如刑。刑重，则不敢以贵易贱；法审，则上尊而不侵。上尊而不侵，则主强而守要，故先王贵之而传之。人主释法用私，则上下不别矣。

——《韩非子·有度》

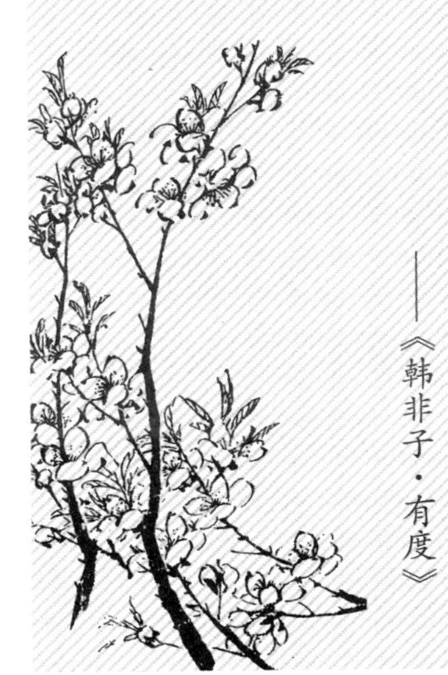

释义

所以以法治国，不过是制定出来、实行下去罢了。法令不偏袒权贵，墨绳不弯曲迁就。法令该制裁的，智者不能用言辞辩解，勇者不敢抗争。惩罚罪过不回避大臣，奖赏功劳不漏掉平民。所以矫正上面的过失，追究下面的奸邪，治理纷乱，判断谬误，削减多余，纠正错误，统一民众的规范，没有什么比得上法律的。整治官吏，威慑民众，除去淫乱怠惰，禁止欺诈虚伪，没有什么比得上刑罚的。刑罚重了，就不敢因地位高而轻视地位低的；法令严明，君主就尊贵不受侵害。尊贵不受侵害，君主就会强大而掌握威权，所以先王重视法律并传承下来。君主放弃法治而用私情，君臣之间就没有什么区别了。

圣人之治民，度于本，不从其欲，期于利民而已。故其与之刑，非所以恶民，爱之本也。刑胜而民静，赏繁而奸生。故治民者，刑胜，治之首也；赏繁，乱之本也。夫民之性，喜其乱而不亲其法。故明主之治国也，明赏，则民劝功；严刑，则民亲法。劝功，则公事不犯；亲法，则奸无所萌。故治民者，禁奸于未萌；而用兵者，服战于民心。禁先其本者治，兵战其心者胜。圣人之治民也，先治者强，先战者胜。夫国事务先而一民心，专举公而私不从，赏告而奸不生，明法而治不烦。能用四者强，不能用四者弱。

——《韩非子·心度》

释义

圣人治理百姓，是从根本上考虑问题的，并不是简单放纵百姓的欲望，而是希望给百姓带来实际利益罢了。所以圣人实施刑罚，并不是憎恨百姓，这是爱护百姓的根本举措。刑罚有效百姓就安宁，赏赐频繁邪念就滋生。所以治理百姓之道，刑罚有效是社会治理昌明的首要事务，赏赐泛滥是社会治理混乱的根源。百姓的本性，是喜欢导致动乱的赏赐而不喜欢有效治理的刑罚，所以明君治理国家时，奖赏分明，百姓就努力立功；施行严厉的刑罚，百姓就服从法令。百姓努力立功，公共事务就不受干扰；百姓服从法令，邪念就无从产生。所以治理百姓，要禁止奸邪于未发之时；用兵作战，要使服从战争的要求深入民心。禁令能先治本的才有效，用兵能服众的才能胜。圣人治理百姓，先治本的能强大，先服百姓的能取胜。推行国家大事要首先统一民心，专行公事就不会满足私欲，奖赏告奸奸邪就不会产生，明确法令政务就不会生乱。能做到这四个方面的国家就强盛，不能做到这四个方面的国家就衰弱。

解读

韩非，亦称韩非子，战国时期韩国人，杰出的思想家、哲学家和散文家。他吸收了老子的辩证法、朴素唯物主义思想，被称为最得老子思想精髓的思想家之一。

韩非子著有《韩非子》一书，他的民本思想蕴含其中。韩非思想的法家思想有三个主要来源。

一是商鞅的“法”。商鞅，又称卫鞅、公孙鞅，因获封地商，亦称商君。战国时期卫国人，政治家、改革家、思想家，法家代表人物。商鞅为秦国所用，推行“商鞅变法”，通过制定严酷的法律，重农抑商、奖励耕织，推动户籍制度、军功爵位、土地制度、行政区划、税收、度量衡以及民风民俗的改革，使秦国成为当时最强大的国家。

二是申不害的“术”。申不害，亦称申子，先事于郑国，郑国被灭后事于韩国，被韩昭侯重用为丞相。申不害为相十五年，力主改革，“内修政教，外应诸侯”，推行“法”治、“术”治。他的“术”治，主要是指利用权力驾驭臣民之术，包括“阳术”“阴术”，主要用于整顿吏治，加强考核和监督，“见功而与赏，因能而授官”，旨在提高行政效率；主张限制贵族集团利益，发展民生，促进政局稳定。韩国在他治理的十五年间变得强盛起来，史称“终申子之身，国治兵强，无侵韩者”。申不害的哲学思想主要是政治哲学。

三是慎到的“势”。慎到，亦称慎子，战国时期法家代表人物，为法家创始人之一。慎到虽崇尚自然，尊崇“黄老之术”，但与老子的“绝圣弃智”、庄子的“完美自然”不同，慎到主张人在与自然的关系中应该发挥主观能动作用，君主应该积极地干预社会生活。慎到坚决主张“法治”，认为“治国无其法则乱”，而且认为君主要利用自己的权势推行“法治”。

韩非汲取了以上三者的精髓，既有对他们思想的融会贯通，又有自己的独特创新，成为法家思想的集大成者，加上师承荀子，吸收了儒家思想，还吸纳了墨家思想、名家思想等，因此，韩非是法家思想的代表人物之一，又是战国时期各种思想的集大成者。韩非的思想是富国强兵的思想。

第三章　秦汉时期的民本思想

秦始皇无疑是中国历史上最伟大的皇帝之一，十三岁继承王位，三十九岁称皇帝，在位三十七年，死时四十九岁，有自己治国理政的方略，他的治民思想应该是十分丰富而有效的，否则秦国不可能灭六国而一统天下。但留给秦始皇的时间不多，这意味着他的许多政策举措都没有来得及形成和实施，秦朝就被风起云涌的农民起义推翻，许多史料没能保留和传承下来，其中想必包括他的治民思想。

对秦朝治政之得失，新兴的汉朝是了解得最直接、认识得最深刻的，因而其反思也最有价值。汉朝上下都意识到，要长治久安，必须深刻反省和革除秦朝弊政、暴政，才能避免重蹈秦之覆辙。更重要的是，自汉代开始，中国历史上出现的新气象在很大程度上建立在秦朝的基础上，秦始皇开创的中央集权统一国家的政治体制，在汉朝尤其是汉武帝时期被确定下来，南朝的范晔在《后汉书》中指出："汉承秦制。"但是在对待人民的态度、对人民的认识方面，汉朝比秦朝前进了一大步，汉朝一些思想家认识到，统治者绝不能与人民为敌，"自古至于今，与民为仇者，有迟有速，而民必胜之"，指出了在国家兴亡、政权得失上人民的重要性。汉朝推行了大量民生政策，实行了许多仁政工程，这是历史的进步，是大汉王朝绵延四百多年的深刻原因。

由于汉朝开创了平民刘邦登上皇位的先例，因而后人称之为"天地一大变局"。作为平民皇帝，刘邦身边的一批文臣武将多是平民出身，因而治国之策中多有悯农成分，一些减轻赋税徭役、体恤民众、抑商抑富的政策措施得以出台，因而在汉代初期的民本思想中，这方面的色彩比较重。

汉代初期，主要是指汉高祖刘邦、汉惠帝刘盈（在位仅七年）、吕后（吕雉，汉高祖之妻），以及汉文帝、汉景帝时期，共计六十六年。这一时期的掌权者信黄老之言、行黄老之术、彰黄老之学，因此主要采用黄老之学，即综合了法家、道家思想，兼用儒家、墨家、阴阳家思想，其主要是"无为而治""与民休息"。汉初之所以采用黄老之学，是因为汉朝初立，战乱过后百废待兴，在政治和管理方面主要沿用秦朝制度，在经济上鼓励百姓休养生息，统治者不过多干预，以免出现秦朝的暴政。虽然汉高祖刘邦学儒尊儒，是第一个祭拜孔子的皇帝，但他主要还是欣赏黄老之学的"无为而治"。

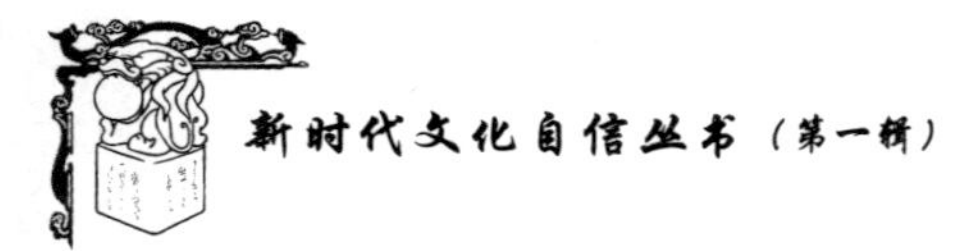

汉高祖之后，汉惠帝软弱无力，吕后临朝称制，实施了减轻赋税等仁政。这一时期的发展，为后来的文景之治奠定了基础。

汉代初期的思想家中，陆贾、贾谊是最具有代表性的两位思想家，一个影响了刘邦，一个影响了汉文帝，他们对黄老之学的施政运用和蓬勃发展起到重要作用，同时他们两人又发掘和推崇儒家的仁爱思想。

需要特别指出的是，正是从汉初开始，儒家思想在受到推崇的同时，其德性成分受到削弱；正是因为儒家思想成为官方治国理政的工具，因而附着了威权成分，在某种程度、某个时期发展到极致，许多问题也由此派生出来。多次推崇、运用儒家思想的陆贾、贾谊等人，在威权化儒家思想方面，也扮演了重要的角色。他们的民本思想，既包含尊民、重民等思想，也有强烈的驭民、使民观念。

第一节

陆贾的民本思想

是以君子尚宽舒以褒其身，行身中和以致疏远。民畏其威而从其化，怀其德而归其境，美其治而不敢违其政。民不罚而畏，不赏而劝，渐渍于道德而被中和之所致也。

——〔西汉〕陆贾《新语·无为》

释义

所以君子崇尚宽松舒适，以达到心胸宽大的境界；行事平和适中，以达到深远旷达的境界。百姓因敬畏他的威严而服从他的教化，因感念他的德行而归顺于他的国家，因称赞他的治理而不敢违背他的政令。百姓无须刑罚就有敬畏之心，无须奖赏就得到勉励，这是百姓不断地受到道德浸润并受到中和熏陶的原因。

治以道德为上，行以仁义为本。故尊于位而无德者绌，富于财而无义者刑；贱而好道者尊，贫而有义者荣。夫酒池可以运舟，糟丘可以远望，岂贫于财哉？统四海之权，主九州之众，岂弱于武力哉？然功不能自存，而威不能自守，非贫弱也，乃道德不存乎身，仁义不加于下也。

——〔西汉〕陆贾《新语·本行》

释义

治理国家要以道德教化为上策，实行政策要以仁爱道义为根本。所以，对位尊但没有德行的人要罢黜，对富有但没有道义的人要处罚；对地位低下但喜好道德的人要尊重，对贫困但讲道义的人要标榜。酒池里面可以泛舟，酒糟堆起来可以登高望远，这难道是缺乏钱财吗？拥有统治天下的权力，主宰着九州的百姓，这难道是武力不强吗？然而功业不能让自己立身，威势不能保护自己，不是贫弱的原因，是因为自身没有道德，对下没有施以仁爱道义。

解读

陆贾，西汉思想家、政治家、外交家。陆贾历数商汤、吴王夫差、晋国大族智伯以及秦始皇等正反两方面的经验教训，提出“行仁义，法先圣”的主张，刘邦于是请陆贾撰写关于秦为什么灭、汉为什么兴，以及政权更迭原因的分析文章。陆贾总共写了十二篇，每奏一篇，刘邦都连连称好。这些文章被收入《新语》一书。

陆贾是汉代力倡儒学的思想家。他根据汉初的社会现状和政治需要，以儒学为本，融汇黄老及法家思想，提出“行仁义、法先圣，礼法结合、无为而治”的思想，开创了先秦儒学向汉代儒学转变的新局面，为西汉前期的统治思想奠定了基础。

陆贾的民本思想主要体现在《新语》中，表现为以下几个方面。

一是以仁治天下。陆贾继承了孔子关于仁义的思想，认为“治以道德为上，行以仁义为本”，秦之所以亡就是因为不施仁义、专任刑罚，汉要保持长治久安必须反秦道而行之，即“行仁义而轻刑罚，闭利门而尚德义”。一些国家不能够长久存在，原因就在于“道德不存乎身，仁义不加于下也”。

二是既“无为”又“有为”。陆贾认为“夫道莫大于无为”，他从秦朝覆亡尤其是滥用严刑峻法的“有为”

中提炼出“无为”思想，主张废秦法，但同时不排除“有为”，认为圣人、君主、百姓都应该积极有为，而且这种“有为”是在尊道的前提下进行的，不是“妄为”“乱为”；要以“有为”求“无为”，“有为”是为了“无为”，“无为”是为了“有为”；主张减免赋税徭役，让利于民，使民休养生息，不折腾百姓、不干扰民生，做到“国不兴无事之功，家不藏无用之器，稀力役而省贡献”。陆贾认为君主要有所作为，“人主天下之仪表也，主倡而臣和，主先而臣随”，君主要先起到表率作用，然后达到教化天下百姓的目的。

三是治世须有等级秩序。陆贾引用先王的治国经验说：“先圣乃仰观天文，俯察地理，图画乾坤，以定人道，民始开悟，知有父子之亲，君臣之义，夫妇之别，长幼之序。于是百官立，王道乃生。”君主既要了解天意，又要掌握民情，然后确定人道，并以人道教育百姓，使百姓有等级意识、差别意识、规矩意识。

总之，陆贾的民本思想是对秦朝统治思想的批判，既具有现实针对性，又具有思想价值。

第二节

贾谊的民本思想

且夫天下非小弱也，雍州之地，崤函之固，自若也。陈涉之位，非尊于齐、楚、燕、赵、韩、魏、宋、卫、中山之君也；锄耰棘矜，不敌于钩戟长铩也；谪戍之众，非抗九国之师也；深谋远虑，行军用兵之道，非及曩时之士也。然而成败异变，功业相反也。试使山东之国与陈涉度长絜大，比权量力，则不可同年而语矣。然秦以区区之地致万乘之势，序八州而朝同列，百有余年矣；然后以六合为家，崤

函为宫。一夫作难而七庙隳，身死人手，为天下笑者，何也？仁义不施，而攻守之势异也。

——〔西汉〕贾谊《过秦论》

释义

一统天下的秦王朝并没有被削弱，雍州地势险峻，崤山、函谷关固若金汤，与以往一样。陈涉的社会地位，并不比齐、楚、燕、赵、韩、魏、宋、卫、中山的君主更尊贵；锄头木棍，并不比钩戟长矛更锋利；迁谪戍边的士卒，并不能抵抗九国之师；他们在深谋远虑、行军用兵方面，比不上当年九国的武将谋臣。然而成败结果却完全不一样，功业正好相反。假如拿崤山之东的诸国跟陈涉相比较，简直不可相提并论。秦国凭借区区之地，发展到兵车万乘的国势，夺取八州的土地，使得天下的诸侯来朝拜自己，已有一百多年的历史了；然后将天下作为一家私产，以崤山、函谷关作为宫城。陈涉这样一个戍卒发难就毁掉了天子七庙（代指国家），天子的皇子皇孙都死在人家手里，被天下人耻笑，是什么原因呢？就因为不施行仁义，而使攻守的形势发生了根本性的变化啊。

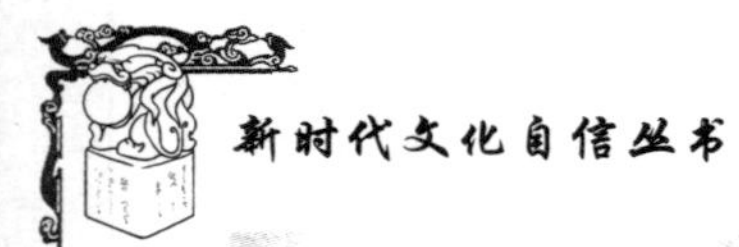

闻之于政也，民无不为本也。国以为本，君以为本，吏以为本。故国以民为安危，君以民为威侮，吏以民为贵贱。此之谓民无不为本也。闻之于政也，民无不为命也。国以为命，君以为命，吏以为命。故国以民为存亡，君以民为盲明，吏以民为贤不肖。此之谓民无不为命也。闻之于政也，民无不为功也。故国以为功，君以为功，吏以为功。国以民为兴坏，君以民为强弱，吏以民为能不能。此之谓民无不为功也。闻之于政也，民无不为力也。故国以为力，君以为力，吏以为力。故夫战之胜也，民欲胜也；攻之得也，民欲得也；守之存也，

民欲存也。故率民而守，而民不欲存，则莫能以存矣；故率民而攻，民不欲得，则莫能以得矣；故率民而战，民不欲胜，则莫能以胜矣。故其民之为其上也，接敌而喜，进而不能止，敌人必骇，战由此胜也。夫民之于其上也，接而惧，必走去，战由此败也。故夫灾与福也，非粹在天也，必在士民也。呜呼，戒之戒之！夫士民之志，不可不要也。呜呼，戒之戒之！

——〔西汉〕贾谊《新书·大政上》

释义

听说，对于政事来说，没有不把人民作为根本的。国家以人民为根本，君主以人民为根本，官吏以人民为根本。所以国家的安定与危亡取决于人民，君主的威严或屈辱取决于人民，官吏的尊贵或轻贱取决于人民。这就叫没有不把人民作为根本的。听说，对于政事来讲，没有不视人民为命的。国家的命运靠的是人民，君主的命运靠的是人民，官吏的命运靠的是人民。所以国家的存亡靠的是人民，君主的昏昧或明智靠的是人民，官吏的贤良或不肖靠的是人民。这就叫没有不视人民为命的。听说，对于政事来讲，没有不以人民作为功绩的。国家以人民为功绩，君主以人民为功绩，官吏以人民为功绩。所以国家的兴盛和衰亡取决于人民，君主的强大或弱小取决于人民，官吏的能干或拙劣取决于人民。这就叫没有不是以人民为功绩的。听说，对于政事来讲，没有不以人民为力量的。国家以人民为力量，君主以人民为力量，官吏以人民为力量。所以战争能够得胜，是人民想要打胜仗；进攻能够得手，是人民想得手；守卫能够坚守住，是人民想要坚守住。所以带领人民保家卫国，人民却不愿意坚守，就没有办法守卫；所以带领人民进攻，人民不想攻取，就没有办法攻取；所以带领人民战斗，人民不想取胜，就没有办法取胜。因此，人民为了他们的统治者，高兴与敌人战斗，发动进攻就会一往无前，敌人必然会惊惧，战争就会获胜。如果人民不是为了他们的统治者，与敌人战斗就会恐惧，一定会逃跑，战争就会失败。所以，灾祸与幸福，不仅仅只在天意，必定在于人民。警惕呀，警惕！人民的意志，不可不重视。啊！警惕呀，警惕！

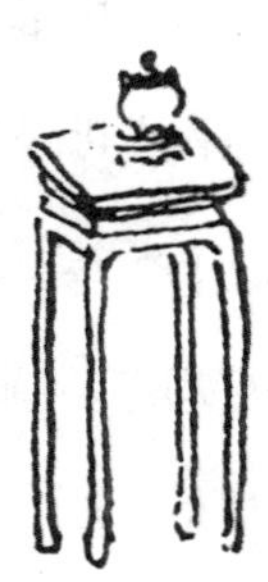

解读

贾谊，洛阳人，西汉初年著名政论家、文学家、思想家，世称贾生。贾谊少年大成，十八岁时文名满郡。汉文帝登基后，贾谊经廷尉吴公推荐，被汉文帝召为博士，因才华出众，一年后即提升为太中大夫，提出过“改正朔、易服色、法制度、定官名、兴礼乐”等建议。代表作有《过秦论》《论积贮疏》《陈政事疏》等。其辞赋皆为骚体，是汉赋发展的先声，以《吊屈原赋》《鹏鸟赋》最著名。贾谊的民本思想就蕴藏于这些著作中。

与陆贾相比，贾谊的民本思想更加鲜明。这个时候的汉朝经过初期汉儒的治理，儒家思想指导治国理政的思路更加明确，因而贾谊的思想观点比陆贾更有冲击力、更有说服力，他的一些观点甚至用于直接警告和训诫当朝君主和百官。

与陆贾一样，贾谊也推崇儒家思想，尤其是仁政思想，主张爱民、惠民。他在《新书·修政语上》篇中引用帝喾“德莫高于博爱人，而政莫高于博利人”的话，表达了德政、仁政观点。他认为治国之道在于“上忠于主，而中敬其士，而下爱其民”。在《数宁》篇中，贾谊指出“始取天下为功，始治天下为德”。他倡导用仁、义、礼、智、信治理国家和社会，冲破了汉初黄老之学的束缚，主张变“无为”为“有为”，他的思想既不同于孔子的“从周”“好古”，也不同于商鞅的反对“法古”。贾谊的民本思想部分得到了汉文帝的重视，为西汉王朝统治和文景之治提供了思想依据。之所以说“部分”，是因为深受黄老之学“无为”思想影响的汉文帝并没有完全采纳贾谊的主张，汉文帝对他是重才而不重用，使得他的民本思想没有得到很好地实施。

贾谊的民本思想多注重从反面警醒中展开。经典名篇《过秦论》充分反映了这一特点。文章分析了秦王朝的过失和其速亡的教训：“秦王怀贪鄙之心，行自奋之智，不信功臣，不亲士民，废王道而立私爱，焚文书而酷刑法，先诈力而后仁义，以暴虐为天下始。”可谓深刻至极、一针见血。贾谊进而分析说，如果秦二世能吸取秦始皇的教训，虽然才能平庸，但能任用忠贤之士，臣主一心，“正先帝之过”，做到“裂地分民”“以礼天下”“免刑戮”“去收孥污秽之罪”“发仓廪、散财币，以振孤独穷困之士”“轻赋少事，以佐百姓之急”“约法省刑，以持其后，使天下之人皆得自新”“塞万民之望，而以盛德与”等，如此这般，那天下就太平了。但是秦二世并没有利用历史给他的一次纠过的机会，他更没有看到“天下莫不引领而观其亡”的严峻，而是变本加厉地重复“悲剧”：“重以无道，坏宗庙与民，更始作阿房之宫；繁刑严诛，吏治刻深；赏罚不当，赋敛无度。天下多事，吏不能纪；百姓困穷，而主不收恤。然后奸伪并起，而上下相遁；蒙罪者众，刑戮相望于道，而天下苦之。”秦朝覆亡的原因也就昭然若揭了。

贾谊是中国古代对人民力量认识最深刻的思想家之一。他在《过秦论》中赞美了中国历史上有记录以来第一次大规模农民起义的进步意义和革命性质，突出了草根的力量，使后世看到了人民对一个强大王朝的巨大颠覆作用和对历史的巨大推动作用。在《新书·大政上》等文章中，贾谊强调了人民的重要性，从国与民、君与民、吏与民三重关系出发，提出要以仁治国、以仁安民。擅长赋体的他竭尽文笔之力量，反复强调“民无不为本也”“民无不为命也”“民无不为功也”“民无不为力也”，具有强烈的民本色彩。

当然，贾谊的民本思想具有时代的局限性，他站在封建统治阶级立场上，视人民为对立力量、异己力量，其目的是维护封建专制统治和贵族阶级利益。

第三节　董仲舒的民本思想

五帝三王之治天下，不敢有君民之心，什一而税，教以爱，使以忠，敬长老，亲亲而尊尊。不夺民时，使民不过岁三日，民家给人足，无怨望忿怒之患、强弱之难，无谗贼妒疾之人，民修德而美好，被发衔哺而游，不慕富贵，耻恶不犯。

——〔西汉〕董仲舒《春秋繁露·王道》

释义

五帝三王治理天下时，不敢有统治百姓的思想，那时只抽十分之一的税，用博爱的思想进行教化，用忠诚的思想任用人，尊敬年长的人，亲近亲人，尊敬尊贵的人。不占农时，使役百姓每年不超过三天，百姓家家富足，没有愤恨责怨的隐患、以强凌弱的灾难，没有专门讲别人坏话和嫉妒人的人，百姓都修养好德行，披散着头发、口里衔着食物与人交游，不贪慕富裕和地位尊贵，也不做羞耻、罪恶之事。

王者，民之所往；君者，不失其群者也。故能使万民往之，而得天下之群者，无敌于天下。

——〔西汉〕董仲舒《春秋繁露·灭国上》

释义

王是百姓向往归附的人，君是不失去民心的人。所以，能使天下百姓前来归附，并且得到天下民心的人，就可以天下无敌了。

天生之，地载之，圣人教之。君者，民之心也；民者，君之体也。心之所好，体必安之；君之所好，民必从之。故君民者，贵孝弟而好礼义，重仁廉而轻财利。躬亲职此于上，而万民听，生善于下矣。故曰：『先王见教之可以化民也。』此之谓也。

——〔西汉〕董仲舒《春秋繁露·为人者天》

释义

上天养育他们，大地承载他们，圣人教导他们。君主是百姓的心脏，百姓是君主的身体。心所喜好的，身体一定乐于适应；君主所喜好的，百姓也一定顺从而行。所以统治百姓的君主，要以孝悌为贵并爱好礼义，重视仁爱清廉而轻视钱财利益。君主在上亲自践行，而百姓会听从，在下面就会行善。所以说："先王发现这样的教导可以教化百姓。"说的就是这个意思。

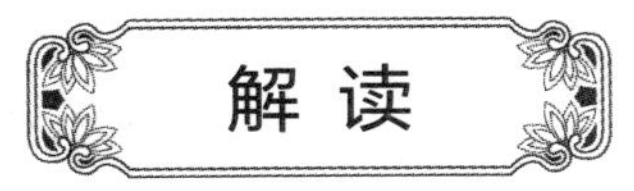

解读

董仲舒，西汉时期的思想家、政治家、教育家。汉朝时广川郡人。汉文帝时期出生，汉景帝时期为博士。汉武帝时期作《天人三策》，深受汉武帝赏识，被任命为江都相，后任胶西相。刘向称董仲舒有“王佐之才”，与辅佐商汤的伊尹、辅佐周武王的吕望才能相当，连管仲、晏婴都比不上董仲舒。东汉时期的思想家王充说“文王之文在孔子，孔子之文在仲舒”，认为董仲舒是真正的周文王、孔子的传承人。董仲舒经历了西汉王朝的极盛时期，年老辞职回家后穷居陋巷，“以修学著书为事”，专注著述和教学。由于才多识广，见解深刻，朝廷还常常派人去咨询他一些重大问题。

董仲舒提出的“天人感应，君权神授”思想几乎影响了整个封建社会，他的“独尊儒术”思想被汉武帝采纳，影响深远。其民本思想体现在《春秋繁露》以及《汉书》记载的《天人三策》中，主张用仁、义、礼、智、信统治人民，防止秦朝官吏贪暴、刑戮妄加的现象重现，重视对民众的道德教化，致力对“汉承秦制”进行改革，同时倡导设立太学培养官员以爱民。

董仲舒的思想将周代以来的宗教天道观和阴阳、五行学说结合起来，还吸收儒家、法家、道家、阴阳家等思想，形成了自己的体系。在应对汉武帝的三次策问中，董仲舒比较系统地提出了自己的政治主张，第一次是关于巩固统治的根本道理，第二次是关于治理国家的政术，第三次是关于天人感应的问题。他系统地提出了“天人感应”“大一统”的学说以及“罢黜百家，独尊儒术”的主张，为汉武帝的治国提供了思想基础。

董仲舒认为，“王者，民之所往；君者，不失其群也。故能使万民往之，而得天下之群者，无敌于天下”。在董仲舒看来，“王”也好，“君”也罢，都是以“民”为基础的，得民者得天下，失群者失天下；民之不存，“王”将焉附？“君”之安在？那么如何“得民”呢？董仲舒认为应该“唱而民和之，动而民随之，是知引其天性所好，而压其情之所憎也”，简而言之，就是遂民心、如民愿，以百姓之心为心。

董仲舒从秦末农民大起义中，认识到农民阶级的巨大力量可以决定一个王朝的兴亡。他反对暴政虐民，认为重刑罚、轻礼义是秦朝灭亡的原因之一。汉初虽然号称奉行黄老的“无为而治”，但实际上还是沿袭了秦朝的严刑峻法。汉武帝时起初也是如此。董仲舒意识到要改变“暴虐百姓，与奸为市，贫穷孤弱，冤苦失职”的现状，必须“更化”，抛弃秦王朝的那一套，向先王靠近，采用先王之“道”，也就是“奉天而法古”。在他看来，“先王显德以示民，民乐而歌之以为诗，说而化之以为俗”，以汤、文、武之德教化民众，使之成为风俗，就是仁政。君主“贵孝弟而好礼义，重仁廉而轻财利”，就可以达到“万民听”“可化民”的效果。

董仲舒的“天人感应”之说是他思想的核心。他提出“屈民而伸君，屈君而伸天”的君民思想，即天下百姓都服从君主，倡导君权至尊，才能天下归顺，实现政治上的大一统，这是保持社会稳定的前提，也是防止分裂的需要。同时，主张君主要服从上天，即用天的权威来限制君主的权威，因为君权容易走向极端，造成极权专制，也同样是造成天下不稳定的因素，因此君权必须受到上天的制约。那么上天如何制约君主呢？通过各种自然现象，如灾害、异象来提醒、警告甚至惩罚君主，通过各种祥瑞现象来褒扬君主的作为:“灾者，天之谴也；异者，天之威也。谴之而不知，乃畏之以威。”如果“王正，则元气和顺，风雨时，景星见，黄龙下；王不正，则上变天，贼气并见”，如果社会上频现“强奄弱，众暴寡，富使贫，并兼无已，臣下上僭，不能禁止”的现象，自然界就会出现“日为之食，星陨如雨，雨螽，沙鹿崩；夏大雨水，冬大雨雪；陨石于宋五，六鹢退飞；陨霜不杀草，李梅冬实；正月不雨，至于秋七月；地震，梁山崩，壅河三日不流；昼晦，彗星见于东方，孛于大辰，鹳鹆来巢”等异象，此所谓“人正天顺”“人不正天不顺”。

董仲舒主张对百姓进行教化，认为“今万民之性，待外教然后能善”，“夫万民之从利也，如水之走下，不以教化堤防之，不能止也”。这些话承认了“从利”的人性弱点，因而要“以教化为大务”，做到“渐民以仁，摩民以谊，节民以礼”。同时天与人之间存在某种感应，君主也要顺从天意。秦始皇为所欲为，所以秦朝难逃覆灭的下场。而天意是按照儒家的思想来设计建构的，也就是说，儒家思想可以统驭一切。董仲舒在《天人三策》中认为“为人君者，正心以正朝廷，正朝廷以正百官，正百官以正万民，正万民以正四方。四方正，远近莫敢不壹于正”，这说明了君主“正心”的重要性。董仲舒的这些思想为“罢黜百家，独尊儒术”扫清了障碍。

第四章 唐宋明清时期的民本思想

唐朝在治国理政方面颇有建树，尤其是其重视民生、关注百姓生活水平的民本思想在中国古代政治发展史上有着重要的地位，出现了很多关于民本思想的论述。其中最著名的当数唐太宗李世民提出的“爱民”思想。在他的治理下，不仅百姓安居乐业、衣食无忧，而且整个社会风气也越来越好了，说明了其重视民众、关心民生的民本思想的实践效果是显著的。唐朝还出现了很多优秀的文人墨客（例如书中提到的韩愈和柳宗元），他们留下了许多优美的诗词歌赋，例如《全唐诗》中就有很多反映人民生活状况和精神风貌的作品，反映了当时社会良好的经济发展水平和民众生活质量。

两宋时期的社会思潮有两条主线，一条是以李觏、王安石、陈亮、叶适等为代表的功利主义思想，一条是以周敦颐、张载、程颐、程颢、朱熹等为代表的理学思想。功利主义思想提倡“经世”，关注现实社会问题，强调达到的效果（即功）；而宋明理学思想是儒释道三教合流的产物，它以儒家思想为主，吸收佛教和道教的思想，指向内心世界和个人道德。中国古代思想在宋代走向清晰、成熟，无论是哪一条思想主线，都包含了丰富的民本思想，不少思想家、哲学家产生了独特的民生观念和民本思想，书中选取了李觏、王安石、周敦颐等三位代表人物的作品并稍作阐述。

明清两代是我国社会思想的成熟期，传统的民本思想发展到了历史的最高水平。同时，它的局限性和消极面也表现得越来越明显，越来越不能适应整个社会的发展变化时，传统的民本思想开始发生嬗变，所谓的“新民本”思想应运而生，成为近代民主思想传入的中介和桥梁，将中国的传统民本思想推向一个新的高度，为迎接新的时代准备了某些思想条件。该时期涌现了一大批影响至今的思想家，王阳明、黄宗羲、顾炎武、王夫之等人是其中的杰出代表。

第一节

唐太宗的民本思想

贞观初，太宗谓侍臣曰：『为君之道，必须先存百姓。若损百姓以奉其身，犹割股以啖腹，腹饱而身毙。若安天下，必须先正其身，未有身正而影曲，上理而下乱者。朕每思伤其身者不在外物，皆由嗜欲以成其祸。若耽嗜滋味，玩悦声色，所欲既多，所损亦大，既妨政事，又扰生人。』

——〔唐〕吴兢《贞观政要·君道》

释义

贞观初年，唐太宗对侍奉的大臣说："作为君主，必须首先存养百姓。如果损害百姓的利益来奉养自身，那就好比是割大腿上的肉来填饱肚子，肚子填饱了，人也就死了。如果要想使天下安定，必须先端正自身，绝不会有身子端正了而影子弯曲、上头治理好了而下边发生动乱的事。我常想能伤身子的并不是身外的东西，而都是由于自身追求欲望才酿成灾祸。如一味讲究吃喝，沉溺于音乐女色，欲望越多，伤害也就越大，既妨碍政事，又扰害百姓。"

自古有道之主，以百姓之心为心，故君处台榭，则欲民有栋宇之安；食膏粱，则欲民无饥寒之患；顾嫔御，则欲民有室家之欢。此人主之常道也。

——〔唐〕吴兢《贞观政要·纳谏》

释义

自古以来有道的君主，都能想百姓所想，所以君主住在高台轩榭之中，就想使百姓有房屋安身；君主吃美味佳肴，就想使百姓不受饥饿；看到嫔妃侍妾，就想使百姓享受婚配成家的欢乐。这才是身为君主应该做的事。

解读

《贞观政要》是唐代史学家吴兢撰写的史书，记录了贞观年间唐太宗李世民与臣子魏徵、王珪、房玄龄、杜如晦等人关于治国理政的言论，以及部分谏议、奏疏等。唐太宗重视汲取秦、汉、隋等朝代的教训，推崇《尚书》中“民惟邦本，本固邦宁”的民本思想。《贞观政要》所记载的他与魏徵等人的对话，实际上是他的思想主张，有的观点通过旁人的话语来表达。

唐太宗的民本思想很大程度上体现在他对君臣、君民关系的论述上。他认为君主要善于听谏纳谏，要“任贤能、受谏诤”，因为“人君兼听纳下，则贵臣不得壅蔽，而下情必得上通也”。如果君臣之间“上下相蒙，君臣道隔，民不堪命”，国家就一定会“率土分崩”。

唐太宗认为，君主要重视农桑，轻徭薄赋，与民休息，发展生产，强调重农政策；要尊重自然规律，无为而治，不误农时，即“使比屋之人，恣其耕稼”，让人民安居乐业；用礼仪教育百姓，即“敦行礼让，使乡闾之间，少敬长，妻敬夫”，以致民风淳朴。据《贞观政要》记载，贞观二年（628），京城发生大面积蝗灾，唐太宗亲自到田间视察灾情，他捉了几只蝗虫，说：“百姓以粮食为命，你们却吃掉粮食，为害百姓。百姓如果有过错，责任在我一人，如果你们真的有灵性，还不如吃掉我的

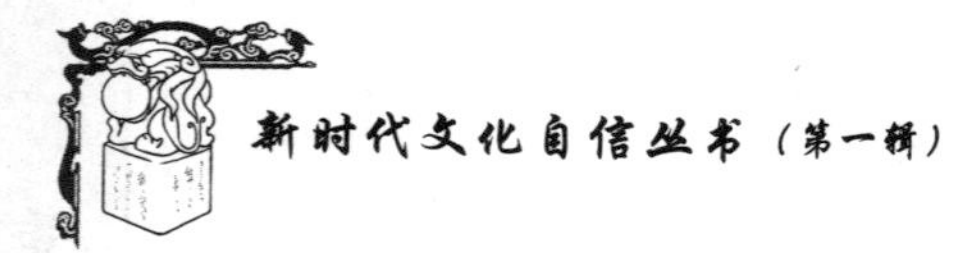

心吧！”他说罢不顾大臣阻拦，执意吞下了蝗虫，随后蝗灾就消弭了。

唐太宗强调君主要有忧患意识，防止“上之所好，下必有甚，竞为无限，遂至灭亡”的现象出现；要有自律意识，节制自己的欲望，要“抑情损欲，克己自励”“不听管弦，不从畋猎，乐在其中”，强调“朕为亿兆人父母，唯欲躬务俭约，必不辄为奢侈”，如果君主贪得无厌，人民就要受苦受穷。

贞观十三年（639），魏徵觉察出唐太宗有奢纵行为，怕他难以“克终俭约”，便上疏谏说：“陛下贞观之始，视人如伤。恤其勤劳，爱之犹子。每存简约，无所营为。顷年已来，意在奢纵，忽忘卑俭，轻用人力。”魏徵还举例说，自古以来就没有出现过因百姓清闲安乐而亡国的，为了怕他们清闲而去折腾他们，这不是定国兴邦的做法。

第二节 韩愈、柳宗元的民本思想

巫医、乐师、百工之人，不耻相师。士大夫之族，曰师、曰弟子云者，则群聚而笑之。问之，则曰：『彼与彼年相若也，道相似也。位卑则足羞，官盛则近谀。』呜呼！师道之不复，可知矣。巫医、乐师、百工之人，君子不齿，今其智乃反不能及，其可怪也欤！

——〔唐〕韩愈《师说》

释义

巫医、乐师和各种工匠，不以互相学习为耻。而士大夫这些人，听到有人喊“老师”“弟子”的，就一起嘲笑人家。问他们为什么这么做，他们回答说：“他和他年龄差不多，道德学问也应该差不多。拜地位低的人为师，自己觉得羞耻；拜官职高的人为师，就近乎谄媚了。”唉！从这些话里就可以得知，古代那种拜师求教的风尚不再了。巫医、乐师和各种工匠，君子不屑与他们为伍，现在君子的见识反而赶不上他们，真是奇怪啊！

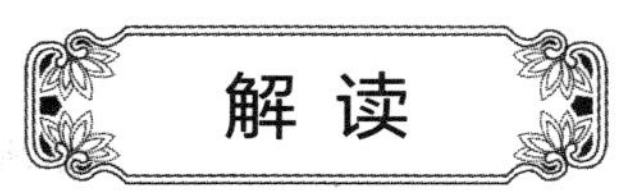

解读

韩愈与柳宗元是中唐时期的同僚，也都是著名文学家。韩愈、柳宗元与宋代的欧阳修、苏洵、苏轼、苏辙、王安石和曾巩并称为“唐宋八大家”，其中韩、柳分别位居第一、第二，有“韩柳”之称。他们两人还是唐朝古文运动的倡导者。尽管两人在政见上有分歧，但是好朋友，柳宗元死后，韩愈撰《祭柳子厚文》，对柳宗元极尽赞美之词，对他的不被重用寄予深切同情，可见两人之情谊。

韩、柳两人的民本思想多有相通之处，都从普通民众的命运角度进行思考，并留下了大量体现民本思想的诗文。

韩愈生活在安史之乱后的中唐时期，经历过代宗、德宗、顺宗、宪宗、穆宗五位皇帝。他的民本思想在很大程度上是从两个角度展开的，一是从统治者角度，二是从民生角度。他的民本思想的核心是“上忠君，下爱民”“上利国，下利民”，他的“爱民”是为了忠君，为了维护封建专制统治，他的“忠君”，是为了更好地爱民，这两者不是对立、割裂的关系。

首先，韩愈强调用儒家思想统一民众认识。他认识到要维护中央集权，必须凝聚民心。中唐以后，两汉时期传入中国的佛教开始从民间走向官方，中唐、晚唐时期的皇帝大多迷信佛法，唐宪宗尤甚。唐宪宗听说法门寺里的护国真身塔里供奉着一截据说是释迦牟尼佛留下来的指骨，每三十年会让人瞻仰礼拜一次，十分灵验，他便派人到法门寺迎取佛骨进宫来供奉。“上有所好，下必甚焉”，很快地社会上形成了浓厚的崇佛之风。与此同时，道教也十分兴盛，道士的社会地位高涨。韩愈不信佛，也不信道，看到佛、道大受追捧，寺院、道观香火鼎盛，铺张浪费现象十分严重，一些人以此大肆敛财，并且形成了影响社会的势力，威胁到国家的治理，而且佛、道的观念影响到当时的社会风气和思潮，不符合道统思想，破坏了业已行之有效的等级制度，影响到封建统治阶级的基础，韩愈便竭力主张弃佛、道，尊儒家，以聚拢民心。有鉴于社会上已经出现的“灼顶燔指，十百为群，解衣散钱，自朝至暮，转相仿效，惟恐后时，老幼奔波，弃其生业”现象，韩愈痛心疾首，上书《论佛骨表》，从政治、经济、思想、社会管理等方面力陈兴佛的危害，提出“儒德治国”的思想。正是这篇谏表激怒了以唐宪宗为首的统治者，差点丧命的韩愈被贬到潮州。韩愈正是从佛教对社会思想的冲击和对百姓生活的影响出发才力谏皇帝的，这体现了他为民请命的责任感。

其次，韩愈设计出君、臣、民三者的社会使命，明确了责任和分工，注重保持百姓的利益。韩愈在《原道》中指出，“君者，出令者也；臣者，行君之令而致之民者也；民者，出粟米麻丝，作器皿，通货财，以事其上者也”，把三者的社会分工、社会职责、社会地位区分得清清楚楚，要求各司其职、各尽其责。这在一定程度上体现了韩愈用儒家思想中的等级观念规范社会秩序的政治主张。韩愈既重视百姓要履行自己的职责，又重视保护百姓的利益。在《论变盐法事宜状》中，针对户部侍郎张平叔提出恢复官营、全面禁榷的“盐法十八条”，韩愈逐条批驳，对市场和盐商的作用给予充分肯定，就“乡村远处，或三家五家，山谷居住，不可令人吏将盐家至户到，多则粜货不尽，少则得钱无多”等现象，对官方卖盐的制度进行批评，指出“百姓宁为私家载物取钱五文，不为官家载物取十文钱也”，道出了百姓宁可少挣钱，也不愿给官府干活的本质在于官民关系的对立、不平等，官方没有保护好百姓的利益。

再次，韩愈关心民瘼，崇尚劳动，礼敬百姓，有一种朴素的悲悯情怀。韩愈一出生就失去了生母，从他的作品中几乎难觅其生母的身影即可侧证这一点。他三岁时成为孤儿，由兄嫂抚养，而哥哥中年又殁，靠嫂子养活。他不到四十岁却已是“视茫茫”“发苍苍”“齿牙动摇”，两次被贬谪到偏僻之地、瘴疠之地、凶险之地，过着流徙生活。他曾经在过秦岭到南方上任途中赋诗曰：“云横秦岭家何在，雪拥蓝关马不前。”可见其仕途之坎坷。但正因为如此，他有了深入下层、悉知民情的机会，所以韩愈对下层百姓充满深深的同情。在《圬者王承福传》中，韩愈刻画了泥瓦匠王承福的形象。王承福世代都是京都长安人，天宝之乱时他打仗立了功，却没有接受朝廷的封功，而是回到家乡做一名“贱且劳也”的泥瓦匠。韩愈以白描的手法，肯定了王承福自食其力、安贫乐道的精神，通过这位泥瓦匠之口表达了他对那些富贵之人尸位素餐、薄功厚飨，甚至身死名裂的富贵之人的蔑视，表现出鲜明的爱憎、褒贬情感，既抨击了当世的不公，又讴歌了劳动的伟大。为一个普通下层人物立传，也说明了韩愈的民本思想。

最后，韩愈重视对百姓的教育，主张“儒德治国”首先是要对百姓进行教育。他十分重视德育，主张将封建道德观念灌输给百姓。韩愈还提出要为巩固封建专制统治而造就人才，提出了“世有伯乐，然后有千里马”的人才观。

凡其所欲，不谒而获；凡其所恶，不祈而息。四夷稽服，不作兵革，不竭货力。丕扬于后嗣，用垂于帝式。十圣济厥理，孝仁平宽，惟祖之则。泽久而愈深，仁增而益高。人之戴唐，永永无穷。是故受命不于天，于其人；休符不于祥，于其仁。惟人之仁，匪祥于天；匪祥于天，兹惟贞符哉！未有丧仁而久者也，未有恃祥而寿者也。

——〔唐〕柳宗元《贞符》

释义

凡是百姓想要的，不用请求就可以得到；凡是百姓厌恶的，不用祈祷就要停止。四方安定，不用打仗，不用耗尽财力。君主要大力地发扬先帝留给后世的道义规范。本朝最初的十位圣贤皇帝，使国家得到治理，百姓孝顺仁爱、平和宽厚，是因为以先祖为榜样。这样一来，给予百姓的恩泽会越积越多，给予他们的仁爱也会越来越多。百姓对于唐朝的爱戴，永远没有止境。所以承受这么好的命运不在于天，而在于人；美好的命符不在于祥瑞，而在于仁政。唯有仁政是根本，不要依赖于上天赐予的祥瑞；不要依赖于上天赐予的祥瑞，仁政才是贞符啊！没有丧失了仁政而能持久的政权，也没有凭借祥瑞而长寿的君主。

解读

柳宗元，字子厚，祖籍河东（今山西省永济市），世称“柳河东”。唐代文学家、哲学家、散文家和思想家。他在朝仅两年时间，由于参与永贞革新，失败后被贬。因终官于柳州刺史，又称“柳柳州”。他与韩愈并称为“韩柳”，与刘禹锡并称为“刘柳”，与王维、孟浩然、韦应物并称“王孟韦柳”。

柳宗元的民本思想，主要表现在以下方面。

一是强调要想长治久安，必施仁政。柳宗元主张君主要“思德之所未大，求仁之所未备”，尽力推行仁政。他自己也是以“中正信义为志，以兴尧舜孔子之道为务”，与“二王八司马”共同推进旨在反宦官集团的推行仁政、革除弊政的永贞革新，力主取消民愤极大的制度，诸如欺压勒索百姓的“宫市”制度、“五坊小儿”制度等，受到百姓拥护。他反对“怠事盗民”的昏官、庸官、贪官，讲求公平。被贬柳州任刺史期间，他大胆革除弊政，禁止巫术妖言惑众，推广种植草药，带领民众垦荒打井、造船栽树，政绩显著。

二是强调治理天下的因素在人而非神、在政而非天。在《贞符》一文中，柳宗元深刻地批判了董仲舒的天人感应思想，指出“推古瑞物以配受命”的行为，“其言类淫巫瞽史，诳乱后代”，意思是统治者所指望的、由上天赐予的祥瑞，其实是没有任何作用的，只有实施仁政才是最大的祥瑞，有力地批判了君权天命、君权神授的思想。在《非国语·三川震》中，柳宗元对《国语》中把西周的灭亡归咎于地震而不是周幽王荒淫无度的观点进行了批驳，指出大自然“自动自休，自峙自流”“自斗自竭，自崩自缺”是自然现象，而西周的灭亡在于政治腐败，与地震无关。柳宗元的这些观点与荀子、王充等的反天人感应、反“奉天承运”思想一样，体现了反天命的朴素唯物主义思想，具有进步性，对传统民本思想的发展具有推进作用。

三是强调立君为民，突出百姓的地位。“官为人役”或者说“吏为民役”，是柳宗元民本思想的一个核心。他是最早提出民为主、官为仆的思想家，指出官吏是由百姓养活的，他在《送薛存义之任序》中说“凡民之食于土者，出其十一佣乎吏”，因此官员应以感恩报答之心对待百姓。柳宗元一个显著的政绩是推行百姓拥有任免、赏罚、监督与惩治贪官污吏的权力，官吏要在遵守法制、维护纲纪的前提下为民行使权力。这些思想含有明显的民主色彩。但是，柳宗元同时又强调“民以君为主”，而不是以民权为主，仁政要靠君主的赐予，因此柳宗元的民主思想带有不彻底性。

四是突出小人物的作用与地位。柳宗元在《捕蛇者说》中，讲述了永州郊外一家三代人为了躲避赋役，宁愿去捕毒蛇而相继惨死的故事，抨击了“苛政猛于虎”的社会现实；在《梓人传》中，描述了木匠杨潜建造官府时的施工才能和工匠精神，隐喻朝廷应该唯才是用；在《种树郭橐驼传》中，通过郭氏的“顺木之天，以致其性”的种树道理，表达自己的养民主张；在《掩役夫张进骸》中，抒发自己亲手掩埋从前马夫张进的遗骸时的悲叹，感叹马夫“生平勤皂枥，莝秣不告疲”的勤劳、忠厚，死后却“髐然暴百骸，散乱不复支”、没有人收尸的悲惨；在《宋清传》中，表扬了药材商人宋清坚守职业道德和勇担社会责任，不制假售假、出卖高价药，无论贫富贵贱都一视同仁的高尚品德；在《童区寄传》中，讲述了“郴州荛牧儿”以智慧战胜两个劫匪的光明磊落的故事；等等。柳宗元关心百姓，赞美朴素，歌颂劳动，藐视权贵，表现出正确的人民观。

五是强调勿扰民，实现“民自利”。柳宗元在《种树郭橐驼传》中，通过讲述一位形体扭曲的驼背郭大爷种的树无不“硕茂早实以蕃”的故事，阐述了“顺木之天，以致其性”的道理，论述了种树之术与养人之术的一致性，进而宣扬了治理国家在于“顺人之欲”“遂人之性”。这一思想与道家无为而治的主张十分相似，即官吏对百姓要放手，不能干预太多，否则过度“利民”就成了“扰民”，即“虽曰爱之，其实害之；虽曰忧之，其实仇之”。由此可见，柳宗元的民本思想中，既有儒家的重民、仁政观点，又有佛家的仁爱、慈悲情怀，既有法家的管理思想，还有道家的无为主张，其最高境界是“民自利”。

第三节 两宋时期的民本思想

教则易为善，善而从正，国之所以治也；不教则易为恶，恶而得位，民之所以殃也。

——〔北宋〕李觏《安民策》

释义

对百姓进行教育，他们就容易从善，从善就会从正，国家就能够治理好；如果不进行教育，他们就容易从恶，从恶的人得到权位后，百姓就要遭殃了。

解读

李觏，北宋时期建昌军南城（今江西省南城县）人，生活在北宋真宗、仁宗时期，是北宋中叶重要的哲学家、思想家、教育家、改革家。他出身贫寒，生逢北宋贫弱之时，但发愤读书，刻苦著述，以求“康国济民”之策。在家乡创办盱江书院，“唐宋八大家”之一的曾巩是他的学生，他的另一位学生邓润甫参与过王安石的变法。范仲淹极其赏识李觏的才华，称其“讲论六经，辩博明达，释然见圣人之旨；著书立言，有孟轲、扬雄之风”，并向朝廷竭力推荐。李觏被授予太学助教、太学直讲等职，有“李直讲”之称。

李觏继承了唐代杨炎、白居易等人的进步思想，开创了新功利主义思想先河，对后来陈亮、叶适等功利主义学派代表人物有很大影响。李觏以“康国济民为意”，关注社情民意，关注民生问题，其民本思想主要反映在《潜书》《广潜书》《礼论》《平土书》《周礼致太平论》《庆历民言》《富国策》《安民策》《强兵策》等作品中。

李觏的民本思想，主要表现在以下方面：

一是其民本思想的主旨是康国、经世、济民。因此他主张以儒家经典为主体，呼唤社会回归传统，在“务为治”的目的下，充分吸收法家、墨家、兵家的思想，倡导尊君、重礼、守法的社会理念，倡导“明君理国”“良吏施政”“一致以法”的管理理念，主张礼法兼施、王霸并举，从而使社会回归到夏、商、周时代的政治制度和社会秩序，建立一个国富兵强民足的理想社会。

二是强调君对民的作用，以及君民地位平等。李觏认为“为民立君”“养民者，君也”“天命不可违”“民心不可背”，在他看来，君为天所定，民为天所生，那么君、民同为兄弟，是处于平等地位的，百姓应该受到君主的庇护，君主应该解决百姓的现实生活问题，因为“人之始生，饥渴存乎内，寒暑交乎外。饥渴寒暑，生民之大患也”。因此，君主应当谨记“民以食为天”“生民之道，食为大，有国者未始不闻此论也”。

三是其民本思想的基础是农本思想。李觏在《平土书》《潜书》等作品中主张“平土均田”“轻徭薄赋”“强本抑末”等政策，恢复周朝的井田制，批评商鞅变法实行的“废井田，开阡陌”政策使井田制度遭到了破坏，阐明平土、均田的思想，因为“井地立则田均，田均则耕者得食”，主张“王法必本于农”，如果“法制不立，土田不均，富者日长，贫者日削”，会造成“贫民无立锥之地，而富者田连阡陌”的贫富差距。他主张减轻农民负担，发展生产，防止劳力与土地相脱离，不能因土地过分集中在地主手里而导致大量农民失去土地，成为无业游民。他主张井田制、平土法，实质上是为了防止地主阶级对农民阶级的剥削。在发展农业方面，李觏提倡“尽地力”“广垦辟”，从而使得“天下无废田”“柔桑满野”，强调要把大量农民安置在田地上，做到“耕者众”“一心于农”。

四是强调加强对百姓的教育。李觏主张加强儒家思想教育，倡导“一本以礼”，即用周礼、儒家思想统一百姓的思想。他在《袁州学记》中，比较全面地阐发了教民思想，且主张用儒家思想来维系民心、辅助政治、管理社会。他举例说，秦国“以山西鏖六国，欲帝万世，刘氏一呼而关门不守，武夫健将卖降恐后”，为什么会如此不堪一击呢？是因为秦国废弃了儒学之道，使得人们只贪图私利而不顾仁义。相比之下，汉武帝刘彻、汉光武帝刘秀都大力推行儒家思想，倡导道德教育，淳厚的风气一直延续到汉灵帝、汉献帝时期。因此，李觏主张对百姓、对社会各阶层都要进行道德教育。

夫天之所爱育者民也，民之所系仰者君也。圣人上承天之意，下为民之主，其要在安利之。而安利之要，不在于它，在乎正风俗而已。故风俗之变，迁染民志，关之盛衰，不可不慎也。

——〔北宋〕王安石《风俗》

释义

上天所眷顾养育的是百姓，百姓所追随仰赖的是君主。圣人上要继承天的意志，下要为百姓做主，其关键在于使百姓安定和获利。而使百姓安定和获利的关键不在于别的，只在于端正风俗罢了。风俗改变了，会逐渐改变百姓的意志，这关系着国家的兴亡，不可以不慎重。

严父配天者，以得天为盛，天自民视听者也，所谓得天，得民而已矣。自生民以来，能继父之志，能述父之事，而得四海之欢心以事其父，未有盛于周公者也。

——〔北宋〕王安石《郊宗议》

释义

祭天时将祖先配祀天帝，以得到天意为最高境界，上天看到听到的都来自百姓，所谓得到天意，其实是得到民意而已。自有百姓以来，能够继承父辈的意志，能够讲述父辈的事迹，而使天下所有人高兴，以此侍奉父辈，没有能超过周公的。

解读

王安石，字介甫，临川（今江西抚州市临川区）人。北宋时期思想家、政治家、文学家、改革家。

王安石致力于推行新法，他发起并主导推动的熙宁变法成为中国古代政治改革的标志性事件，他确立了要改变宋朝“积贫积弱”现状的总方针、实现“富国强兵”的总目标等，是具有积极、进步意义的。变法触动了旧党保守派和权贵阶层的利益，遭受他们的联手抵制和打压，加之变法主张者内部出现了分裂，动摇了皇帝支持变法的决心和改革的信心，导致王安石变法最终失败。但是他的变法方向是正确的，也为后世的改革积累了可贵的经验和教训。他潜心经学，被誉为“通儒”，创立“荆公新学”；其“五行说”丰富和发展了中国古代朴素唯物主义思想。另外，王安石的文学成就尤为突出，名列“唐宋八大家”。

王安石的民本思想主要体现在他的变法新政和《易义》《论语解》《孟子解》《老子注》《临川先生文集》等作品中。

王安石的民本思想主要表现在以下方面。

一是推行新法保护百姓的利益。王安石警告说，“君之剥削于民而至于尽，犹人之侵伐林木以致薪蒸者也”，君主应该根据从百姓手里获得的财富来安排开支，根据百姓的能力来收取赋税，如果剥削百姓太过分，就等于自断后路、竭泽而渔。他力推的“青苗法”等在一定程度上抑制了地主通过土地兼并对农民的盘剥，以及上等户通过高利贷对普通户的剥削；“方田均税法”限制了地主的隐田漏税行为，保护了农民的利益；“市易法”将奸商所获利润中的一部分收归国有，抑止他们对市场的操纵和垄断而侵害百姓的利益；“免役法”一定程度上减轻了百姓的赋税负担。这些政策一定程度上减轻了富了国家、饱了私家、穷了百姓的现象。但是作为封建地主阶级代表人物的政治改革家，王安石保护农民阶级利益，并不代表农民阶级利益，他克服困难、排除阻力、励精图治要推行变法，实际上还是为了维护皇权，巩固中央集权。这是王安石民本思想的本质。

二是通过制定政策来抚恤、救济贫苦农民。由于在扬州、鄞县、舒州等地当过地方官吏，对劳动人民的田作之累、劳役之苦有切身的感受，所以王安石在施政决策中对百姓有更多的体恤之情，即“均天下之财使百姓无贫”。例如，他主张“发富民之藏”以救贫民，从富民的粮仓中拿出一部分谷米发放给需要救济的人，即“用义仓米施及老幼、残疾、孤贫等人”。如果米不足，可以发放钱款，或者用钱购入豆、麦、菽、粟等替代。

三是主张统治者要尊重民意。王安石认为国家是由百姓来维系的，“百姓，所以养国家也”，是立国之本、立朝之本。他十分推崇孟子的民贵君轻思想，甚至喊出“皇极者，君与臣、民共由之者也”“所谓得天，得民而已矣”等口号，在宋朝君权至上的时期，这种认识是具有进步意义的。王安石不但认识到民意的重要性，还注重在实践中充分体现，在推行变法过程中多次向宋神宗提出先征求百姓意见的建议（“当晓喻百姓，无一人异论，然后著为令”），具有鲜明的民主色彩。当皇帝对变法动摇不定或者朝令夕改时，王安石直谏道：“以民为贵，不可不察。”

四是强化对百姓的教化。王安石认为，“教化，本也；刑政，末也”，对民众进行教化是治理国家的根本。如何教化呢？他主张用“中、和、祗、庸、孝、友”这六德，“以六德为之本，故雅虽变，犹止乎礼义”；在他看来，礼义是“经夫妇，成孝敬，厚人伦，美教化，移风俗”之本，是“先王之泽”“先王之道”，如果礼义不行，再施以行政命令的政教；如果政教还不管用，再施以刑政，即法治。

乐者，本乎政也。政善民安，则天下之心和。故圣人作乐，以宣畅其和心，达于天地，天地之气，感而太和焉。天地和，则万物顺，故神祇格，鸟兽驯。

——〔北宋〕周敦颐《通书·乐中》

释义

礼乐，立足于政教。国家治理有序和百姓生活安定，天下百姓的心就安宁和谐。所以圣人制作礼乐，用来宣扬畅达和顺之心，使其充满天地之间，万物感应后达到天下最大的和谐。天地和谐，则万物和顺，所以神祇感通，鸟兽驯服。

圣人在上，以仁育万物，以义正万民。

——〔北宋〕周敦颐《通书·顺化》

释义

圣人在上，用仁来养育万物，用义来规范百姓。

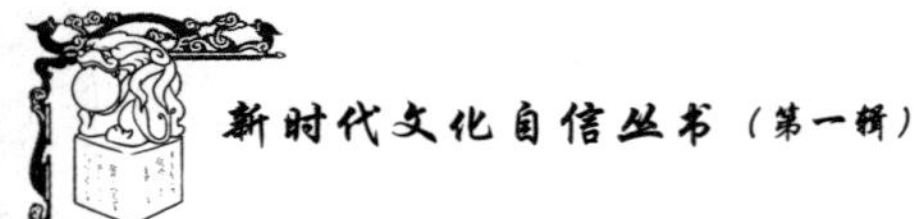

解读

周敦颐，字茂叔，号濂溪先生。北宋道州营道楼田堡（今湖南道县）人，终官于江南东路南康军刑狱。周敦颐是儒家理学思想鼻祖，也是宋明道学的开创者，被誉为“道学宗祖”。他“合老庄于儒”，将《易传》的“太极”、《中庸》的“诚”、《老子》的“无极”，以及五行阴阳学说进行杂糅，形成了融合儒、释、道等诸家学说为一体的哲学思想。

他一生在江西、湖南、四川、广东等地区做地方官，体恤民情，做了很多实事好事，黄庭坚赞他“人品甚高，胸怀洒落，如光风霁月”，纪念他的祠堂书院遍布多地。他存留的著作不多，他的民本思想主要体现在《太极图说》《通书》《养心亭说》《爱莲说》等作品中。

周敦颐的民本思想主要表现在以下方面。

一是主张要廉洁为民。中国古代的廉文化历史悠久，《尚书·皋陶谟》即有关于廉政的专门论述，《周礼》载考核官吏有“六廉”，即“廉善、廉能、廉敬、廉正、廉法、廉辨”。孟子说：“可以取，可以无取，取伤廉。”管子认为“国有四维”，即礼、义、廉、耻。由此可以看出，廉是一种政治行为、政治标准。周敦颐崇尚先贤关于廉洁为官的从政古训，在《爱莲说》一文中提炼并构建了一个鲜明的形象，即以莲喻廉，表明了“出淤泥而不染，濯清涟而不妖”的做人的高洁志向和为官的道义标准。

二是主张要以诚待民。周敦颐主张立诚以修身，以诚来为官。在《通书》中，周敦颐首先就强调要立诚，这也是通篇的核心。“诚者，圣人之本”，也是仁义礼智信这“五常”的根本，是一切伦理道德的根本，所有人都应该通过养心而达到无欲的境界。在立诚的基础上，周敦颐主张为政者要在官员和大众中推行“公”的思想，要推己及人，以一己之“公”而求天下之“公”。不仅如此，周敦颐还认为，“大哉乾元，万物资始，诚之源也；乾道变化，各正性命，诚斯立焉”。在这里，周敦颐把“诚”与“乾道”相联系，认为“诚”是与“乾道”密切相关的。什么是“乾道”呢？《周易·乾》开篇第一句就是“乾，元、亨、利、贞”；那么，乾道包括哪些内容呢？《周易·文言》里说“元者，善之长也”，即“元”是一切善的头领；“亨者，嘉之会也”，即“亨”是一切美好的汇合，是“亨通”的结果；“利者，义之和也”，即“利”是仁义、和谐；“贞者，事之干也”，即“贞”是坚固、稳定、不动摇，是万事万物、做人做事的主干。元、亨、利、贞是“君子四德”，因此，周敦颐认为，“元、亨，诚之通；利、贞，诚之复”，“诚”是四通八达、通向未来、不断发展的关键，是回到开始、循环往复、永无止境的要津。周敦颐以“诚”为轴，建立起一个精神价值系统，圣人本乎“诚”，万物始于“诚”，以此调整官吏的价值系统、为政准则以及全民的伦理道德水准。

三是主张要以仁爱民。作为儒家思想的继承人和发扬者，周敦颐待民以仁，慎用刑罚，但不是不用刑罚。在这一点上，他与传统儒家“道之以德，齐之以礼”的主张有所不同。他长期审案办案，认为刑罚手段不可或缺，因为“圣人之法天，以政养万民，肃之以刑。民之盛也，欲动情胜，利害相攻，不止则贼灭无伦焉。故得刑以治”。在这里，“政”是指仁政，而“肃之以刑”，则是指可以谨慎地使用刑罚，做到宽严相济。由于案件“情伪微暧，其变千状。苟非中正明达果断者，不能治也”，而为官是“天下之广，主刑者，民之司命也，任用可不慎乎”，即运用刑罚要慎之又慎。周敦颐认为，即使是用刑罚，也要宽容。“孰无过？焉知其不能改？改则为君子矣！”意即要对犯过错误的人宽容，只要愿意改正，就要让他有机会自己改正错误而最终成为君子。周敦颐的为政主张是倡导人行善从善，因为“善人多，则朝廷正，而天下治矣”。

四是主张要教化于民。周敦颐十分重视教化百姓，曾到多地做官，到处讲学，重视用礼乐来教化百姓。他认为，教化是施行仁政的首要选择，这是政治清正昌明、百姓安居乐业的原因。“古者，圣王制礼法，修教化。”要通过教化提高百姓素质，使社会风气淳朴平和，即“三

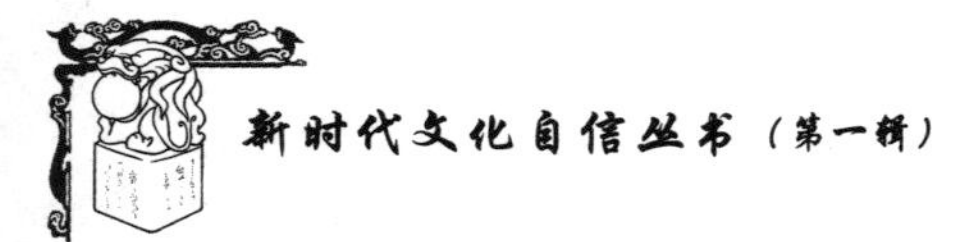

纲正，九畴叙，百姓大和，万物咸若”。如果忽视教化，则“礼法不修，政刑苛紊，纵欲败度，下民困苦”。

第四节

明清时期的民本思想

夫圣人之心，以天地万物为一体，其视天下之人，无外内远近。凡有血气，皆其昆弟赤子之亲，莫不欲安全而教养之，以遂其万物一体之念。

——〔明〕王阳明《传习录·答顾东桥书》

释义

圣人之心，与天地万物贯通融汇为一体，他看全天下之人，没有内外远近之分。只要是有血气的人，都是他的兄弟、儿女，圣人都想让他们稳定安全，并且去教育他们、养护他们，以实现圣人对万物一视同仁的理念。

夫人者，天地之心。天地万物本吾一体者也。生民之困苦荼毒，孰非疾痛之切于吾身者乎？不知吾身之疾痛，无是非之心者也。是非之心，不虑而知，不学而能，所谓良知也。良知之在人心，无间于圣愚，天下古今之所同也。尧、舜、三王之圣，言而民莫不信者，致其良知而言之也。行而民莫不说者，致其良知而行之也。

——〔明〕王阳明《传习录·答聂文蔚》

释义

人，是天地之心。天地万物与我原本是一体的。百姓生活的困苦残破，哪一样不是自己的切肤之痛呢？不知道自身的疼痛，是没有是非之心的人。是非之心，无须考虑就能知道，无须学习就能具备，这就是所谓的“良知”。良知存在于人心，没有圣贤和愚笨的区别，天下从古至今都拥有同样的良知。

尧、舜、禹、汤、周文王，他们说的话百姓没有不相信的，这是因为他们凭着良知在说话。他们做的事百姓没有不喜欢的，这是因为他们凭着良知在做事。

解读

王阳明，名守仁，字伯安，号阳明，浙江余姚人。明代著名的思想家、教育家、政治家、军事家、文学家、书法家，陆王心学之集大成者，精通儒家、道家、佛家学说。历任刑部主事、贵州龙场驿丞、庐陵知县、右佥都御史、南赣巡抚、两广总督等职，晚年官至南京兵部尚书、都察院左都御史。卒后谥文成，后人称其为王文成公。

王阳明与孔子、孟子、朱熹，并称为孔、孟、朱、王。所谓“阳明学”，就是由王阳明创立，合“良知”本体论、“致良知”方法论、“知行合一”实践论、“亲亲仁民”民本论四位一体的“良知心学”。王阳明被誉为“立德、立功、立言”三不朽的伟大思想家。

王阳明的著作主要包括《传习录》《大学问》等，其中民本思想主要体现在“致良知”的方法论和“亲亲仁民”的民本论中。

王阳明的民本思想，主要体现在以下几个方面：

一是“致良知”构成“亲民”思想的特质。王阳明的良知思想在现实政治中得到运用，他的亲民思想是其良知之学的重要组成部分。在《传习录》中，王阳明对程朱理学家关于《大学》首句“在亲民”的解释提出了不同见解，他认为，“‘亲民’犹孟子‘亲亲仁民’之谓，亲之即仁之也”。王阳明对“亲民”的理解是爱民、教民、养民、保民、富民，它的核心是“仁”，以民之好恶为好恶，远比朱子注释的“自新”要丰富得多。王阳明主张“明德”“亲民”是为政之道，认为“君子贤其贤而亲其亲”“如保赤子”，意即，要像君子尊贤爱亲那样爱护百姓，像父母保护婴儿那样爱护百姓。这是对孔孟“仁政”“爱民”等民本思想的继承和丰富，是王阳明良知学说的“民本”特质。

二是构建“万物一体”的理想社会。作为政治家，王阳明热衷于建设的“以天地万物为一体”的理想社会，是一个“天下之人无内外远近”的共同体，这一伟大设想是对早期“天下大同”思想的继承和发展。在这个理想世界里，人与人是“皆昆弟赤子之亲”的平等关系，成员中无论是擅长“礼乐”“政教”的人，还是农民、工匠、商贩，各自分工有序，各司其职，各尽其责，相生相养，形成一个和谐安宁的人类社会。

三是勇于改革民生制度。比如，王阳明致力于乡村治理制度改革，探索改变“社区组织结构”，把乡里体制、保甲制度、乡规民约结合，构建一个集政治、经济、军事、教育等功能于一体的管理社区。这种体制和机制相对比较完备，具有民本思想和人本思想，目的是更好地维护明朝的专制统治和社会的长治久安。

正德五年（1510）三月，王阳明就任庐陵知县，他以民为本，推行德政，冒着被罢官的风险蠲免苛捐杂税。他“为政不事威刑，惟以开导人心为本”，敦行孝道，以儒家道德人文精神教化民众，使境内民风归于醇厚，这些政策和措施符合民生实际，也进一步丰富了他的民本思想。他多次奏请朝廷在经济落后的福建漳州府河头地区，江西赣南横水、桶冈地区和广东浰头地区分别设立平和、崇义、和平三县，以安定民生，“变盗贼强梁之区为礼义冠裳之地，久安长治无出于此”。针对“改土归流”政策引发少数民族骚乱的问题，他提出“特设流官知府以制土官之势”“仍立土官知州以顺土夷之情”“分设土官巡检以散各夷之党”以及释放土目家属、开办学校、委派教官等对策，顺应了“夷情”，有利于少数民族地区的长治久安。

四是勇于“知行合一”的民本实践。王阳明在文治武功方面皆有造化，取得令人称叹的显著业绩。他的弟子兼好友黄绾在上奏皇帝为王阳明辩护的奏疏中，列举了王阳明的四大战功：一是平定宁王朱宸濠的叛乱，二是平定湖南、广东、福建、江西四省交界处的匪盗，三是平定广西思恩、田州的少数民族土司的反叛，四是平定广西八寨、断藤峡的瑶族土司作乱。从王阳明年谱来看，多有平寇、班师、平诸寇、破伏兵、献俘、教战法等记载。1517 年，王阳明至赣州、经万安，沿途到处是劫匪，商船都不敢走。他把散落的商船组织起来，在战船中列阵，“扬旗鸣鼓，若趋战状”，而且让人告诉贼首说“毋作非为，自取戮灭”，以坚定的意志、强大的声势震慑劫匪，“贼惧散归”。1519年，宁王朱宸濠反叛，传播伪命，优免租税，导致民心动摇。王阳明奉命迅速平定叛乱，安抚民心，稳定了社会。

五是真正关心百姓疾苦。王阳明说：“民之所好好之，民之所恶恶之，此之谓民之父母。”在他看来，自己是民之父母，而被统治者是君之子民，必须坚持“君以民为本”“官以民为本”。王阳明平定朱宸濠叛乱前后，江西境内先遇大水，后逢大旱，禾苗枯死，百姓流离失所。王阳明目睹此景，忧心忡忡，向朝廷上《乞宽免税粮急救民困以弥灾变疏》，写道：“百姓戍守锋镝之余，未及息肩弛担，又复救死扶伤，呻吟奔走，以给厮养一应诛求。妻孥鬻于草料，骨髓竭于征输。当是之时，鸟惊鱼散，贫民老弱流离弃委沟壑，狡健者逃窜山泽，群聚为盗。独遗其稍有家业与良善守死者十之二三，又皆颠顿号呼于梃刃捶挞之下。郡县官吏，咸赴省城与兵马住屯之所奔命听役，不复得亲民事。上下汹汹，如驾漏船于风涛颠沛之中，惟惧覆溺之不暇，岂遑复顾其他，为日后之虑，忧及税赋之不免，征科之未完乎？”他真实地向朝廷报告了民生之苦，并痛心疾首地说：“臣等上不能会计征敛以足国用，下不能建谋设策以济民穷，徒痛哭流涕。”表达了他对民间疾苦的痛心。

古者以天下为主，君为客，凡君之所毕世而经营者，为天下也。今也以君为主，天下为客，凡天下之无地而得安宁者，为君也。是以其未得之也，屠毒天下之肝脑，离散天下之子女，以博我一人之产业，曾不惨然，曰：『我固为子孙创业也。』其既得之也，敲剥天下之骨髓，离散天下之子女，以奉我一人之淫乐，视为当然，曰：『此我产业之花息也。』然则为天下之大害者，君而已矣！

——〔明末清初〕黄宗羲《明夷待访录·原君》

释义

古时候以天下为主体，以君主为附属，大凡君主毕生所经营的，都是为了天下。而现在以君主为主体，以天下为附属，凡是天下没有一地能够得到安宁的，原因都在于君主。因而在他未得到天下时，使天下的百姓肝脑涂地，使天下的子女离散，以增多自己一个人的产业，对此并不感到悲惨，还说："我本来就是为子孙创业呀。"在他得到天下后，就敲诈剥夺天下人的骨髓，离散天下人的子女，以满足自己一个人的荒淫享乐，还把这视作理所当然，说："这些都是我产业的利息。"如果是这样，作为天下最大的祸害，就只是君主而已！

盖天下之治乱，不在一姓之兴亡，而在万民之忧乐。是故桀、纣之亡，乃所以为治也；秦政、蒙古之兴，乃所以为乱也；晋、宋、齐、梁之兴亡，无与于治乱者也。为臣者轻视斯民之水火，即能辅君而兴，从君而亡，其于臣道固未尝不背也。

——〔明末清初〕黄宗羲《明夷待访录·原臣》

释义

天下的安定与混乱，不在于某个君主家族的兴亡，而在于天下百姓的忧愁与安乐。所以夏桀、商纣的灭亡，是天下走向安定的开始；秦朝、元朝的兴起，是天下走向混乱的开始；而晋、宋、齐、梁这些国家的兴亡，对天下兴亡治乱没有影响。做臣子的如果不重视天下万民水深火热的生活，即使能辅佐君主兴起，又能跟随君主而死，也是对为臣之道的背离。

古者井田养民，其田皆上之田也。自秦而后，民所自有之田也。上既不能养民，使民自养，又从而赋之，虽三十而税，较之于古亦未尝为轻也。

——〔明末清初〕黄宗羲《明夷待访录·田制》

释义

古时候实行井田制来养育百姓，土地属于国家。而秦以来，土地为百姓私人所有。国家养育不了百姓，让百姓自己养活自己，还要征税，虽然是三十税一，与古时候相比也不轻。

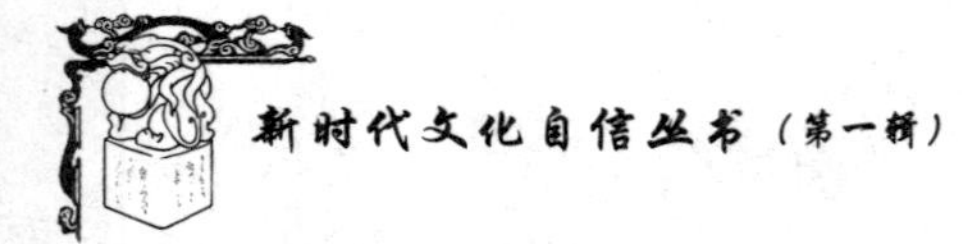

解读

黄宗羲，字太冲，别号梨洲老人，浙江余姚人，“东林七君子”之一黄尊素的长子，明末清初思想家、历史学家、数学家、教育家，与顾炎武、王夫之并称“明末清初三大思想家”。

黄宗羲的著述甚丰，留下五十余种、三百多卷著作，其中最有代表性的是《明夷待访录》，被称为具有反帝制意义的光辉著作。《明夷待访录》有《原君》《原臣》《原法》等共二十一篇。黄宗羲还有《明儒学案》《宋元学案》《孟子师说》等著述。黄宗羲的民本思想蕴藏在他的文章中，观点十分鲜明，具有比较完整的主张和结构。

黄宗羲的民本思想，主要表现在以下四个方面。

一是大胆地提出“君为民害”及“民主君客”的民本思想。黄宗羲提出“为天下之大害者，君而已矣”，即“君害论”的观点，批评“家天下”的君主专制制度，认为君主应该担当起“使天下受其利”“使天下释其害”的责任，认为君主是天下人的公仆。黄宗羲的这一思想，是对“家天下”行为合法性的根本否定。他进而指出“天下之治乱，不在一姓之兴亡，而在万民之忧乐”，主张以“天下之法”取代君主的“一家之法”，从而限制君权，保证人民的基本权利。黄宗羲提出“君与臣，共曳木之人也”，君主与臣子都是治天下之人，君治天下，官治天下，是职位不同而已，本质是一样的。因此，君主就应该尽心尽责，兴利除害。而为臣者，与君主应该是师友、同事的关系，而不是君主的奴仆。黄宗羲的君臣观是对“君为臣纲”“君要臣死，臣不得不死”的封建纲常的大胆的否定。黄宗羲的君民观、君臣观抨击了君主专制制度，体现了以民为本的思想，对后世的反专制斗争有一定的积极意义，具有民主启蒙思想的价值。

二是提出税费改革等多项利民的经济思想，力主真正减轻农民的负担。古代历史上的税费改革不止一次，每一次改革后农民的负担确实能减轻，但总会在一个时期反弹到比改革前更重的负担，黄宗羲称之为“积累莫返之害”，后世称为“黄宗羲定律”。黄宗羲说“吾见天下之田赋日增，而后之为民者日困于前”，原因就是赋税太重，有些农民把一年的收入都用来交税还不够。黄宗羲甚至提出“所税非所出之害”的观点，举例来说：农民用银两缴纳赋税，但银两并非农业产品，因而容易导致农民在将实物折算成银两的过程中遭遇层层盘剥而加重负担，所以他主张以实物形式缴纳赋税。他反映百姓的心声，提出“废金银”而“通钱钞”的币制改革，提倡使用宝钞，但同时以金银作为宝钞的基金，这种思想有利于促进商贸的流通和发展。黄宗羲还认为土地应该收归国家所有，再平均分配给农民耕种，但所有田地不分肥瘠统统按一个标准进行征税是不合理的，容易造成土地贫瘠者的负担过重。他提出国家要重新丈量土地，按肥瘠把土地分为五等，根据等级来征税，减少不公平的现象。他还呼吁减轻百姓的军费负担，实行征兵制度，反对募兵制。

三是主张政治改革，呼吁还权于民。黄宗羲主张废除君主专制制度，改为民本制度。他认为夏商周三代以后君主的治国之法是君主的“一家之法”，而不是“天下之法”，主张用“天下之法”取代“一家之法”。这些思想主张明确地包含了天下是民之天下、由民共治，以天下之公法治天下的民治思想、法治思想。黄宗羲的这些朴素的民主思想无疑是有进步性的。

四是主张对百姓进行教育，并改进教育模式，增强学校影响政治的能力。黄宗羲反对君主专制，主张学校议政，认为学校既要承担教化百姓、启迪民智的作用，又要承担文化学术研究和管理的职能。黄宗羲重视对百姓的教化，在《原法》篇中说“知天下之不可无教也，为之学校以兴之”，在《学校》篇中要求学校起到“盖使朝廷之上，闾阎之细，渐摩濡染，莫不有诗书宽大之气”的作用，即君、臣、民都要接受教化的濡染，养成书卷之气、宽厚之气。他不但重视学校的教化功能，还赋予学校以政治功能，认为学校是指导政治、引导舆论以及评判对错、得失、是非的机构，即学校是一个权力高于朝廷的道德高地、政治高地。

先王治天下之具，五典、五礼、五服、五刑，其出乎身，加乎民者，莫不本之于心，以为之裁制。

——〔明末清初〕顾炎武《日知录·行吾敬故谓之内也》

释义

先王治理天下的工具，有父义、母慈、兄友、弟恭、子孝等五典，有吉、凶、宾、军、嘉等五礼，有斩衰、齐衰、大功、小功、缌麻等五服，有墨、劓、刖、宫、大辟等五刑。这些工具由统治者制定，在百姓身上使用，无不是根据以民为本的初衷制定并约束管理百姓的。

有亡国，有亡天下，亡国与亡天下奚辨？曰：易姓改号谓之亡国。仁义充塞，而至于率兽食人，人将相食，谓之亡天下。魏晋人之清谈，何以亡天下？是孟子所谓杨、墨之言，至于使天下无父无君，而入于禽兽者也。是故知保天下，然后知保其国。保国者，其君其臣，肉食者谋之；保天下者，匹夫之贱，与有责焉耳矣。

——〔明末清初〕顾炎武《日知录·正始》

释义

有亡国一说，有亡天下一说，亡国与亡天下怎么分辨呢？答曰：易姓氏、改国号就叫作亡国。仁义被堵塞，因而导致让野兽吃人，而且人也将相互吃，这就叫作亡天下。魏晋时期的人崇尚清谈，怎么亡的天下？正是孟子所说的杨朱、墨子之言，导致天下百姓无父无君，因而与禽兽一样。所以知道要保卫天下，然后才知道保卫国家。保卫国家，是君臣等上位者需要考虑的；保卫天下，哪怕是地位低下的平民也有责任的啊。

解读

顾炎武，字忠清、宁人，别名继坤、圭年，南直隶苏州府昆山（今江苏省昆山市）人，明末清初思想家、经学家、史地学家、音韵学家。他在苏州、昆山等地进行抗清斗争，晚年定居于华山脚下，致力于治学，至死不仕于清。顾炎武的学问渊博精深，在国家典制、郡邑掌故、天文仪象、河漕、经史百家、音韵训诂学等方面均有研究。晚年治经重考证，开创清代朴学风气，被称为清学“开山始祖”。他的主要作品有《日知录》《天下郡国利病书》《肇域志》《音学五书》等。顾炎武的民本思想蕴含在这些著述中。

顾炎武的民本思想，主要表现在以下方面：

一是致力民生，构建一个以百姓为中心的社会理想模式。顾炎武尊重人的私欲，认为社会个体的私欲有一定的合理性，他在《郡县论》中说，“天下之人，各怀其家，各私其子，其常情也。为天子为百姓之心，必不如其自为”，而且认为在夏商周三代就已经是如此了。他得出结论说：“用天下之私，以成一人之公，而天下治。”如果不顾及百姓的“一己之私”，就没有“天下之公”。顾炎武进而认为，应该尊重和明确百姓的财产私有权、物产归属权，以减少人与人之间的纷争，促进社会的和谐。但同时，顾炎武明确反对为满足私欲、追逐私利而不择手段的行为，尤其反对各级官吏“读孔孟之书，而进管商之术”，利用职权贪污贿赂，放纵私欲，导致民利受损、礼义沦丧。他在《郡县论》中设计的社会理想模式是“土地辟，田野治，树木蕃，沟洫修，城郭固，仓廪实，学校兴，盗贼屏，戎器完，而其大者则人民乐业而已”，实际上是一个既尊重天下之私又成天下之公的社会，具有一定的进步性。顾炎武崇尚务实，提倡经世致用，主张立足现实社会解决百姓的实际问题，医治社会顽疾。针对当时社会实行“国家之赋不用粟而用银”的政策，他认为农民是“田野之氓，不为商贾，不为官，不为盗贼”，根本就没有银两，只能以粮交税，赋税征银的政策逼得农民以粮换银，受尽官吏欺诈和奸商盘剥，导致民不聊生，因此他主张在商贸发达的通都大邑可以征银，而在广大农村地区则实行以粮征税的方案。针对贫富差距拉大的现实和阶级矛盾，顾炎武想出一个折中调和的办法，即让富者少剥削一些，让利于穷者，通过国家规定私人土地的最高租额，维持贫富之间的平衡。

二是重视民德，主张用儒家的核心价值观规范社会。顾炎武说：“论世而不考其风俗，无以明人主之功。”但他对现世风俗不满意：“目击世趋，方知治乱之关，必在人心风俗。”而“风俗衰”是乱之源。那么如何才能正风俗、振人心呢？顾炎武不喜宋明理学空谈心性仁义，而是用孔孟关于礼义、廉耻、孝悌等的理念教化人心、规范社会。他在《日知录·廉耻》中说:“礼义廉耻,国之四维,四维不张,国乃灭亡。”“廉耻,立人之大节;盖不廉则无所不取,不耻则无所不为。”所以顾炎武又引用罗仲素的话说:“教化者,朝廷之先务;廉耻者,士人之美节;风俗者,天下之大事。朝廷有教化,则士人有廉耻;士人有廉耻,则天下有风俗。”他不仅重视对百姓的教化,更重视对官吏的廉耻教育,认为官吏的无耻是国耻,是世衰道微、亡国亡天下的根源。除了重视廉耻教育,顾炎武还重视用孝悌观念调整社会关系,他说“尧舜之道,孝悌而已矣”“孝悌为仁之本”,强调孝悌观念不仅可协调家庭成员的关系,还可使天下百姓和睦相处。顾炎武还认为,“法制废弛,而上之令不能行于下,未有不亡者也”,在教化过程中,法制固然有作用,却不能过度依赖,“天下之事,固非法之所能防也”,如果法制过于繁杂,就容易被奸猾之徒利用来谋利,即使有贤德之人也不能发挥自己的作用,会导致国势的式微。他更多看到的是法制的危害性。

三是主张民富,批评“财聚于上”,呼吁天下共享财富。顾炎武说,自古以来,就有民穷而财尽之说,百姓如果都穷困潦倒了,国家、君主就不可能富裕;他进而批评说,那些自己一家独霸财富的君主,不懂钱币是君民上下共同享有、互通有无的财富,百姓都没有钱了,谁来养活君主呢?顾炎武指出:“民之所以不安,以其有贫有富，贫者至于不能自存，而富者常恐人之有求而多为吝啬之计，于是乎有争心矣。”让富裕者少赚一些，让贫穷者富起来，这是顾炎武提出的方案，他引用管子的话说：“与天下同利者，天下持之；擅天下之利者，天下谋之。”因此主张要积累社会财富，使百姓财多富足，藏富于民，让百姓自享其富，自爱其产，达到“人民乐业”“百姓遂安”的景象。

四是强调民责，认为“保天下者，匹夫之贱，与有责焉耳矣”。顾炎武经世致用的思想在现实生活中表现为“明道救世”。如何救世？他认为明亡的主要原因是君权专制过强而王室宗族势力羸弱，天下道德沦丧而君民权责不清，因此大胆怀疑君权、抨击专制、批判君主，提出君主并不是至高无上的，天子与其他官员一样，都是国家管理机构的一个职位，只是职责不同而已。他倡导君、臣、民对保天下的责权平等，都有为国家服务的义务，而民则是天下的主体。他把“亡国”与“亡天下”、“保国”与“保天下”区分开来，提出“知保天下，然后知保其国。保国者，其君其臣肉食者谋之；保天下者，匹夫之贱，与有责焉耳矣”，梁启超将其概括为“天下兴亡，匹夫有责”。在顾炎武看来，“亡国”是指一个姓氏的兴亡和朝代的更替，而“亡天下”是指天下国民整体道德的沦丧、风俗的败坏，“天下”不兴，国家必亡，因而用传统伦理道德观念“保天下”，是全体国民共同的责任。

夫为政者，廉以洁己，慈以爱民，尽其在己者而已。

——〔明末清初〕王夫之《读通鉴论·隋文帝》

释义

治理国家的人，要廉洁律己，对民慈爱，竭尽所能地做好本分。

民之情伪不可不深知而慎用矣。

——〔明末清初〕王夫之《尚书引义·泰誓中》

释义

民情中的虚假成分不能不深入了解而且谨慎处理啊。

君依民以立国，民依天以有生。

——〔明末清初〕王夫之《尚书引义·甘誓》

释义

君主依靠百姓而立国，百姓依靠上天而生存。

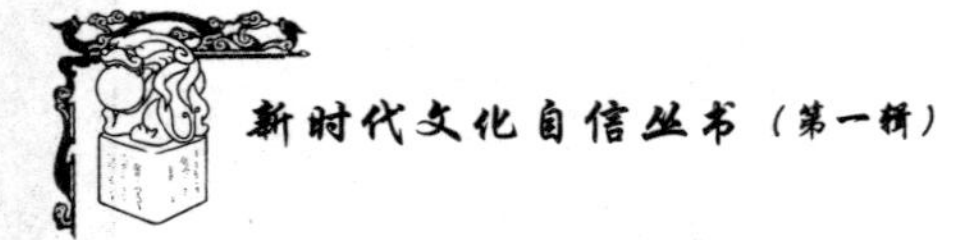

解读

王夫之，字而农，号姜斋，衡州府（今湖南衡阳市）人，明末清初著名的思想家、哲学家、史学家、文学家，中国朴素唯物主义思想的集大成者、启蒙主义思想的先导者。早年参与了南明永历政权的抗清活动，晚年隐居在湖南的石船山麓著书立说，故后人称他为“船山先生”。

王夫之一生著述甚丰，《读通鉴论》《宋论》是其代表作。他在经学、子学、史学、文学、政法、伦理等方面造诣精深，兼通天文、历数、医理、兵法乃至卜筮、佛道等。王夫之的民本思想继承和发扬了孟子的儒家民本思想，并有自己的创新观点。他的民本思想，主要表现在以下四个方面。

一是具有反君主专制的意义。王夫之政治思想的核心是“以民为基”，对传统儒家的民本思想进行继承与发挥，对君主专制制度进行了批判。他主张“公天下”的思想，反对将一姓之兴亡置于万姓之生死之上，创造性地发挥孟子“民贵君轻”的民本思想，提出“社稷不存，以能保民者为重”。他阐明“一姓之私”与“天下之公”的关系，提出“一姓之兴亡，私也，而生民之生死，公也”“以天下论者，必循天下之公。天下非夷狄盗逆之所可尸，而抑非一姓之私也”等观点，对君主专制制度进行了批评。王夫之主张君主要把百姓的权利置于政权之上，这被后世称为“纯是兴民权之微旨”，具有“裁抑专制”的积极意义。

二是具有人道主义精神。王夫之认为“无其器则无其道”，这个“道”就是历史的发展规律，认为历史发展的“势”中一定有“理”的存在。他推导出“道器合一”“理势合一”的历史发展观，提出圣人之道、君子之道都在于掌握规律，要以德治理国家和管理百姓。他提出“以民为基”的政治主张，对君主和各级官吏都提出了要求，强调“养民”应该以宽为主，即在刑罚上要重德教、轻刑罚，反对酷刑、肉刑等非人道的法律。他还在经济上主张推行“保民”“惠民”的民生政策。

三是含有均平主义成分。王夫之提出“均天下”的均平思想，“不以天下私一人”的反君主专制思想和“宽以养民，严以治吏”的政治主张。例如，关于农民的土地问题，王夫之提出“平天下者，均天下而已”的观点，主张通过解决土地高度集中的问题，缓解聚者有余而贫者不足的矛盾，缩小贫富差距。王夫之认为，土地不是君主的私有财产，而是天下人共有的财产，所以人人应该平均占有。他认为，要想“宽民”，必先“严吏”，强调“宽民”与“严吏”相结合，严惩贪官，正风肃纪，建设清廉吏治。

四是具有明确的理性成分。王夫之对民意中的非理性成分有清醒的认识，既对《尚书·泰誓中》中“天视自我民视，天听自我民听”的观点表示认同，但同时也认为百姓容易被迷惑而产生非理性的疯狂，因此他说“天视听自民视听，而不可忽也；民视听抑必自天视听，而不可不慎也”，即对待民意要理性判断、冷静分析。另外，他还首先提出“民之私”一说，即百姓具有私心恩怨，这样的“民之视听”往往具有不正当、不正确、不合理、非理性和局限性，所以为政者对百姓要导之以德、齐之以礼、禁之以法，不可逢民之恶、徇民之私，防止被迷惑、被蛊惑，既不能“舍民而言天”，也不能“舍天而言民”，而应该“奉天以观民”。

跋

学者非必为仕，而仕者必如学

古人云："学者非必为仕，而仕者必如学。"在信息化、知识化时代，领导干部加强学习，勤读书、善读书、读好书，特别是多读些国学经典尤为重要。习近平总书记指出，中国传统文化博大精深，学习和掌握其中的各种思想精华，对树立正确的世界观、人生观、价值观很有益处。中华优秀传统文化是中华民族的精神基因，是中华民族生生不息、薪火相传的丰厚养料。建设中华民族共有的精神家园，培育和践行社会主义核心价值观，要从优秀传统文化中汲取精神营养，只有这样才能凝魂聚气，强基固本，不断夯实中国特色社会主义的思想道德基础。

中华优秀传统文化在探索天人之际、古今之变、成人之道的过程中，形成了宝贵的治国理念和崇高的价值追求。比如，天下兴亡、匹夫有责的家国意识，民为邦本、惠民富民的民本思想，经世致用、知行合一的实践理性，民胞物与、泽被万物的人文情怀，穷变通久、与时偕行的创新精神，自强不息、厚德载物的道德追求，富贵不淫、贫贱不移的大丈夫人格……这些治国理念和价值追求是中华民族独特的精神标志，是深厚的文化软实力。学习中华优秀传统文化，可以更加深刻地理解为什么说中国特色社会主义植根于中华优秀传统文化、反映中国人民意愿、适应中

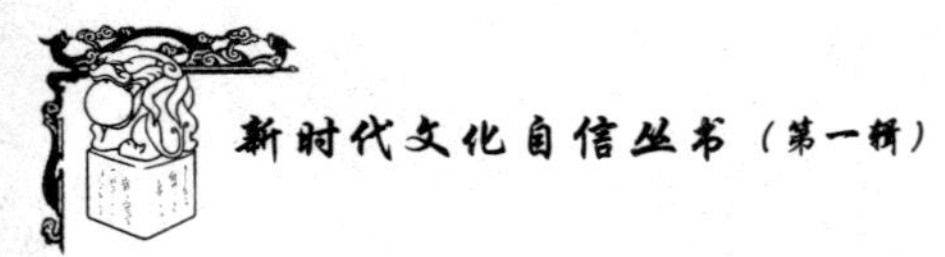

国和时代发展进步要求，从而更加坚定我们的道路自信、理论自信、制度自信、文化自信。

“君子之学也，以美其身。”通过学习来陶冶情操、完善人格，是中华优秀传统文化的一个突出特点。中华优秀传统文化重视通过自省、慎独、改过迁善、养浩然之气等自我修养来提升人生境界，如“吾日三省吾身”“君子慎其独也”“我善养吾浩然之气”等。中华优秀传统文化崇尚推己及人的处世准则，如“己所不欲，勿施于人”“己欲立而立人，己欲达而达人”等。中华优秀传统文化对“国家之败，由官邪也”有深刻的认识，强调为官者要涵育为政之德，如“律己以廉，抚民以仁，存心以公，莅事以勤”“当官之法惟有三事，曰清，曰慎，曰勤”等。总之，学习中华优秀传统文化有助于领导干部滋养心智、砥砺品格、提升能力。

中国的传统文化古籍卷帙浩繁，学习传统文化要取其精华、去其糟粕，做到“博学之，审问之，慎思之，明辨之，笃行之”。要坚持古为今用、推陈出新，加强对中华优秀传统文化的挖掘和阐发，努力实现中华传统美德的创造性转化、创新性发展，把跨越时空、超越国度、富有永恒魅力、具有当代价值的文化精神弘扬起来，把继承优秀传统文化又弘扬时代精神、立足本国又面向世界的当代中国文化创新成果传播出去，做到文化自觉、文化自信、文化自强。

陈宝生

（国家行政学院原党委书记、副院长）

新时代文化自信丛书（第一辑）

守诚信

中国国学文化艺术中心/编
尚　伟/著

红旗出版社

图书在版编目（CIP）数据

新时代文化自信丛书．第一辑．守诚信 / 中国国学文化艺术中心编；尚伟著．-- 北京：红旗出版社，2023.7

ISBN 978-7-5051-5311-0

Ⅰ．①新… Ⅱ．①中… ②尚… Ⅲ．①道德修养—中国—干部教育—学习参考资料 Ⅳ．① D64

中国版本图书馆 CIP 数据核字（2022）第 210765 号

书　　名　新时代文化自信丛书（第一辑）·守诚信
编　　者　中国国学文化艺术中心
著　　者　尚　伟

责任编辑	吴琴峰	责任印务	金　硕
责任校对	吕丹妮　郑梦祎	装帧设计	大荣原创　顾　页
出版发行	红旗出版社		
地　　址	北京市沙滩北街2号	邮政编码	100727
	杭州市体育场路178号	邮政编码	310039
编 辑 部	0571-85310467	发 行 部	0571-85311330
E - mail	359489398@qq.com		
法律顾问	北京盈科（杭州）律师事务所　钱 航　董 晓		
图文排版	浙江新华图文制作有限公司		
印　　刷	北京画中画印刷有限公司		
开　　本	710 毫米 ×1000 毫米	1/16	
字　　数	90 千字	印　　张	9
版　　次	2023 年 7 月第 1 版	印　　次	2023 年 7 月第 1 次印刷
ISBN 978-7-5051-5311-0		定　　价	270.00 元（全六册）

“新时代文化自信丛书”编委会

主　编

李长喜

副主编

张　健　普颖华　滕潇然

编　委

张　磊　刘汉俊　尚　伟

邵文辉　程少华　欧阳晓东

编写说明

中华优秀传统文化绵延不绝，历久弥新，特别是以儒家文化为核心的中国传统哲学，致广大而尽精微，极高明而道中庸，是中国古代学术思想的主流，也是民族文化的精髓。如今，中华优秀传统文化越来越受到人们的重视，日益彰显出魅力和价值。

一个国家的文化自信源自对优秀传统文化的传承。所以，复兴和传承中华优秀传统文化的意义极其巨大，不仅能提升国家文化软实力，也有利于重塑民族道德体系。基于此，“传统文化与中小学生人格培养研究”（教育部规划课题）、“中华优秀传统文化教育研究”和“中华优秀传统文化传承体系构建研究”三大课题合并研究，着手解决学科教育理论和课程构建等核心问题，旨在为中华优秀传统文化的伟大复兴作出积极努力。

作为课题的重要研究成果之一，本丛书系统阐述了传统文化人文精神与当代行政管理的内在有机联系和相互融合，为各级行政机构提升执政思想、强化决策能力、创新执行策略、扩大用人视野、提升人文素养等提供了完整的理论体系和指导，体现了“为人修身、为政以德、为官有法、公正和谐”的新时期执政理念。

因中华传统文化经典卷帙浩繁，且古籍版本流传不一，所以本丛书在引用原文并进行译注时博采众长，参考了中华书局、商务印书馆、上海古籍出版社、岳麓书社等出版社的相关权威版本，并根据标点符号用法的现行规范作了处理。

为了在便于阅读的基础上尽可能地保留古韵，丛书以简体竖排的形式对所引原文进行呈现。同时，我们考虑到汉以前著作的作者和创作年代多不能确考：有的因年代久远而难以考证，如《周易》《左传》等；有的并非一时、一人所作，后经人收集、加工、修改，编纂成册，如《论语》《诗经》等；有的甚至是托名创作的作品，如《管子》《晏子春秋》等。诸如此类，不一而足。为了避免争论，丛书对此作了统一处理，即汉代以前的著作只标出书名，汉代及以后的则标出书名、作者和创作年代。

国家行政学院政治学教研部、教育部规划课题“传统文化与中小学生人格培养研究”等三大课题组、中华传统文化振兴基金会、红旗出版社等对丛书的出版给予了极大的关心和支持，陈宝生、陶西平、滕纯、季明明、郑增仪、曹卫洲、王岳、孙默、曾祥翊、马小强、洪文秋、荣光、李墨卿等多位专家也给予了大力支持，在此一并表示感谢。

中国国学文化艺术中心

总 序

弘扬中华优秀传统文化
进一步坚定中国特色社会主义文化自信

读书学习，是领导干部加强党性修养、坚定理想信念、提升精神境界、涵养高雅情趣的一个重要途径。习近平总书记高度重视领导干部的学习问题，他指出，读书人不一定都要当领导干部，而担任领导职务的干部必须坚持读书学习。他还指出，在大量书籍中，领导干部应当围绕提高思想水平、增强工作能力、完善知识结构、提升精神境界，选择那些与所从事的工作关系密切、自己爱好和有兴趣的书来读，力争在有限的时间内取得最佳的读书效果。就一般情况而言，领导干部普遍应当读下列三个方面的书。第一，当代中国马克思主义理论著作。第二，做好领导工作必需的各种知识书籍。第三，古今中外优秀传统文化书籍。

我们要通过研读优秀传统文化书籍，吸收前人在修身处世、治国理政等方面的智慧和经验，养浩然正气，

塑高尚人格，不断提高人文素质和精神境界。对于先人传承下来的文化，要坚持古为今用、推陈出新，有鉴别地加以对待，有扬弃地予以继承，努力做到创造性转化、创新性发展，进一步坚定中国特色社会主义文化自信。

党的二十大报告指出："坚持和发展马克思主义，必须同中华优秀传统文化相结合。只有植根本国、本民族历史文化沃土，马克思主义真理之树才能根深叶茂。中华优秀传统文化源远流长、博大精深，是中华文明的智慧结晶，其中蕴含的天下为公、民为邦本、为政以德、革故鼎新、任人唯贤、天人合一、自强不息、厚德载物、讲信修睦、亲仁善邻等，是中国人民在长期生产生活中积累的宇宙观、天下观、社会观、道德观的重要体现，同科学社会主义价值观主张具有高度契合性。我们必须坚定历史自信、文化自信，坚持古为今用、推陈出新，把马克思主义思想精髓同中华优秀传统文化精华贯通起来、同人民群众日用而不觉的共同价值观念融通起来，不断赋予科学理论鲜明的中国特色，不断夯实马克思主义中国化时代化的历史基础和群众基础，让马克思主义在中国牢牢扎根。"

习近平总书记指出："培育和弘扬社会主义核心价值观必须立足中华优秀传统文化。牢固的核心价值观，都有其固有的根本。抛弃传统、丢掉根本，就等于割断了自己的精神命脉。"他还指出：要认真汲取中华优秀传统文化的思想精华和道德精髓，大力弘扬以爱国主义为核心的民族精神和以改革创新为核心的时代精神，深入挖掘和阐发中华优秀传统文化讲仁爱、重民本、守诚信、崇正义、尚和合、求大同的时代价值，使中华优秀传统文化成为涵养社会主义核心价值观的重要源泉。

根据党的二十大精神以及习近平总书记的重要讲话精神，中国国学文化艺术中心组织编著了“新时代文化自信丛书”，选取经典文献的原文以及名言警句等，用通俗易懂的语言将其译成白话文，对有关的背景和典故进行解释；联系实际，古为今用，以古鉴今，深入挖掘和阐发其对于解决当前问题的时代价值和现实意义，着力论述其对于培育和践行社会主义核心价值观的借鉴意义和精神力量。

我们力求使这套丛书成为各级党政干部和有自学阅读能力的人们愿意读、读得懂、易践行的通俗读物，对坚持社会主义核心价值体系起到积极的长效作用，也企盼读者提出宝贵意见。

李长喜

（中共中央宣传部原副秘书长）

目录

第一章　诚者天道，至诚无息

中国传统文化源远流长，历久弥新，其关键就在于核心价值观对传统文化乃至整个中华民族精神的塑造。在这些核心价值观中，“诚”无疑是至关重要的价值观之一。在中国哲学理论体系中，“诚”是具有根基性的理论范畴。《中庸》有言：“诚者，天之道也。”从儒家经典文献的定义可看出，“诚”在传统哲学中有着至高的定位和重要的价值。

在现代社会，“诚”所蕴含的传统价值得到了升华，特别是与现代生活相结合，借由“诚信”范畴阐发出丰富的现代价值，成为社会主义核心价值观的重要组成部分。《说文解字》曰：“诚，信也。”又言：“信，诚也。”可见，“诚”与“信”之间存在着天然的意义相通性。进入现代社会之后，很多传统价值都失去了生存的社会土壤而成为纯粹学术研究的对象，而“诚信”却因为现代社会的契约精神需求继续发挥着重要影响，其中蕴含的现代价值和意义得到持续阐发，成为繁荣和发展中华优秀传统文化的重要推动力。

第一节 诚为本，不诚无物

诚者自成也，而道自道也。诚者物之终始，不诚无物，是故君子诚之为贵。

——《中庸》

释义

诚是自身品德修养的完成，而道则是完成品德修养的自我指导。诚的精神贯穿于万物的始终，没有诚，则没有万物，所以君子最珍视诚。

诚者，天之道也；思诚者，人之道也。至诚而不动者，未之有也；不诚，未有能动者也。

——《孟子·离娄上》

释义

诚，是自然固有的规律；以诚为念，是做人的基本准则。心诚至极而不能感动别人的，是天下不曾有过的事；没有诚意，是不能感动别人的。

天地为大矣，不诚则不能化万物；圣人为知矣，不诚则不能化万民；父子为亲矣，不诚则疏；君上为尊矣，不诚则卑。

——《荀子·不苟》

释义

天地之大，不诚心就不能化育万物；圣人明智，不诚心就不能感化万民；父子之间亲密，不诚心就会疏远；君主尊贵，不诚心就不会受到尊重。

天地之道，可一言而尽，不过曰诚而已。

——〔南宋〕朱熹《四书章句集注·中庸章句》

释义

天地之间的道理，用一个字就可涵盖，不过是诚罢了。

解读

在传统哲学理论体系中，诚被视为天之道，由此也就成为人之道的根基。无论是天道范畴的本体意义，还是人道范畴的伦理意义，诚都在传统哲学与传统社会中发挥着重要影响，在民族精神和社会制度的形成中扮演着关键角色，毫无疑问是传统文化中的重要思想。进入现代社会之后，诚并未因时代的变迁而湮没，而是以诚信的范畴形式继续影响着个人乃至国家的发展。

对于个人来说，诚信是立身之本。习近平总书记曾引用《论语》中的“人而无信，不知其可也”，来强调诚信对于个人的重要性。孔子说：“人而无信，不知其可也。大车无輗，小车无軏，其何以行之哉？”一个人不讲诚信，是根本不可以的。就好像大车、小车没有安横木的部件一样，它靠什么行走呢？诚信是一个人的立身之本，如果为人处世没有诚信，就没有办法在社会上立足。古人常讲一诺千金，这在现代社会同样适用，甚至更为重要。诚信首先是个人德行的必备要素。在传统社会，作为个人德行的“五常”之道包括仁义礼智信，信即是其中一项重要道德规范。现在，诚信仍然是评价个人德行的重要标准，是立身修德的主要内容。同时，诚信还是人与人相处的重要纽带。与传统宗族亲缘社会不同，现代社会属于契约社会，人与人之间不再局限于亲缘关系，更多的是陌生人之间的接触和交流。这就要求个人在与他人的相处中信守承诺，遵守契约，如此才能实现人与人之间交流的无碍，保证整个社会运行的有序。

对于国家来说，诚信也是立国之本。《左传》说："信，国之宝也，民之所庇也。"诚信是一国之珍宝，国民之根本。如果国家没有诚信，将国之不国、民之不民。《论语》中就曾记载子贡问何以为政，孔子回答说："足食，足兵，民信之矣。"子贡接着问，逼不得已只能保留一项，该如何抉择。孔子毫不犹豫地说道："自古皆有死，民无信不立。"国家信用是民心向背的重要决定因素，甚至是国家兴衰的关键要素。商鞅在变法前，就是通过立木建信，取得了人民的信任，实现了变法改制的成功。

在现代社会，国家诚信也就是政府公信力，是现代政府能否顺利执政的决定性因素。政府公信力的强弱，取决于能否取信于民，归根到底也就是是否建立法治社会。习近平总书记强调，全面推进依法治国，要坚持依法治国、依法执政、依法行政共同推进，坚持法治国家、法治政府、法治社会一体建设。同时，国家诚信还表现在国与国之间的相处上，即建立国际信用。经过四十多年的改革开放，中国已经成为世界第二大经济体，取得了举世瞩目的成就。这些发展成就是建立在我们遵守国际规则、获取良好国际信誉基础上的。这也为我们更多地承担国际责任提供了强大的支撑。近年来，我们以维护世界和平、促进共同发展为己任，致力于在国际事务中发挥建设性、负责任的大国作用，成为国际秩序的参与者、建设者和贡献者。

总之，无论是传统社会，还是现代社会，诚信都是重要的价值观。特别是在现代社会，诚信在个人方面和国家层面都毫无争议地成为核心要素，为社会主义现代化建设、为中华民族的伟大复兴提供着精神支撑。

第二节 诚须实，至诚无息

唯天下至诚为能尽其性，能尽其性则能尽人之性，能尽人之性则能尽物之性，能尽物之性则可以赞天地之化育，可以赞天地之化育则可以与天地参矣。

——《中庸》

释义

只有天下至诚的人，才能充分发挥自己的天性；能充分发挥自己的天性，就能充分发挥他人的天性；能充分发挥他人的天性，就能充分发挥万物的天性；能充分发挥万物的天性，就能够辅佐天地化生万物；可以辅佐天地化生万物，就可以和天地并列成三（“天、地、人”）了。

故至诚无息。不息则久，久则征，征则悠远，悠远则博厚，博厚则高明。博厚所以载物也，高明所以覆物也，悠久所以成物也。

——《中庸》

释义

至诚的东西是生生不息的。不停息，就能存在长久；存在长久，就会有所显露；有所显露就会流传得广泛，流传得广泛就会变得博大深厚，博大深厚就会高大光明。因为博大深厚所以能够承载万物，因为高大光明所以能够涵盖万物，因为悠远长久所以能够成就万物。

至诚之道，可以前知。国家将兴，必有祯祥；国家将亡，必有妖孽。见乎蓍龟，动乎四体。祸福将至，善必先知之，不善必先知之。故至诚如神。

——《中庸》

释义

掌握了至诚之道，可以预先推知未来。国家将要兴旺，必然有吉祥的征兆；国家将要衰亡，必然有不祥的反常现象。这些或呈现在蓍草、龟甲上，或表现在人们的仪容、举止上。祸福将要来临时，是福可以预先知道，是祸也可以预先知道。所以掌握了至诚之道的人就像神明一样。

君子乾乾不息于诚。

——〔北宋〕周敦颐《通书·乾损益动》

释义

君子勤勉不息地要达到诚。

解读

作为传统哲学的重要范畴，诚本身蕴含着丰富的意义。而其中的首要之义，就是真实无妄，不可虚伪应事。朱熹说“诚者，实也”，又说“诚是自然底实”。诚，就是真实，就是真实无妄，如水只是水，火只是火。用现在的话来说，就是做人、做事必须坚持实事求是。

实事求是，属于古代成语，是讲汉代河间献王刘德倾慕经学，在汉初经典古籍大量遗失的情况下，广求天下书籍，并认真整理，勘误订正，精心校理，为儒家经典的完善作出了重要贡献。所以，班固在《汉书·景十三王传》中评价他“修学好古，实事求是”。这实事求是正是对刘德严谨治学态度的高度评价。

对于这一古代成语，毛泽东同志赋予了其新的时代意义。他在1941年的《改造我们的学习》一文中指出：“‘实事’就是客观存在着的一切事物，‘是’就是客观事物的内部联系，即规律性，‘求’就是我们去研究。”这一论断，深刻揭示了实事求是的科学内涵和基本要求。习近平总书记曾指出：“实事求是，是毛泽东同志用中国成语对辩证唯物主义和历史唯物主义世界观和方法论所作的高度概括。坚持实事求是，就是坚持一切从实际出发来研究和解决问题，坚持理论联系实际来制定和形成指导实践发展的正确路线方针政策，坚持在实践中检验真理和发展真理。”

坚持实事求是，就是坚持一切从实际出发。在汉代河间献王刘德的故事中，对古籍的整理以实际刊载情况为准，而不是以己意擅加修改，这种基于实际情况、不掺杂主观意志的严谨治学态度就是实事求是的真实写照。坚持实事求是，不仅仅是一种治学态度，更是一种实践精神。在现代社会中，我们面临着种种挑战，经济转轨、社会转型、观念转变，总而言之整个社会都处于快速变化之中，新形势、新情况、新问题不断涌现。在快速变化的时代，我们如何成功应对？这就要求我们必须坚持实事求是，立足于新时代，着眼于新问题，坚持一切从实际出发，充分认识和了解当前的基本国情，绝不能从本本出发，以免看错病、抓错药。因此，我们必须正视改革过程中出现的实际情况和真实矛盾，这样才能做到一切从基本国情出发，从实际情况出发，从人民群众的实际利益出发，才能有针对性地提出改革方案，把握好改革方向和力度，真正做到遵循事物发展的内在规律，保持历史前进的正确方向。

坚持实事求是，还必须做到理论联系实际，并在实践中检验真理和发展真理。《中庸》说：“至诚无息。”《通书·拟议》说：“至诚则动，动则变，变则化。”真实的事物是变动不居的，因为它是依据实际情况不断变化的，是在实践中不断发展的。所以，坚持实事求是，还需要与时俱进、解放思想。邓小平同志曾指出：“一个党，一个国家，一个民族，如果一切从本本出发，思想僵化，迷信盛行，那它就不能前进，它的生机就停止了，就要亡党亡国。”改革开放之初，我们的国民经济面临着巨大挑战。正是在“实践是检验真理的唯一标准”的指导下，我们做到了实事求是、解放思想，取得了改革开放的伟大胜利。经过四十多年的改革开放，我们现在已经取得了举世瞩目的成就，同时整个社会也发生了巨大的变化，出现了新形势、新情况和新问题。有鉴于此，在今后的改革中，我们仍然需要抱定实事求是这一准则，立足于社会实践，不断推动理论发展，充分认识到不进行思想的大解放，就不会有改革的大突破。

第三节 诚必真，率性直行

圣人无常心，以百姓心为心。善者，吾善之，不善者，吾亦善之，德善。信者，吾信之，不信者，吾亦信之，德信。圣人在天下，歙歙焉，为天下浑其心，百姓皆注其耳目，圣人皆孩之。

——《老子·第四十九章》

释义

圣人常常没有私心，以百姓的心为心。善良的人，我善待他，不善良的人，我也善待他，这样可使人人向善。守信的人，我信任他，不守信的人，我也信任他，这样可使人人守信。圣人在位，收敛自己的意欲，使人心思化归于浑朴。百姓都专注他们自己的耳目，圣人使他们都回复到婴孩般（浑朴）的状态。

大道之行也，天下为公，选贤与能，讲信修睦。故人不独亲其亲，不独子其子，使老有所终，壮有所用，幼有所长，矜寡孤独废疾者皆有所养。

——《礼记·礼运》

释义

在大道施行的时候，天下是人民所共有的。那时，人民会选举具有高尚品德和聪明能干的人主持政事，讲求诚信，追求和睦，因此人民不仅仅奉养自己的父母，也不仅仅抚育自己的孩子，而是使老年人都能安享晚年，使成年人都能为社会贡献才力，使孩子都能健康成长，使死了妻子的鳏夫、死了丈夫的寡妇、失去父母的孤儿、老而无子的人、有残疾的人都能得到供养。

解读

在中国传统哲学中，诚在树立起本体地位之后，其影响涵盖诸多方面。围绕着人这一核心主体，诚体现在待人接物、言语行止等交往活动中，就意味着真诚、率直。由此，以“真”为意义表象，诚成为体现个人品性修养的重要内容。

在与人交往中，真诚是最基本也是最重要的态度。习近平总书记在谈及国际交流合作时说道：“加强人文交流，不断增进人民感情。以利相交，利尽则散；以势相交，势去则倾；惟以心相交，方成其久远。国家关系发展，说到底要靠人民心通意合。”“以心相交”，就是将真实的内心呈现给对方，这是最真诚的表现。习近平总书记虽然谈的是外交政策，但是“以心相交”同样适用于一切交往中。在现代商业社会，“以利相交”“以势相交”成为普遍存在的不良现象。然而，利、势的相交，是简单的物质交换，是直白的利益置换，是冷酷的商业规则，如此双方必然患得患失、锱铢必较。这种建立在利、势基础上的交往合作，根基不牢，随时可能导致两败俱伤。

以心相交，就应直道而行，不考虑利益、权势等外在因素。孟子曾举例说：我们突然看见一个小孩要掉进井里，必然会产生惊惧恻隐之心。这种心理的产生不是因为想要去和这孩子的父母拉关系，不是因为想要在乡邻朋友中博取声誉，也不是因为厌恶这孩子的哭叫声，而是人人都具备的最基本、最真实的不忍人之心。在现代社会，社会交流更加密切、更加频繁，真诚得到了更真切的体现。以权势作标准交朋友的，权势失去了，交情也便随之断绝；以利益作标准交朋友的，利益穷尽了，交情也随之结束；而以心交心作标准交朋友的，真心付出了，交情也会真诚至善。总而言之，以心相交，方能推心置腹，坦诚相见；以心相交，方能不怕火炼，历久弥新。

因此，在与人交往中，每个人都应该坚守自己的初心，坚持自己的本真，不受外在利益因素的干扰，依循自己本心的召唤，这就是率性直行，也就是《中庸》所说的“天命之谓性，率性之谓道”。

第四节 诚乃信，信近于义

有子曰：『信近于义，言可复也。恭近于礼，远耻辱也。因不失其亲，亦可宗也。』

——《论语·学而》

释义

有子说："讲信用要符合义，说的话才能兑现。态度容貌的庄矜恭敬要符合礼，这样才能远离侮辱。依靠可亲之人，也就可靠了。"

大人者，言不必信，行不必果，惟义所在。

——《孟子·离娄下》

释义

通达的人，说话不一定句句守信，做事不一定非有结果不可，关键要看是否合乎道义。

天不言而信，神不怒而威。诚，故信；无私，故威。

——〔北宋〕张载《正蒙·天道篇》

释义

上天不用说话就使人信服，神明不用发怒就自有威信。真诚不妄，所以能建立信誉；至公无私，所以能树立威望。

解读

在中国传统哲学理论体系中，诚具有重要的理论意义，甚至被提升到了本体论的高度。而在现代社会，诚已经不再具备这种哲学意义，但是这并不意味着其重要性的削弱。恰恰相反，诚通过凸显所蕴含的诚信意义，再次承担起社会精神支柱和运行枢纽的关键作用。

诚信之所以在现代社会具有如此重要的作用，主要是因为现代社会属于契约型社会。传统社会的基本运行单位是家族和宗族，因此其维系纽带主要是血缘和亲情，以及由此衍生的一系列宗法礼仪规范。这就从根本上决定了其熟人社会的本质。而现代社会迥异于此，在传统小农经济解体之后，城市聚合体逐渐取代农村社群成为现代社会的重要表征。在城市中，传统小农社会的大家族被大都市的“三口之家”取代，由此熟人关系也被陌生人关系取代，原本起维系纽带作用的血缘和亲情也就不再适用，取而代之的是契约。而维系契约的除了法律之外，更重要的就是诚信。

如果说法律在契约维系的过程中是外在强制力，那么诚信则起着内在道德自律的作用。与外在强制力相比，诚信所具有的这种道德自律作用更为根本、更为重要。孔子曾说：“道之以政，齐之以刑，民免而无耻。道之以德，齐之以礼，有耻且格。”国家用法制禁令去引导民众，使用刑法来约束他们，民众只是求得免于犯罪受惩，却失去了廉耻之心；用道德教化引导民众，使用礼制规范他们的言行，那么民众不仅会有羞耻之心，还会诚心归服。在现代社会同样如此，道德自律在保证社会契约履行的过程中依然具有决定性的作用。

德国哲学家康德曾说过，有两种东西，越是经常而持久地对它们进行反复思考，它们就越是使心灵充满常新而日益增长的惊赞和敬畏：头上的星空和心中的道德法则。道德自律是救治诸多现代病的良方。在传统社会向现代社会转变过程中出现了很多弊病，这不单单是中国的问题，而是整个世界的问题。与现代社会相比，传统社会的熟人关系网络对社会的整合与稳定都起着重要作用。进入现代社会后，由于工业大生产和城市大发展，个人呈现出原子化的存在状态，人与人之间的关系在失去了乡土社会情感的维系后出现了严重的信任危机。因此，诚信无疑是救治信任危机的治病良方。作为自律性道德规范，诚信很好地弥补了法律法规在治理社会过程中存在的缺漏。法律毕竟属于外在强制力，存在执法成本高等问题，而诚信作为个人自律无疑有效减少了违法数量，降低了执法成本。因此，诚信在现代社会的重要作用是其内涵与现代社会相契合的结果。

第二章　内诚于心，养心明诚

无论是在传统社会，还是在现代社会，诚都是评价个人德行的重要道德价值。作为价值范畴，诚赋予了人崇高的意义。人存在于世界之中，区别于其他动物之处便是追求价值和意义，并通过自身行为获得价值和意义。换而言之，人作为主体，不仅赋予客观事物以价值和意义，而且具有自我价值和意义。其中，诚就是人自身所具备的重要道德价值。正是因为诚的价值彰显，人方能成为世间最灵明的生物。

作为内化于心的道德属性，诚并不是先天具足的，而是需要人在后天努力修习而得。《中庸》说："诚则明矣，明则诚矣。"由诚而明与由明而诚，是两种不同的路径。如果说前者是理论意义上的圣人形象，那么后者就是现实层面的修身之道。对于每个人来说，只有立足于现实世界、日常生活，从自己的内心修养做起，切实做到"吾日三省吾身"，才可以实现诚的境界。

第一节

君子贵诚，诚善于心

季康子问政于孔子曰：『如杀无道，以就有道，何如？』孔子对曰：『子为政，焉用杀？子欲善而民善矣。君子之德风，小人之德草。草上之风，必偃。』

——《论语·颜渊》

释义

季康子问孔子如何治理政事，说：“如果杀掉坏人来亲近好人，怎么样？”孔子说：“您治理政事，哪里用得着杀戮的手段呢？您只要想行善，老百姓也会跟着行善。在位者的品德好比风，在下的人的品德好比草，风吹到草上，草就随风而倒。”

君子养心莫善于诚，致诚则无它事矣，唯仁之为守，唯义之为行。

——《荀子·不苟》

释义

君子修养身心莫过于真诚，达到真诚就没有其他事了，只要守住仁德、奉行道义就行了。

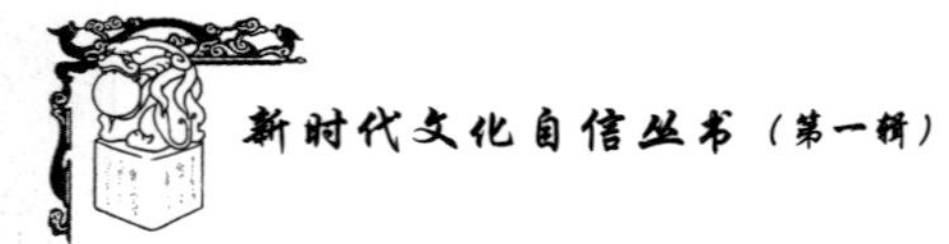

解读

作为贯穿古今的核心价值观，诚信是由诚与信两个范畴组合而成的。其中，诚更侧重于内心修养，主要是指内心的真诚、诚实；而信则侧重于外在言行，主要指言行的忠实、与内心的一致。在这个意义上讲，诚是信的内在精神源泉，而信是诚的外在忠实表现。因此，诚信的践行需要常常涵养内心之诚，需要时时反躬自省，而不能舍己求外、舍本逐末。

在现代社会，因为世俗社会的确立、个人欲望的无节制以及现代人的疏离和孤独，人的心灵世界处于一个更脆弱的环境。现代社会充斥着苦闷、焦虑和浮躁的气氛，现代人的心灵和精神世界普遍存在着迷失现象，难以找到平静和安宁的归宿。这就使得现代人与古代人相比，自身心灵的冲突更加强烈。在这种状况下，如何调适现代人心灵世界的种种冲突而获得和谐安乐，这便是我们要重点思考的问题。

当前，我们正经历着经济社会发展的转型期。在经济大发展的同时，社会结构面临着深度调整的情况，市场机制也有待继续完善。其间难免会出现各种制度和规则的漏洞，而一部分个体正是瞅准这些疏漏，趁机攫取不正当利益，带来了坑蒙拐骗屡见不鲜等一系列问题，造成了社会诚信的破坏和缺失。尽管造成这种后果的原因有制度不健全的因素，但归根结底，这是个体诚信丧失的后果，是个人弱化自我修养、责任的结果。习近平总书记曾引用“吾日三省吾身”来强调自我修养的重要性，他说：“一个人战胜不了自己，制度设计得再缜密，也会‘法令滋彰，盗贼多有’。”外在因素固然重要，但是如果个人没有对内心之诚的涵养，没有对反躬自省的坚持，再严密的制度也会被破坏。

就其本质而言，诚信属于价值范畴，而价值的彰显必须落实在个体身上，落实在你我身上。社会是由无数个体组成的，因此讲诚信风气的养成需要每个人的努力，需要每个人自觉坚守诚信意识。整个社会有着无数自觉坚守诚信意识的个体，是形成一个诚信意识良好的社会整体的基础和前提。因此，培育个体的诚信意识，并让守信成为个体的自觉行为，是构建诚信社会的基石。

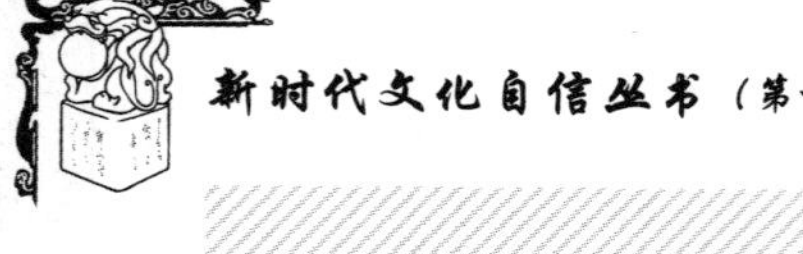

第二节 君子慎独，正心诚意

龙德而正中者也。庸言之信，庸行之谨，闲邪存其诚，善世而不伐，德博而化。《易》曰：『见龙在田，利见大人。』君德也。

——《周易·文言》

释义

君子应该像龙一样具备正义中和的品德。他日常言论讲究诚信，日常行为讲究谨慎；摒弃邪恶，保持忠诚的秉性，引导世人向善而不夸耀，德行博大而能感化人民。《易经》上说："龙出现在大地上，有利于会见大人。"就是说民间出现了有君主才德的贤人。

是故君子戒慎乎其所不睹，恐惧乎其所不闻。莫见乎隐，莫显乎微，故君子慎其独也。

——《中庸》

释义

品德高尚的人在没有人看见的地方也是谨慎的，在没有人听见的地方也是有所戒惧的。隐蔽时也会被人发现，细微处也会显著，所以品德高尚的人在一人独处的时候也是谨慎的。

心不妄念，身不妄动，口不妄言，君子所以存诚。内不欺己，外不欺人，上不欺天，君子所以慎独。不愧父母，不愧兄弟，不愧妻子，君子所以宜家。不负国家，不负生民，不负所学，君子所以用世。

——〔清〕金缨《格言联璧·持躬类》

释义

没有不正的念头，没有不规矩的动作，没有乱说的话，所以君子的一切行为都有诚信。既不欺骗自己，也不欺骗别人，不欺骗上天，君子独处时更加谨慎。不愧对父母、兄弟、妻子、儿女，君子能和家人和顺相处。不负国家所托，不愧对百姓的期望，不辜负自己所学，君子能承担起社会的责任。

解读

“慎独”一词出自《中庸》。什么叫“慎独”？就是说一个人在独处独知的时候谨慎不苟，在没有其他人注视、监督的情况下，自己的行为要谨慎，要符合道德标准。宋明理学家把“慎独”作为提升自我修养的方法。“慎独”，一言以蔽之，就是在独处时要戒慎，这是自我涵养诚信的最高级体现。

人们都有一种体会，一个人在众目睽睽之下时，与其独处时是不一样的。在众目睽睽之下，人的行为要受到很多外界因素的影响，要考虑公共的准则、道德规范。然而一个人独处的时候，是在宽松的环境下，有了充分的自由度，因此往往也就放松了对自己的要求。

习近平总书记特别重视“慎独”思想，他曾引用“莫见乎隐，莫显乎微，故君子慎其独也”来强调党员干部要自律。君子在那些看不到的地方要自我戒慎，因此君子要慎其独。在幽暗中，细微之事，其迹象虽还未出现，但是事情的苗头已显现了，因此君子要常常戒惧，于独处之时尤其要谨慎，以此来遏制将要萌发的欲望，而不使它潜滋暗长在隐微之中。因此有“若要人不知，除非己莫为”的谚语广为流传。

与君子相反，小人则是在无监督之下，不善之心泛滥，欲望成灾，于是起“不善”之念，干“不善”之事，做“不善”之人，且“无所不为”。而小人善于掩藏、伪装，掩盖那些不善的，显露那些自以为善的，欲遮蔽世人耳目。真诚在心中，就会显形在外，反过来说，内心若存有不真诚的念头，也会彰显在外，“故君子必慎其独也”。

在独处时，就像有很多双眼睛在监视你，就像有很多只手在指着你。“十目所视，十手所指，其严乎！”用今天的情状来比拟，就好像有许许多多的安装在隐蔽处的“探头”，正在严密地监视着你，那些“全程监控录像设备”正在暗中拍摄你的一举一动！因此，一个人的言行，总有许多人在监察着，千万不可不谨慎。

财富可以润饰房屋，道德可以润饰身心，心胸宽广就身体安康，故君子必诚其意。“慎独”是一种理念，也是一种实践，尤其需要实践的功夫。“功夫”是指本领与造诣。“慎独”须修炼，须达到一定造诣，这就是慎独功夫。这是自己谨慎独处时进行品行修炼的功夫，而不再仅仅是认识的问题了。“慎独”是人立足于人世的一种必须具备的智慧。

第三节 养心致诚，明则诚矣

在下位不获乎上，民不可得而治矣。获乎上有道，不信乎朋友，不获乎上矣。信乎朋友有道，不顺乎亲，不信乎朋友矣。顺乎亲有道，反诸身不诚，不顺乎亲矣。诚身有道，不明乎善，不诚乎身矣。

——《中庸》

释义

在下位的人，如果得不到在上位的人的信任，就不可能治理好平民百姓。得到在上位的人的信任有办法，得不到朋友的信任，就得不到在上位的人的信任。得到朋友的信任有办法，不孝顺父母就得不到朋友的信任。孝顺父母有办法，自己不真诚，就不能孝顺父母。使自己真诚有办法，不明白什么是善，就不能够使自己真诚。

解读

在儒家关于诚的理论中，达到诚的境界可有两条途径，即《中庸》所说的“自诚明”与“自明诚”。前者是由内心本然的真实无妄而明白善道，属于天性；后者是由明白善道而达到真实无妄境界，属于教化。天性与教化的区别，也就是古代圣与贤的区别所在。

在儒家看来，圣人是生而知之者，不学而诚，而贤人是学而知之者，学而后诚。不过，圣人更多是儒家设立的道德标杆，用来鞭策人们追求至高人格。圣人并不是真的生而知之，而对于普通人来说，更多的是学而知之，通过自身的努力修养来实现诚的至高境界。因此，在儒家理论中，特别强调修身的重要性，而这在现代社会中就显得尤为重要。

修身就是修养自我道德，提升自我修养，从而实现诚的境界，这也就是“自明诚”的修身路径。习近平总书记一再强调要“严以修身”，特别指出要“以学益智，以学修身”，他说：“勤于学、敏于思，坚持博学之、审问之、慎思之、明辨之、笃行之，以学益智，以学修身，以学增才。”这正是“自明诚”修身路径的绝佳体现。

学，不仅仅是学习知识，还包括涵养德行。孔子弟子子夏说：“贤贤易色；事父母，能竭其力；事君，能致其身；与朋友交，言而有信。虽曰未学，吾必谓之学矣。”事父母是孝，事君是忠，与友交是信，即使不曾学过知识，做到这三点也是学，是德行之学。从本质上说，这种德行之学就是修身，是对自我德行的不断完善和提升。就诚来说，人就是依靠这种不断学习、不断修身以实现诚的境界。

具体到诚信，也并不是人人生而具备的德行。人首先是动物性存在，在很多情况下遵循着本能反应。比如，依照人的本性，饿了就想吃饱，冷了就想穿衣，累了就想休息，这是人的生物本能。但是，如果人饿了，看见别人在吃东西，却不抢来吃；人冷了，看见别人穿着厚衣服，却不抢来穿；累了却不要求先休息，而是和其他人一起协作。这些就是德行，是通过后天的修习实现的。涉及诚信也是如此，为了个人利益，人依循利己本能会选择撒谎、欺骗；而在失去个人利益情况下会选择诚信，这无疑是修习的结果。因此，在现代社会，个人诚信的养成，社会诚信风气的形成，都需要个人不断完善自我、提升自我，在不断的修习中做到诚信。

第四节 修诚立信，乃诚君子

君子所以异于人者，以其存心也。君子以仁存心，以礼存心。仁者爱人，有礼者敬人。爱人者人恒爱之，敬人者人恒敬之。

——《孟子·离娄下》

释义

君子之所以不同于普通人，就是因为存的心思不一样。君子内心存在着仁爱，存在着礼义。仁者能爱他人，讲礼仪的人能尊敬他人。能爱他人的人，人们常常爱戴他；能尊敬他人的人，人们也常常尊敬他。

故君子无爵而贵，无禄而富，不言而信，不怒而威，穷处而荣，独居而乐。

——《荀子·儒效》

释义

所以君子没有爵位也尊贵，没有俸禄也富裕，不辩说也被信任，不发怒也威严，处境穷困也光荣，独自闲住也快乐。

得贤师而事之，则所闻者尧、舜、禹、汤之道也；得良友而友之，则所见者忠信敬让之行也。身日进于仁义而不自知也者，靡使然也。

——《荀子·性恶》

释义

得到了贤能的老师去侍奉他，那么所听到的就是尧、舜、禹、汤的正道；得到了德才优良的朋友而和他们交往，那么所看到的就是忠诚守信、恭敬谦让的行为。每天身处“仁义”的教化当中而没有察觉，这是外界的影响导致的。

解读

诚信是评判一个人德行高下的重要标准，由此也就成为君子所具备的关键品格。在传统社会，君子是儒家认为的理想人格，具有多种高尚品质，诚信就是其中重要的一项。孔子说："君子义以为质，礼以行之，孙以出之，信以成之。君子哉！"作为多种高尚品质的集合体，君子人格在现代社会仍然具有重要的价值和意义。

从历史上看，君子是秉持儒家道统、传承核心价值观的理想人格。自先秦时期以来，君子就成为传统社会的道德模范，特别是孔子极为推重君子。后来，宋代理学宗师周敦颐提出了"士希贤，贤希圣，圣希天"的修养路径，追求成贤成圣成为中国历代士人的人生理想。

到了现代社会，经济发展与社会结构已经发生了翻天覆地的变化，与传统社会相比有了极大的差异。然而，在这种情况下，君子人格不但没有消失，反而影响越来越大。究其原因，经济的大发展并没有带来相应的道德大进步。恰恰相反，商业经济的发展、资本逐利造成的不良后果之一就是唯利是图的社会风气逐渐蔓延。孔子说："君子喻于义，小人喻于利。"义利之争是儒家的经典论题。当唯利是图的社会风气蔓延时，道义德行的传承就难免会受到破坏。因此，现代社会就更加需要君子人格的教化和引导作用为经济发展提供积极的价值导向和道德保障。

社会需要君子人格，时代呼唤君子文化。当然，现代社会的君子人格并非完全秉承传统，而是要赋予君子更加鲜明的时代特征，构建与现代社会相适应的新型君子人格。具体而言，就是要替换君子人格中的传统道德价值，抛弃不符合现代社会价值取向的内容，以社会主义核心价值观为导向，塑造符合新时代发展的现代君子人格，并使践行君子人格彻底成为一种现代社会的生命方式、处世方式和生活方式。

第三章　立身行己，信以成之

诚信不仅具有内在道德属性，还具有道德实践属性。究其根源，诚信不是简单的内在修养，其价值更多体现在社会实践及日常生活中。古语言：“坐而论道，不如起而行之。”这对于诚信来说正是最好的注解。

人具有极强的社会性，这是人区别于动物的特征之一。同时，这种社会属性也是人类社会超越动物群体的重要因素。正是这种社会性凝聚起整个人类社会，并不断推动其发展前进。而这种社会性就体现在人人都承担起应具备的社会责任。从根本上说，社会是由个体组成的。当千千万万的人会聚在一起，组合成各种群体直至形成整个社会时，个体也就成为社会的一分子，并与之同呼吸、共命运。这就要求每个人在社会中都要坚持诚信原则，承担起自己的社会责任，最大程度地展现出其所具有的社会属性。只有如此，社会才能发展，个人也才能完善自我。

第一节

人之为人，无信不立

天之所助者顺也，人之所助者信也。履信思乎顺，又以尚贤也。是以『自天佑之，吉无不利』也。

——《周易·系辞上》

释义

上天所扶助的是能顺大道的人，人们所扶助的是有诚信的人。笃守诚信、思想顺从，又能崇尚贤能。所以“上天也保佑他，无论如何都是吉利的”。

子曰：『弟子入则孝，出则悌，谨而信，泛爱众而亲仁。行有余力，则以学文。』

——《论语·学而》

释义

孔子说：“年少者，在家就孝顺父母；出门在外，要敬顺兄长，言行要谨慎，要诚实可信，要广泛地去爱众人，亲近那些有仁德的人。这样躬行实践之后，还有余力的话，就再去学习文章典籍。”

人之所以为人者，言也。人而不能言，何以为人？言之所以为言者，信也。言而不信，何以为言？

——《春秋穀梁传·僖公二十二年》

释义

人之所以成为人，是因为能言语。如果不能言语，何以称为人？言语之所以有意义，是因为能信守承诺。如果言而无信，言语（再多）又有什么意义呢。

解读

对于单个的人来说，人与人之间因原子式的分离状态而导致信任感的缺失。从古至今，这一现象始终存在于人际交往中。对于改变这种分离状态来说，诚信，是化解淡漠人际关系的关键，是使人与人之间关系紧密的重要内容，因此可以算作整个社会人际和谐发展的润滑剂。

当人作为一个群体觉醒时，就意味着人脱离了自然的动物属性，而具有了社会属性。这种社会属性使人类社会又进一步区别于动物群体，创造了辉煌灿烂的人类文明。在这一文明进程中，人逐渐有了角色意识。就其实质而言，这种角色意识是社会属性在个人身上的一种体现，也是个人在社会中的自我定位。

在解决了自身生存问题之后，人们还要学会如何处理与他人之间的关系。人类从一开始便是群居动物，家庭、族群都是群体性的存在。而在这些群体中，人需要面对父母、子女以及其他亲属，还要面对族人、朋友，总之，与他人的关系伴随着一个人生命的始终。但是，他人毕竟是异己的存在，因此人与人之间就可能会因为差异而发生冲突。随着历史的发展，人类的群体单位也由家庭、族群逐渐扩展，社会开始出现，各种团体和社会单位逐渐增多，人面临的冲突也越来越多。因此，人与人之间如何相处又成为亟须解决的问题。

在人类社会中，最基本的关系是人与人的关系，就其实质而言也就是他者与我的关系。人与人之间如何相处？这一直是人们关注的重要问题。在中国古代社会，人与人之间的关系被概括为“五伦”，即父子、君臣、夫妇、兄弟、朋友五种关系。这五种关系可以概括传统宗族社会中的绝大部分人际关系，因此在古代社会中具有非常大的普遍性。但是，在现代社会中，因为社会流动及人际关系的广泛辐射，传统宗族社会对应的熟人社会已逐渐变为陌生人社会。在陌生人社会中，人与人之间的关系已不能再简单概括为“五伦”，人际关系变得十分复杂。现代社会的人际交往成本很大，这主要是因为人与人之间信任感的淡薄甚至消失，使得整个社会处于疏离状态。人与人之间的这种疏离和陌生，让我们增加了交往成本，同时也在失去温情脉脉的传统关系。

当整个社会处于冷漠和麻木的包围中时，人又如何安放自己的情感和内心？由此，这一问题又导致了人的心灵和精神上的孤独和寂寞。当然，这已是另一种意义上的危机了。总之，现代社会中人与人之间的关系存在着严重的危机。不过，在此需要说明的是，我们反思和化解人与人之间的冲突和危机，并不是要重新回到传统

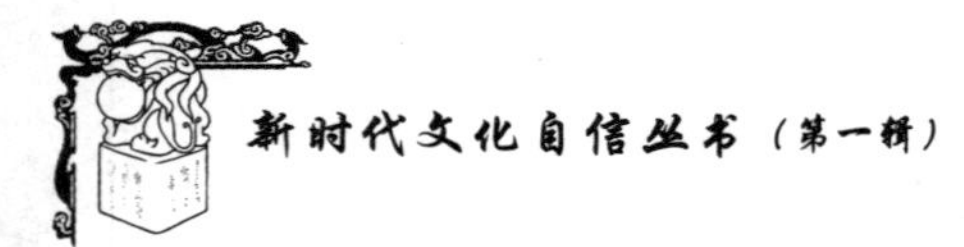

宗族社会的关系网中，而是要依照现代社会的原则，遵守诚信原则，建构和谐的人际关系，从而化解其间的冲突。

诚信作为重要的价值观，是加深人与人之间信任感、整合社会凝聚力的关键。不仅于此，诚信还代表着真实、真诚的生活态度，是还原人性本质、提升道德修养的关键。在现代社会，人与人之间出现了种种危机，特别是不信任感增强。面对这些情况，诚信的重要性逐渐为人们所认识，其现代价值也不断得到挖掘和阐发。

第二节 一诺千金，言而有信

居善地，心善渊，与善仁，言善信，正善治，事善能，动善时。夫唯不争，故无尤。

——《老子·第八章》

释义

居处善于选择地方，心胸善于包容万物，待人善于真诚相爱，说话善于遵守信用，为政善于处理妥当，处事善于发挥所长，行动善于掌握时机。只因为有不争的美德，所以没有怨咎。

所信者不忠，所忠者不信，六患也。

——《墨子·七患》

释义

信任的人不忠诚，忠诚的人不被信任，是第六种祸患。

轻千乘之国，而重一言之信。

——《孔子家语·好生》

释义

相比拥有千辆战车的国家，更看重说话要讲信用。

解读

在人类社会中，人与人、群体与群体之间不可避免地存在着种种冲突和矛盾。这种冲突和矛盾严重影响了人类的生存和发展。如何化解这一问题，成为人类始终关注的重点。其实，人与人的相处之道并不复杂，只要做到诚信待人、相互信任，就能实现人类的和睦相处。

自启蒙运动以来，现代社会便逐渐建构起来。这其中包括世界市场的形成、民族国家的建立、世俗社会的构建以及与此相应的观念的改变，特别是个人价值的发现和彰显。但是，这一切都逐渐将人与社会对立起来，造成了一系列现代性问题。个人逐渐迷失自我，难以寻找自己存在的价值和意义。这又导致现代人的无根感和漂泊感，造成价值观的丧失、道德的滑坡、享乐主义的流行等严重问题。

其实，人是社会性的动物，而社会即是由众多个体组成的群体。对于个人来说，其无法脱离社会而生存，也无法离开他人而生活。因此，在很多情况下，他人与自身是紧密联系的，这就需要个人在对待他人时必须以诚信为本。只有建立在相互信任的基础上，人们之间的交流才能顺畅无阻。同时，在相互信任的基础上，人们之间还需要互相帮助，这就要求个人在维护自己利益的同时兼顾其他人的利益。只有所处环境持续改善，个人才能享受应有的美好生活。否则社会混乱、社会环境恶劣，最终也会影响到个人自身的生存。因此，从这个角度来看，人必须有“我为人人、人人为我”的社会意识。当然，这是从功利角度谈社会责任。然而，功利性的理由绝非唯一原因。作为高等生物，人还是一种情感动物，拥有着对未来的憧憬和对理想的坚持。所以，从非功利角度来看，人还应具有对他人的热爱和对社会的担当。

总之，在现代社会中，个体终归是群体中的一员，生于其中，长于其中，概而言之，终其一生都与群体维持着密切的联系。因此，人不单是个体存在，还是群体的组成成员，这就要求每个人都必须以诚信待人，并乐于助人，通过担负社会责任来实现自我价值，与其他人一起建设美好社会。

第三节 言必诚信，行必忠正

天不言而人推高焉，地不言而人推厚焉，四时不言而百姓期焉。夫此有常，以至其诚者也。

——《荀子·不苟》

释义

天不讲话，人们却推赞它高远；地不讲话，人们却推赞它深厚；四季不讲话，人们却能（根据规律）预知它们的轮回变化。因为它们有各自的规律，所以才达到了至诚的境界。

体恭敬而心忠信，术礼义而情爱人，横行天下，虽困四夷，人莫不贵。劳苦之事则争先，饶乐之事则能让，端悫诚信，拘守而详，横行天下，虽困四夷，人莫不任。

——《荀子·修身》

释义

外貌恭敬而内心忠诚，遵循礼义而又性情仁爱，这样的人走遍天下，即使困厄在四方边远的地区，也没有人会不尊重他们。劳累辛苦的事就抢先去做，有利享乐的事却能让给别人，端庄谨慎、忠诚守信，谨守礼法而明察事理，这样的人走遍天下，即使困厄在四方边远的地区，也没有人会不信任他们。

言必诚信，行必忠正。

——《孔子家语·儒行解》

释义

说话一定要讲诚信，做事一定要忠诚正直。

解读

对于个人来说，当面对他人和社会时，个人必须展现出应有的社会意识。从某种意义上说，社会价值正是个人价值的一种体现。人必须在社会中有所担当，并通过这种责任担当实现个人的价值。这就要求每个人不仅要做到言必诚信，还要付诸实践，做到行必忠正。

作为社会的一分子，人要自觉承担社会赋予的责任，同时也要具备相应的个人品德。这种个人品德并不仅仅是针对个人而言的，还要建立在社会共同体的普遍标准之上。说到底，人生存在这个世界上，并非完全与外界隔离，他还是整个社会的组成成员，这就要求个人品行依照社会对个人的要求而设定。换而言之，尽管道德上的修养是个人行为，但是对道德的具体规范却是整个社会参与制定的。因此，作为社会成员的个人在德行方面必须严格遵守社会规范。而这一规范很早便已形成，并一直贯穿于中华传统文化发展的始终，即仁、义、礼、智、信“五常之道”。其中的信，正是处身于社会之中的个人须修习的德行规范，并逐渐成为人之为人的重要标准。

在儒家的理论体系中，自身的道德修养十分重要，这是个人立身之基。但是，内在道德修养必须具有外在着力点，否则也就毫无意义。这个外在着力点就是现实关怀，是对社会责任的担当，是对天下苍生的情怀。

儒家的这种内外论述，也就是“内圣外王”之道。内圣固然重要，其价值必须通过外王来体现，在外王的行为中得到升华。因此，“内圣外王”也就成为儒家思想的符号性指称。《大学》说：“物格而后知至，知至而后意诚，意诚而后心正，心正而后身修，身修而后家齐，家齐而后国治，国治而后天下平。”所谓“格物致知诚意正心修身”，就是修身的功夫；所谓“齐家治国平天下”，就是实践的功夫。同理，言必诚信是修身，而行必忠正则是实践，修身以实践为指向，实践以修身为目标。

因此，对于我们来说，修身与实践必须双管齐下，缺一不可，这就意味着在言必诚信的同时，还要做到行必忠正。通过诚信之言来指导忠正之行，又通过忠正之行来落实诚信之言，二者相辅相成，共同实现个人的社会价值。

第四节 言信行果，言行如一

言必信，行必果。

——《论语·子路》

释义

说了就一定要守信用，行动了就一定要有结果。

志不强者智不达，言不信者行不果。据财不能以分人者，不足与友；守道不笃、偏物不博、辩是非不察者，不足与游。本不固者末必几，雄而不修者其后必惰。

——《墨子·修身》

释义

意志不坚强的人，其智慧不能得到充分的发挥；说话不讲信用的人，其行动不会有结果。拥有财富而不肯分给人的人，不值得和他交友；守道不坚定、阅历不广博、辨别是非不清楚的人，不值得和他交往。根基不牢固的人，必然危险；光勇敢而不注重品行修养的人，最后必然会失败。

其为人上也广大矣：志意定乎内，礼节修乎朝，法则度量正乎官，忠信爱利形乎下，行一不义、杀一无罪而得天下，不为也。

——《荀子·儒效》

释义

儒者居高位时，影响就扩大了：他的内心意志坚定，在朝堂为官时修习礼节，在官府任职时正定法律准则规章制度，让忠诚、诚信、仁爱、利人等美德在民间蔚然成风。哪怕只做一件坏事、杀一个无辜的人就能够得到天下，儒者也不会这样做。

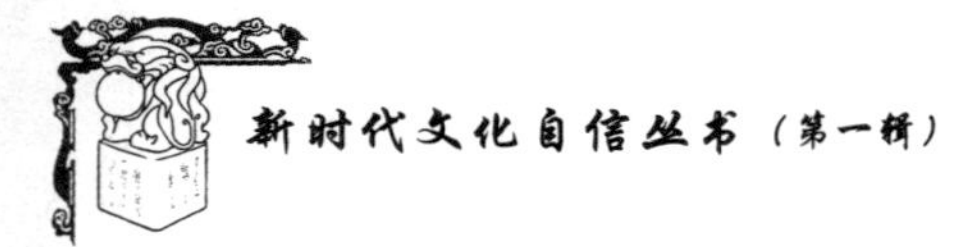

解读

诚信是人之为人的重要特征。“信”是由“人”与“言”构成的，言而有信即为人。但信又不仅仅是言语的范畴，还需要行动上的一致性，这就是言而有信的本义所在。因此，言行一致才能称为信。

曾子说：“人信其言，从之以行；人信其行，从之以复。”人既然相信他的话，跟着要用行为来证实，人既然相信他的行为，跟着要用其他的表现来证实。言、行二者的一致性是诚信的重要表现。在现代社会，言行一致是评判一个人是否诚信的重要标准。习近平总书记曾一再指出“言行一致”“表里如一”的重要性，他说：“领导干部要把深入改进作风与加强党性修养结合起来，自觉讲诚信、懂规矩、守纪律，襟怀坦白、言行一致，心存敬畏、手握戒尺，对党忠诚老实，对群众忠诚老实，做到台上台下一种表现，任何时候、任何情况下都不越界、越轨。”

从个人角度来看，言行一致是衡量个人诚信与否的重要标准。孔子曾说：“始吾于人也，听其言而信其行；今吾于人也，听其言而观其行。”孔子以其自身经历告诫人们，认识和了解一个人，不应该听他说的话便相信他的行为，而应该听了他讲的话还要观察他的行为。只有当一个人的行为符合其先前的言论时，才能确定这个人的诚信；如果他只是夸夸其谈，并不会遵循其言论而做事，那么这个人就是虚伪的，是台上台下、人前人后两种表现，就一定会犯错误。

从国家层面来看，言行一致是检验为政者政治德行的重要标准。《墨子》说："政者，口言之，身必行之。"为政之人必须做到言行一致、表里如一：一方面，在面对公众时，要做到言而有信、行而有果，这样才能在民众间树立威信，增加政府公信力；另一方面，在面对中央决策时，要与中央保持思想与行动的一致，不搞"上有政策，下有对策"，切实做到令行禁止。因此，从这个角度来看，荀子将诚信定为"政事之本"，可谓明理之言。总而言之，诚信不仅是传统社会的政事之本，更是现代政府公信力的为政之本。

第四章　为政之本，立国之基

诚信的重要性不仅体现在个人层面，还体现在国家层面。诚信之所以在传统与现代社会都居于道德修养的重要地位，就在于其对于社会乃至整个国家的发展都具有重要影响。因此，诚信不仅属于个人德行，还属于政治道德。可以说，诚信是一个国家的为政之本、立国之基。

对于一个国家来说，诚信是其政府公信力的来源。亲民信民，才能取信于民，进而才能保证社会秩序稳定、国家长治久安。同时，国家诚信也是国家形象、国家信誉的保障。国家诚信的建立，是国家地位和国家尊严的象征，是国家自立自强于世界民族之林的重要力量。改革开放以来，我国全面参与现行国际体系，遵守国际规则，积极承担国际责任，逐渐确立起了国家诚信，建构起“负责任大国”的国际形象。

第一节 诚信为贵，政事之本

古之欲明明德于天下者，先治其国，欲治其国者先齐其家，欲齐其家者先修其身，欲修其身者先正其心，欲正其心者先诚其意，欲诚其意者先致其知，致知在格物。

——《大学》

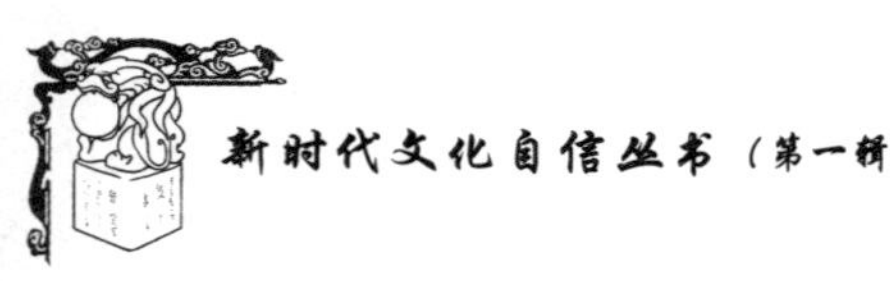

释义

古代那些要想在天下弘扬光明正大品德的人，先要治理好国家；要想治理好国家，先要管理好自己的家庭和家族；要想管理好自己的家庭和家族，先要修养自身的品性；要想修养自身的品性，先要端正自己的心思；要想端正自己的心思，先要使自己的意念真诚，要想使自己的意念真诚，先要使自己获得知识；获得知识的途径在于认识、研究万事万物。

忠信而不谀，谏争而不谄，挢然刚折，端志而无倾侧之心，是案曰是，非案曰非，是事中君之义也。

——《荀子·臣道》

释义

忠诚守信而不阿谀，规劝谏诤而不谄媚，刚强果断，思想端正而没有偏斜不正的念头，对的就说对，错的就说错，这是侍奉君主的合宜原则。

太宗谓封德彝曰：『流水清浊，在其源也。君者政源，人庶犹水，君自为诈，欲臣下行直，是犹源浊而望水清，理不可得。朕常以魏武帝多诡诈，深鄙其为人，如此，岂可堪为教令？』谓上书人曰：『朕欲使大信行于天下，不欲以诈道训俗。卿言虽善，朕所不取也。』

——〔唐〕吴兢《贞观政要·诚信》

释义

唐太宗对封德彝说："流水是清是浊，关键在于源头。君主是施政的源头，臣民就好比流水，如果君主自己欺诈妄为，却要臣下行为正直，那就好比是水源浑浊而希望流水清澈，这是根本办不到的。我常常认为魏武帝曹操言行多诡诈，所以很看不起他的为人，现在如果让我效仿他，这难道是实行政治教化的办法吗？"于是，唐太宗对上书的人说："我要使诚信行于天下，不想用欺诈的手段损坏社会风气。你的话虽然很好，但我不能采纳。"

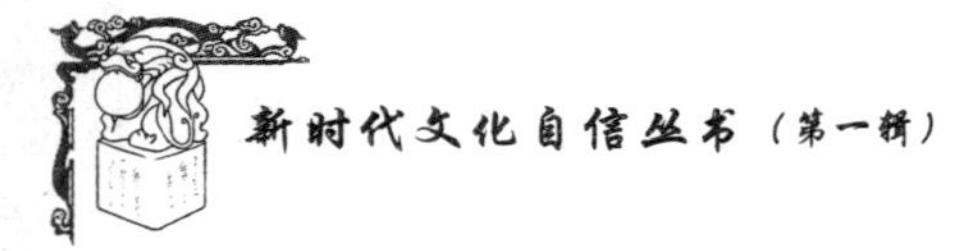

解读

《左传》说："信，国之宝也。"诚信是一个国家的珍宝，对国家的稳定发展、长治久安具有重要的意义。

从历史上看，诚信是国家为政的根本。春秋战国时，商鞅在秦孝公的支持下主持变法。但是，民众对变法持怀疑态度，对变法政策能否成功推行并不乐观。因此，商鞅在颁行具体变法政策之前，先在都城南门外立木为信，宣布将此木搬至北门者可获得重赏。在众人狐疑时，有人完成了任务，商鞅重赏此人。由此，商鞅在民众间建立了政府公信力，最终取得了变法的成功。而周幽王为博取宠妃褒姒的一笑，却上演了一场令人啼笑皆非的"烽火戏诸侯"闹剧，最终落得亡国的下场。一个"立木取信"，一诺千金；一个帝王无信，和臣民玩"狼来了"的游戏。结果前者变法成功，国强势壮；后者自取其辱，身死国亡。可见，诚信对一个国家的兴衰存亡，起着非常重要的作用。

在现代社会，政府诚信更是在社会诚信体系中居于核心地位，起着基础性、决定性作用，对打造诚信社会有着极大的示范作用。古人有言："得民心者得天下，失民心者失天下。"正如上述两则历史故事所示，民心之得失在于政府公信力的强弱。究其原因，政府是国家权力的执行者，是国家和社会稳定运行、繁荣发展的保障者。政府工作必须体现公平、公正、公信的诚信原则，政府工作人员也必须成为全社会诚信执法、诚信行政的表率。一个政府的公信力的高低，不仅影响政府运作的行政效率和行政成本，而且关系整个社会信用体系是否巩固，关系国家事业的兴衰成败。

第二节　躬亲示范，取信于民

子曰：『道千乘之国，敬事而信，节用而爱人，使民以时。』

——《论语·学而》

释义

孔子说："治理一个拥有一千辆兵车的国家，就要严谨认真地办理国家大事并恪守信用，节约财政开支而又爱护人民，征用民力时不要误农时。"

子贡问政。子曰：『足食，足兵，民信之矣。』子贡曰：『必不得已而去，于斯三者何先？』曰：『去兵。』子贡曰：『必不得已而去，于斯二者何先？』曰：『去食。自古皆有死，民无信不立。』

——《论语·颜渊》

释义

子贡问怎样治理国家。孔子说，“粮食充足，军备充实，人民信任统治者。”子贡说：“如果不得不去掉一项，那么在三项中先去掉哪一项呢？”孔子说：“去掉‘军备充实’。”子贡说：“如果不得不再去掉一项，那么剩余的两项中去掉哪一项呢？”孔子说：“去掉‘粮食充足’。自古以来人总是要死亡的，但如果人民对统治者不信任，那么国家就不可能存在。”

人之所好者何也？曰：礼义、辞让、忠信是也。今君人者，辟称比方则欲自并乎汤、武，若其所以统之，则无以异于桀、纣，而求有汤、武之功名，可乎？故凡得胜者必与人也，凡得人者必与道也。道也者何也？曰：礼、让、忠信是也。故自四五万而往者强胜，非众之力也，隆在信矣。自数百里而往者安固，非大之力也，隆在修政矣。

——《荀子·强国》

释义

人们所喜欢的是什么呢？回答说：礼制道义、推辞谦让、忠诚守信便是。现在统治人民的君主，比拟起来，就想把自己和商汤、周武王并列，至于他们统治人民的方法，却和夏桀、商纣没有什么不同，像这样却要求取得商汤、周武王那样的功业名望，可能吗？所以凡是获得胜利的一定是因为依顺了人民，凡是得到人民拥护的一定是因为遵从了正确的政治原则。这正确的政治原则是什么呢？回答说：礼制道义、推辞谦让、忠诚守信便是。所以，拥有的人口在四五万以上的国家，往往能够强大，并不是靠着人口众多，重要的在于信守对人民的承诺。拥有的领土在方圆几百里以上的国家，往往能够安定稳固，并不是靠着国土宽广，重要的在于修明政教。

解读

在诚信社会的建设方面，政府应该率先垂范、以身作则。恪守诚信、一诺千金，政府才有公信力；言必信、行必果，政府才有执行力。如果政府不讲诚信，不仅会损害政府的权威，而且会失去人民群众的信任。正如孔子所说："其身正，不令而行；其身不正，虽令不从。"

其实，在传统社会，儒家一直提倡为政者应躬亲示范、以身作则。自己身正修德，才能要求别人如此，才能让人信服遵从；而如果自己身不正、德不修，别人就不会信服，最终诚信也就不会得到彰显。所以，讲诚信就必须先从自己做起，以自己的道德修养来感化其他人。在《论语》中，孔子屡屡谈及这种责任意识。子路问何为君子，孔子说："修己以敬。"子路问是否止于此，孔子再答："修己以安人。"子路又问是否止于此，孔子最后说："修己以安百姓。修己以安百姓，尧舜其犹病诸?"修己也就是修养内在道德，这是之后的安人、安百姓的前提。换而言之，只有自己做到修养德行，才能让百姓安居乐业。对于儒者来说，自身道德的修养和提升是施政的前提和基础。只有自己做到了诚信，才能取信于民。

在现代社会，诚信社会的建设更是离不开政府的主导。首先，政府应当建立完善的法律法规，通过宣传倡导来凝聚全社会共识、团结全社会力量，引导全民参与、共同建设，才能有效推动全社会的诚信建设。其次，政府还必须率先垂范，严格依照法律法规办事，坚持依法治国、依法执政、依法行政共同推进，坚持法治国家、法治政府、法治社会一体建设。最后，政府人员特别是领导干部要严格依照习近平总书记关于“严以修身、严以用权、严以律己”的指示，慎独慎微、勤于自省，提升道德境界，追求高尚情操，按规则、按制度行使权力，做老实人、说老实话、干老实事。总之，政府是社会的管理者，是社会秩序的维护者，是良好社会道德风尚的促进者。推进精神文明建设，形成良好社会风尚，是政府职责所在。政府有义务引导公民讲诚信，有责任为商业及社会交往活动建立诚信规范。

因此，要想构建一个信用良好、运行有序的社会，具有公权力的部门必须以身作则、躬亲示范，一切制度和规则都要符合诚信的原则，各级人员都要按照诚信的原则和精神来办事，这样才能真正取信于人民，实现国家和社会的长治久安。

第三节 与国信之，信立国强

百里之地，可以取天下，是不虚，其难者在人主之知之也。取天下者，非负其土地而从之之谓也，道足以壹人而已矣。彼其人苟壹，则其土地奚去我而适它？故百里之地，其等位爵服足以容天下之贤士矣，其官职事业足以容天下之能士矣，循其旧法，择其善者而明用之，足以顺服好利之人矣。贤士一焉，能士官焉，好利之人服焉，三者具而天下尽，无有是其外矣。故百里之地足以竭势矣，致忠信，著仁义，足以竭人矣，两者合而天下取。

——《荀子·王霸》

释义

方圆百里的国家可以取得天下，这并不是子虚乌有，它的难处在于君主要懂得其中的道理。所谓取得天下，并不是指其他的国家都带着他们的土地来追随我，而是指治国之道足够使天下的人和我团结一致罢了。别国君主统治下的那些人如果都和我团结一致，那么他们的土地又怎么会离开我而到别的国家去呢？所以尽管只是方圆百里的国家，但它的等级、官位、爵位及其相应的服饰，足够用来赏赐天下的贤德之士了；它的官职和工作，足够用来赏赐给天下的能人了；根据它原有的法度，选择其中好的东西而把它公布实施，也足够用来使贪图财利的人顺服了。贤德之士归附于我，能干的人被我任用了，贪图财利的人顺服了，这三种情况具备，那么天下的人才就全都归我了，没有例外。所以凭借方圆百里的土地，足够获得全部的权势了，做到忠诚守信、彰明仁义，就完全可以招揽所有的人才了，这两者合起来，就足以取得天下。

夫君能尽礼，臣得竭忠，必在于内外无私，上下相信。上不信，则无以使下，下不信，则无以事上，信之为道大矣。昔齐桓公问于管仲曰：『吾欲使酒腐于爵，肉腐于俎，得无害霸乎？』管仲曰：『此极非其善者，然亦无害于霸也。』桓公曰：『如何而害霸乎？』管仲曰：『不能知人，害霸也；知而不能任，害霸也；任而不能信，害霸也；既信而又使小人参之，害霸也。』晋中行穆伯攻鼓，经年而弗能下，馈间伦曰：『鼓之啬夫，间伦知之。请无疲士大夫，而鼓可得。』穆伯不应，左右曰：『不折一戟，不伤一卒，而鼓可得，君

奚为不取？』穆伯曰：『间伦之为人也，佞而不仁，若使间伦下之，吾可以不赏之乎？若赏之，是赏佞人也。佞人得志，是使晋国之士舍仁而为佞。虽得鼓，将何用之？』夫穆伯，列国之大夫，管仲，霸者之良佐，犹能慎于信任、远避佞人也如此，况乎为四海之大君，应千龄之上圣，而可使巍巍至德之盛，将有所间乎？

——〔唐〕吴兢《贞观政要·诚信》

释义

如要君主尊礼，臣下尽忠，就必须内外无私，君臣之间相互信任。君主不信任臣子就无法驱使臣子，臣子不信任君主就不能侍奉君主，所以说相互信任是多么重要啊。过去，齐桓公对管仲说："我想使酒在酒器中变坏，肉在锅中腐烂，这样做对霸业无害吧？"管仲说："这样做不好，但对霸业无害。"齐桓公问："那么什么会有损于霸业呢？"管仲说："不能识别人才有损于霸业，知道是人才而不能恰当地任用有损于霸业，任用了又不肯信任有损于霸业，信任而又让小人掺和有损于霸业。"晋国的中行穆伯攻打鼓这个地方，一年都攻克不下，馈间伦说："鼓这个地方的百姓，我是知道的。不必兴师动众、出兵打仗，我就可以攻下鼓这个地方。"穆伯不理他，左右的官员说："不用一兵一卒，就可以得到鼓，为什么不听馈间伦的意见呢？"穆伯说："馈间伦的为人，奸诈不仁义，如果他夺取了鼓地，我可以不赏赐他吗？如果赏赐了他，就是在赏赐奸邪小人。如果让小人得志，那就是让晋国的人放弃仁义而去做奸邪之事。这样即使得到了鼓地，又有什么用呢？"穆伯，是列国的大夫，管仲，是霸主的得力助手，他们尚且能够如此重视信用、疏远小人，更何况陛下是德冠千古的圣明君主，怎能使巍巍盛德有所损失呢？

贞观十七年，太宗谓侍臣曰：『《传》称「去食存信」，孔子曰：「民无信不立。」昔项羽既入咸阳，已制天下，向能力行仁信，谁夺耶？』房玄龄对曰：『仁、义、礼、智、信，谓之五常，废一不可。能勤行之，甚有裨益。殷纣狎侮五常，武王夺之；项氏以无信为汉高祖所夺。诚如圣旨。』

——〔唐〕吴兢《贞观政要·诚信》

释义

贞观十七年，唐太宗对大臣们说："《左传》上说'宁可不要粮食也要保持百姓对国家的信任'，孔子说：'百姓不信任国家，便不能立国。'从前，楚霸王项羽攻入咸阳，已经控制了天下，如果他能够努力推行仁政，那么谁能和他争夺天下呢？"房玄龄回答说："仁、义、礼、智、信，称为'五常'，废弃任何一项都不行。如果能够认真推行这'五常'，对国家是大有益处的。殷纣王违反'五常'，被周武王灭掉；项羽因为无信，被汉高祖夺了天下。陛下说得对。"

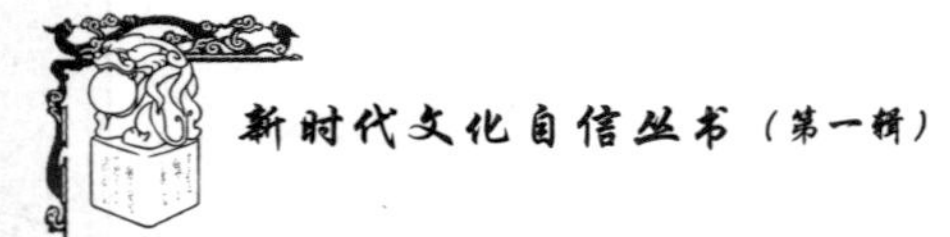

解读

诚信是为政之本、立国之基。一个国家以诚信为本，不仅是取信于人民的重要方式，还是提升国际信誉和国际实力的重要举措。

世界上存在着不同的国家和文明，但有些国家总是试图将本国及其文明置于中心位置，将其他国家和文明视为低级存在，由此而引发了人类历史上的冲突和战争。特别是近代以来，随着工业革命的发展，西方国家宣扬西方文明中心论，这导致的后果就是西方各国视世界其他国家和文明为低级文化的存在，妄图通过殖民的方式征服并统治其他国家。例如，西方列强利用坚船利炮入侵中国，给近代中国带来了深重的灾难。

其实，不管是“华夷之辨”，还是“中西之争”，二者的实质都是相同的。换言之，不管是华夏文明中心论，还是西方文明中心论，都是自我中心主义，其实质都是将自身独立于其他文明之外，忽视自己也是人类文明中的一员，忽视与其他群体、其他文明同存于地球的事实。因此，面对这一幕幕相争的悲剧，我们应该深刻反思，无论是何种文明，都有在世界上独立生存和发展的权利，绝没有任何的中心存在，都是平等而独立地生存在世界上。

其实，各个国家和文明都具有各自的特点和优势，应当相互交流、相互尊重。按照一般的规律，当两大文明相遇时，因各自的特殊性导致的差异必然会存在，而这种差异往往又会导致冲突的发生。但是，当冲突日久，人们也就会发现文明之间虽然不同，但是各有优点，这种文明的优点也就是其存在和发展的理由。当人们互相发现对方优点，并积极地去学习和吸取时，文明之间就自然会形成共存和谐的状态。

在中西文明相遇的早期，两大文明互不了解对方，冲突在所难免。但是，随着清政府的屡屡失败，人们发现了西方文明的优势所在，并逐步开始学习和效仿。这体现在国人对西方武器、工具、制度以及文化的分阶段引进上，而且伴随着每一阶段的失败，国人逐渐认识到西方文明真正的优势。但是，这种学习和效仿存在着一定的盲目性，所以最后有“全盘西化”的极端行为。然而，西方文明也存在着自身的问题，并且越来越严重，第一次世界大战就暴露了其缺点。此时，西方人和国人同时认识到了中华文明的优势，由此中华民族开始独立自主的发展之路。只有到这时，文明间的和谐相处才有了可能性。

其实，发生在中西两大文明之间的这段历程非常具有普遍性。从根本上看，各个文明都具有其特殊性，这种差异并不是冲突和战争发生的理由。相反，正是由于这种特殊性和差异性，世界才会如此多彩。因此，文明之间要在互利互信的基础上，保持各自特殊性以求共同发展，这应该是实现世界和谐的必由之路。

第四节 立信天下，合作共赢

公欲平宋、郑。秋，公及宋公盟于句渎之丘。宋成未可知也，故又会于虚；冬，又会于龟。宋公辞平，故与郑伯盟于武父，遂帅师而伐宋，战焉，宋无信也。君子曰：『苟信不继，盟无益也。《诗》云：「君子屡盟，乱是用长。」无信也。』

——《左传·桓公十二年》

释义

鲁桓公想和宋国、郑国讲和。秋季，鲁桓公和宋庄公在谷丘会盟。由于不知道宋国对议和有无诚意，所以又在虚地会见；冬季，又在龟地会见。宋庄公拒绝议和，所以鲁桓公和郑厉公在武父结盟，结盟后就率领军队进攻宋国，发生这场战争，是因为宋国不讲信用。君子说：“如果一再不讲信用，结盟也没有好处。《诗经》说：‘君子多次结盟，反而使动乱滋长。’就是由于没有信用。”

冬，秦饥，使乞籴于晋，晋人弗与。庆郑曰：『背施，无亲；幸灾，不仁；贪爱，不祥；怒邻，不义。四德皆失，何以守国？』虢射曰：『皮之不存，毛将安傅？』庆郑曰：『弃信、背邻，患孰恤之？无信，患作；失援，必毙。是则然矣。』虢射曰：『无损于怨，而厚于寇，不如勿与。』庆郑曰：『背施、幸灾，民所弃也。近犹仇之，况怨敌乎？』弗听。退曰：『君其悔是哉！』

——《左传·僖公十四年》

释义

冬季，秦国发生饥荒，派人到晋国请求购买粮食，晋国人不给。庆郑说：“背弃恩惠，就没有亲人；幸灾乐祸，就是不仁；贪图所爱惜的东西，就是不祥；使邻国愤怒，就是不义。这四种道德都丢掉了，用什么来保卫国家？”虢射说：“皮已经不存在，毛又将依附在哪里？”庆郑说：“丢弃信用，背弃邻国，灾难发生后谁来周济？没有信用，灾难就会发生；失掉了支援，必定灭亡。这是必然的。”虢射说：“即使给粮食，敌人的怨恨也不会有所减少，反而使敌人增加实力，不如不给。”庆郑说：“背弃恩惠，幸灾乐祸，是百姓所唾弃的。亲近的人还会因此结仇，何况是敌人呢？”晋惠公不听。庆郑退下来说：“国君要后悔的！”

太宗尝谓长孙无忌等曰：『朕即位之初，有上书者非一，或言人主必须威权独任，不得委任群下；或欲耀兵振武，慑服四夷。惟有魏徵劝朕「偃革兴文，布德施惠，中国既安，远人自服」。朕从此语，天下大宁，绝域君长，皆来朝贡，九夷重译，相望于道。凡此等事，皆魏徵之力也。朕任用，岂不得人？』徵拜谢曰：『陛下圣德自天，留心政术。实以庸短，承受不暇，岂有益于圣明？』

——〔唐〕吴兢《贞观政要·诚信》

释义

唐太宗曾经对长孙无忌等大臣说：“我刚刚即位的时候，有许多人上书建议，他们有的要我独揽大权，不要重用臣下；有的要我加强兵力，以威慑四方少数民族使其臣服。只有魏徵劝我‘减少武功，提倡文治，广施道德仁义，只要中原安定了，远方其他地方自然会臣服’。我听从了他的建议，天下终于太平了，边远地区民族的首领都前来朝贡，各个少数民族源源不断地派人前来。这一切都是魏徵的功劳。我难道不是用人有道吗？”魏徵拜谢说：“这是因为陛下圣德，用心政务。我才疏学浅，承受圣意尚且力不从心，怎么会对您有帮助呢？”

解读

无论是个人，还是群体，乃至世界各个文明，都是基于自我意识的主体存在。对于这种主体存在而言，其他外在于自我的存在都是他者。从历史上看，主体自我与他者在很多情况下总是处于彼此对立的状态。其实，追根溯源，这种情况正是来源于二元对立的思维方式，来源于不同文明之间的互不信任。

习近平总书记一再强调世界各国合作共赢的重要性，他说："我们要坚持合作共赢，推动建立以合作共赢为核心的新型国际关系，坚持互利共赢的开放战略，把合作共赢理念体现到政治、经济、安全、文化等对外合作的方方面面。要坚持正确义利观，做到义利兼顾，要讲信义、重情义、扬正义、树道义。要坚持不干涉别国内政原则，坚持尊重各国人民自主选择的发展道路和社会制度，坚持通过对话协商以和平方式解决国家间的分歧和争端，反对动辄诉诸武力或以武力相威胁。"

在这个星球上，各种文明都是平等的存在，共同享有地球的资源，并一起创造人类的历史。在现代社会，科技的进步和经济的发展已经将整个世界连接为一体，"地球村"的概念恰当地描绘了这一景象。不同的人种都生活在同一个星球上；不管是东半球，抑或西半球，都

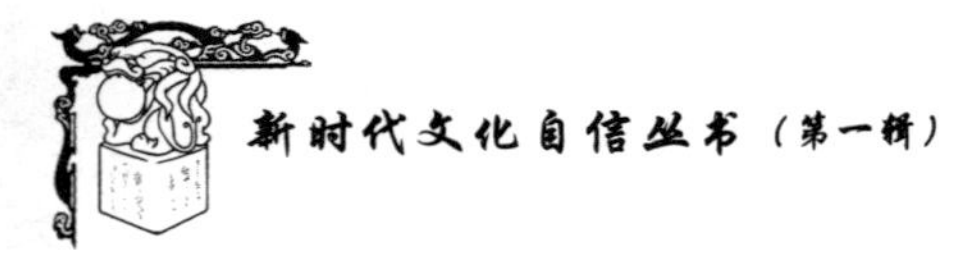

共有同一个生存活动空间。当然，这一共识并非自古有之的，而是人类经过数千年的冲突后达成的。

在这人类共同的空间中，不同文明之间应当互取所长、互补所短，最终融会为一个崭新的文明形态。这是人类文明前进的方向，也是生活在这个生存活动空间的人们的愿景。如今，我们作为世界文明之林的一员，更应当在全球化的过程中展现东方智慧，同时融合西方智慧，创造出新的智慧之境。其间，人无分中外，地无分东西，都属于一个共同的人类群体，都为一个统一的人类文明贡献自己的智慧。

因此，世界上不同国家之间应当互相信任、互相促进。归根结底，世界文明只有类型上的差异，而没有固定的文明中心；人类文化只有特征上的比较，而没有绝对的价值正统。人类诸种文明如同璀璨的星星，交相辉映，一起构成了地球生命智慧的壮阔画卷。各民族的文化仿佛争艳的花卉，缤纷绽放，共同组成了人类文化的美丽花苑。

跋

学者非必为仕，而仕者必如学

古人云："学者非必为仕，而仕者必如学。"在信息化、知识化时代，领导干部加强学习，勤读书、善读书、读好书，特别是多读些国学经典尤为重要。习近平总书记指出，中国传统文化博大精深，学习和掌握其中的各种思想精华，对树立正确的世界观、人生观、价值观很有益处。中华优秀传统文化是中华民族的精神基因，是中华民族生生不息、薪火相传的丰厚养料。建设中华民族共有的精神家园，培育和践行社会主义核心价值观，要从优秀传统文化中汲取精神营养，只有这样才能凝魂聚气，强基固本，不断夯实中国特色社会主义的思想道德基础。

中华优秀传统文化在探索天人之际、古今之变、成人之道的过程中，形成了宝贵的治国理念和崇高的价值追求。比如，天下兴亡、匹夫有责的家国意识，民为邦本、惠民富民的民本思想，经世致用、知行合一的实践理性，民胞物与、泽被万物的人文情怀，穷变通久、与时偕行的创新精神，自强不息、厚德载物的道德追求，富贵不淫、贫贱不移的大丈夫人格……这些治国理念和价值追求是中华民族独特的精神标志，是深厚的文化软实力。学习中华优秀传统文化，可以更加深刻地理解为什么说中国特色社会主义植根于中华优秀传统文化、反映中国人民意愿、适应中

国和时代发展进步要求，从而更加坚定我们的道路自信、理论自信、制度自信、文化自信。

“君子之学也，以美其身。”通过学习来陶冶情操、完善人格，是中华优秀传统文化的一个突出特点。中华优秀传统文化重视通过自省、慎独、改过迁善、养浩然之气等自我修养来提升人生境界，如“吾日三省吾身”“君子慎其独也”“我善养吾浩然之气”等。中华优秀传统文化崇尚推己及人的处世准则，如“己所不欲，勿施于人”“己欲立而立人，己欲达而达人”等。中华优秀传统文化对“国家之败，由官邪也”有深刻的认识，强调为官者要涵育为政之德，如“律己以廉，抚民以仁，存心以公，莅事以勤”“当官之法惟有三事，曰清，曰慎，曰勤”等。总之，学习中华优秀传统文化有助于领导干部滋养心智、砥砺品格、提升能力。

中国的传统文化古籍卷帙浩繁，学习传统文化要取其精华、去其糟粕，做到“博学之，审问之，慎思之，明辨之、笃行之”。要坚持古为今用、推陈出新，加强对中华优秀传统文化的挖掘和阐发，努力实现中华传统美德的创造性转化、创新性发展，把跨越时空、超越国度、富有永恒魅力、具有当代价值的文化精神弘扬起来，把继承优秀传统文化又弘扬时代精神、立足本国又面向世界的当代中国文化创新成果传播出去，做到文化自觉、文化自信、文化自强。

陈宝生

（国家行政学院原党委书记、副院长）

新时代文化自信丛书（第一辑）

崇正义

中国国学文化艺术中心／编
程少华／著

红旗出版社

图书在版编目（CIP）数据

新时代文化自信丛书．第一辑．崇正义 / 中国国学文化艺术中心编；程少华著．-- 北京：红旗出版社，2023.7

ISBN 978-7-5051-5311-0

Ⅰ．①新… Ⅱ．①中… ②程… Ⅲ．①正义—中国—干部教育—学习参考资料 Ⅳ．①D64

中国版本图书馆 CIP 数据核字（2022）第 210762 号

书　　名　新时代文化自信丛书（第一辑）·崇正义
编　　者　中国国学文化艺术中心
著　　者　程少华

责任编辑	吴琴峰	责任印务	金　硕
责任校对	吕丹妮　郑梦袆	装帧设计	大荣原创　顾　页
出版发行	红旗出版社		
地　　址	北京市沙滩北街2号	邮政编码	100727
	杭州市体育场路178号	邮政编码	310039
编 辑 部	0571-85310467	发 行 部	0571-85311330
E - mail	359489398@qq.com		
法律顾问	北京盈科（杭州）律师事务所　钱 航　董 晓		
图文排版	浙江新华图文制作有限公司		
印　　刷	北京画中画印刷有限公司		
开　　本	710 毫米 ×1000 毫米	1/16	
字　　数	165 千字	印　　张	16.5
版　　次	2023 年 7 月第 1 版	印　　次	2023 年 7 月第 1 次印刷
ISBN 978-7-5051-5311-0		定　　价	270.00 元（全六册）

“新时代文化自信丛书”编委会

主　编

李长喜

副主编

张　健　普颖华　滕潇然

编　委

张　磊　刘汉俊　尚　伟

邵文辉　程少华　欧阳晓东

编写说明

中华优秀传统文化绵延不绝，历久弥新，特别是以儒家文化为核心的中国传统哲学，致广大而尽精微，极高明而道中庸，是中国古代学术思想的主流，也是民族文化的精髓。如今，中华优秀传统文化越来越受到人们的重视，日益彰显出魅力和价值。

一个国家的文化自信源自对优秀传统文化的传承。所以，复兴和传承中华优秀传统文化的意义极其巨大，不仅能提升国家文化软实力，也有利于重塑民族道德体系。基于此，“传统文化与中小学生人格培养研究”（教育部规划课题）、“中华优秀传统文化教育研究”和“中华优秀传统文化传承体系构建研究”三大课题合并研究，着手解决学科教育理论和课程构建等核心问题，旨在为中华优秀传统文化的伟大复兴作出积极努力。

作为课题的重要研究成果之一，本丛书系统阐述了传统文化人文精神与当代行政管理的内在有机联系和相互融合，为各级行政机构提升执政思想、强化决策能力、创新执行策略、扩大用人视野、提升人文素养等提供了完整的理论体系和指导，体现了“为人修身、为政以德、为官有法、公正和谐”的新时期执政理念。

因中华传统文化经典卷帙浩繁，且古籍版本流传不一，所以本丛书在引用原文并进行译注时博采众长，参考了中华书局、商务印书馆、上海古籍出版社、岳麓书社等出版社的相关权威版本，并根据标点符号用法的现行规范作了处理。

为了在便于阅读的基础上尽可能地保留古韵，丛书以简体竖排的形式对所引原文进行呈现。同时，我们考虑到汉以前著作的作者和创作年代多不能确考：有的因年代久远而难以考证，如《周易》《左传》等；有的并非一时、一人所作，后经人收集、加工、修改，编纂成册，如《论语》《诗经》等；有的甚至是托名创作的作品，如《管子》《晏子春秋》等。诸如此类，不一而足。为了避免争论，丛书对此作了统一处理，即汉代以前的著作只标出书名，汉代及以后的则标出书名、作者和创作年代。

国家行政学院政治学教研部、教育部规划课题“传统文化与中小学生人格培养研究”等三大课题组、中华传统文化振兴基金会、红旗出版社等对丛书的出版给予了极大的关心和支持，陈宝生、陶西平、滕纯、季明明、郑增仪、曹卫洲、王岳、孙默、曾祥翊、马小强、洪文秋、荣光、李墨卿等多位专家也给予了大力支持，在此一并表示感谢。

中国国学文化艺术中心

总 序

弘扬中华优秀传统文化 进一步坚定中国特色社会主义文化自信

读书学习，是领导干部加强党性修养、坚定理想信念、提升精神境界、涵养高雅情趣的一个重要途径。习近平总书记高度重视领导干部的学习问题，他指出，读书人不一定都要当领导干部，而担任领导职务的干部必须坚持读书学习。他还指出，在大量书籍中，领导干部应当围绕提高思想水平、增强工作能力、完善知识结构、提升精神境界，选择那些与所从事的工作关系密切、自己爱好和有兴趣的书来读，力争在有限的时间内取得最佳的读书效果。就一般情况而言，领导干部普遍应当读下列三个方面的书。第一，当代中国马克思主义理论著作。第二，做好领导工作必需的各种知识书籍。第三，古今中外优秀传统文化书籍。

我们要通过研读优秀传统文化书籍，吸收前人在修身处世、治国理政等方面的智慧和经验，养浩然正气，

塑高尚人格，不断提高人文素质和精神境界。对于先人传承下来的文化，要坚持古为今用、推陈出新，有鉴别地加以对待，有扬弃地予以继承，努力做到创造性转化、创新性发展，进一步坚定中国特色社会主义文化自信。

党的二十大报告指出:“坚持和发展马克思主义，必须同中华优秀传统文化相结合。只有植根本国、本民族历史文化沃土，马克思主义真理之树才能根深叶茂。中华优秀传统文化源远流长、博大精深，是中华文明的智慧结晶，其中蕴含的天下为公、民为邦本、为政以德、革故鼎新、任人唯贤、天人合一、自强不息、厚德载物、讲信修睦、亲仁善邻等，是中国人民在长期生产生活中积累的宇宙观、天下观、社会观、道德观的重要体现，同科学社会主义价值观主张具有高度契合性。我们必须坚定历史自信、文化自信，坚持古为今用、推陈出新，把马克思主义思想精髓同中华优秀传统文化精华贯通起来、同人民群众日用而不觉的共同价值观念融通起来，不断赋予科学理论鲜明的中国特色，不断夯实马克思主义中国化时代化的历史基础和群众基础，让马克思主义在中国牢牢扎根。”

习近平总书记指出:“培育和弘扬社会主义核心价值观必须立足中华优秀传统文化。牢固的核心价值观，都有其固有的根本。抛弃传统、丢掉根本，就等于割断了自己的精神命脉。”他还指出：要认真汲取中华优秀传统文化的思想精华和道德精髓，大力弘扬以爱国主义为核心的民族精神和以改革创新为核心的时代精神，深入挖掘和阐发中华优秀传统文化讲仁爱、重民本、守诚信、崇正义、尚和合、求大同的时代价值，使中华优秀传统文化成为涵养社会主义核心价值观的重要源泉。

根据党的二十大精神以及习近平总书记的重要讲话精神，中国国学文化艺术中心组织编著了“新时代文化自信丛书”，选取经典文献的原文以及名言警句等，用通俗易懂的语言将其译成白话文，对有关的背景和典故进行解释；联系实际，古为今用，以古鉴今，深入挖掘和阐发其对于解决当前问题的时代价值和现实意义，着力论述其对于培育和践行社会主义核心价值观的借鉴意义和精神力量。

我们力求使这套丛书成为各级党政干部和有自学阅读能力的人们愿意读、读得懂、易践行的通俗读物，对坚持社会主义核心价值体系起到积极的长效作用，也企盼读者提出宝贵意见。

李长喜

（中共中央宣传部原副秘书长）

目录

第一章 国家治理：天下有义则治，无义则乱

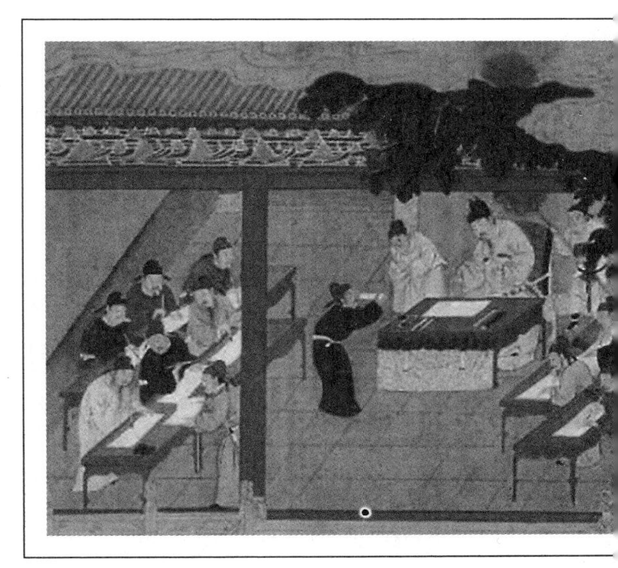

“义者，正也。”现在所说的“正义”，在古代单用一个“义”字。“义”的繁体字是“義”。《说文解字》：“义，己之威仪也。从我、羊。”“我”的甲骨文像一种有利齿的武器，象征战斗；“羊”在字形上左右对称，象征公平，且羊为祭牲，也象征信仰；“我”把“羊”举在头顶，意即为了公平和信仰而奋斗。在不同的历史时期，“义”的字形虽有所变化，其公平、正直的核心意思却从未改变。只有实行义政，坚持公正廉明，才能为经济社会发展提供坚强有力的政治保证。

本章站在国家治理的角度，分为“王义”“公义”和“廉义”三个部分，通过对经典名句的研究和解读，感受治国理政层面义文化的无穷魅力。“王义”一节着重研习治国安邦思想，领悟德刑并施、王霸杂用的知义善政；“公义”一节着重研习公正思想，领悟国耳忘家、公耳忘私、天下为公的正直无私；“廉义”一节着重研习廉政思想，领悟一身正气、两袖清风、脂膏不润的廉洁清正。

第一节　王义：是以知义之为善政也

以正治国，以奇用兵，以无事取天下。

——《老子·第五十七章》

释义

以无为的公正之道治理国家，用奇谋巧计领兵作战，凭不生事扰民的无为之治来安定天下。

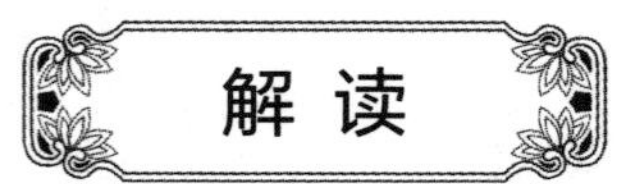

解读

在自然无为思想的基础上，道家学派创始人老子提出无为而治理念和依道治国方略。无为而治思想主要包括清静之治、自然之治、柔弱之治和爱民之治等，其基本理念是把握好行政管理的度，尽量减少不必要、不适当的干预。“以无事取天下”，亦即无为而治，并非禁绝一切管理行为，只是禁止“逆其自然”的过度干涉。在老子看来，要坚持“以正治国”，而不能采取骗术、奇术、诈术等手段来治理国家；管理者既不能随心所欲地乱为，也不能脱离实际地妄为，顺其自然而为才能赢得百姓的拥护和支持；用领兵打仗的诡道来治国是不行的，而用治国的正道来领兵打仗也不一定行得通。“以正治国”的施政理念和哲学智慧，对后世治国安邦实践影响较大，对现代行政管理和社会管理仍具有指导意义。

为政以德，譬如北辰，居其所而众星共之。

——《论语·为政》

释义

当政者以德义治理国家，就像北极星一样安居其位，而群星井然有序地环绕着它。

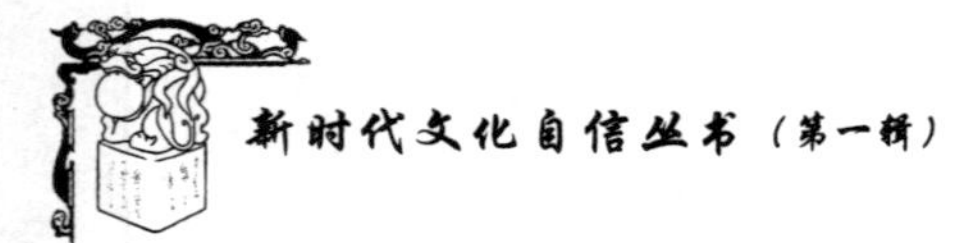

解读

传说五帝时期讲“德治”，西周初年崇尚“以德配天，敬德保民，明德慎罚”。“至圣先师”孔子继承和发展了这些理念，倡导以德治国，构建了系统全面的治国理政思想体系。“为政以德”思想主要有以下内容：一是以德居位，无德不贵，统治者的道德必须高尚，否则就不能居于高位；二是君宜公举，统治者必须言行得体，得到人民的认可和推举；三是臣可废君，如果统治者不遵守道义原则，臣民有权起来反抗，甚至推翻君王的统治。对于春秋时期的诸侯混战，孔子认为是“礼乐崩坏，天下无道”的结果。为了变“天下无道”为“天下有道”，孔子离开鲁国，带着众弟子周游列国十四年，到过卫、曹、宋、郑、陈、蔡、楚等国，拜见过大小封君七十余人，推行“为政以德”的政治主张。可是，在那战火纷飞的时代，孔子关于恢复周朝初年礼乐制度的愿望始终没有实现。

无偏无陂，遵王之义；无有作好，遵王之道；无有作恶，遵王之路。

——《尚书·洪范》

释义

治国理政不得偏私，而应遵循圣王的法度；不得只注重个人偏好，而应遵循圣王的正道；不得为非作恶，而应遵循圣王的正途。

解读

王之义、王之道、王之路，即圣王之义、圣王之道、圣王之路，三者意思相同，指的是古代圣明君王以公正治天下、待百姓的执政方法。商朝最后一位君主纣王帝辛暴虐无道，整天饮酒作乐而不理朝政。纣王的叔父箕子见此便苦心谏阻，反被纣王囚禁起来。武王伐纣时，箕子趁乱逃往箕山隐居。周朝建立后，周武王姬发求贤若渴，造访隐居山中的箕子，向箕子请教治国之法。箕子说了上面的话，建议走“无偏无陂”的公平中正之路，推行有利于天下长治久安的王义。紧接着这段话，箕子说：“无偏无党，王道荡荡；无党无偏，王道平平；无反无侧，王道正直。”意思是说，不偏私不结党，圣王之道浩浩荡荡；不结党不偏私，圣王之道平平坦坦；不反常不欹侧，圣王之道公正刚直。

故义胜欲则昌，欲胜义则亡。

——《六韬·明传》

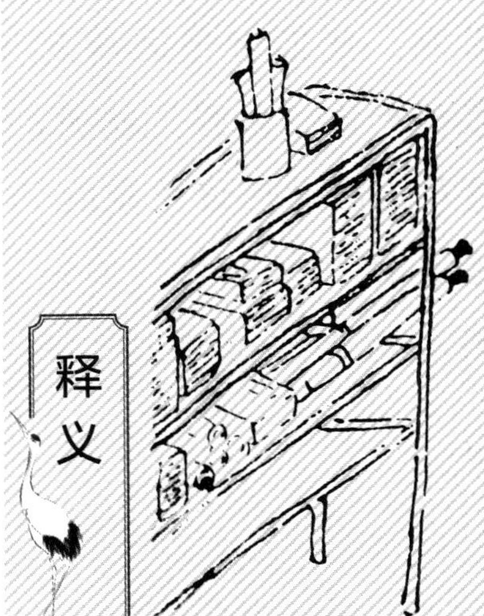

释义

所以，君王心中的道义超过私欲，国家就会昌盛；私欲超过道义，国家就会灭亡。

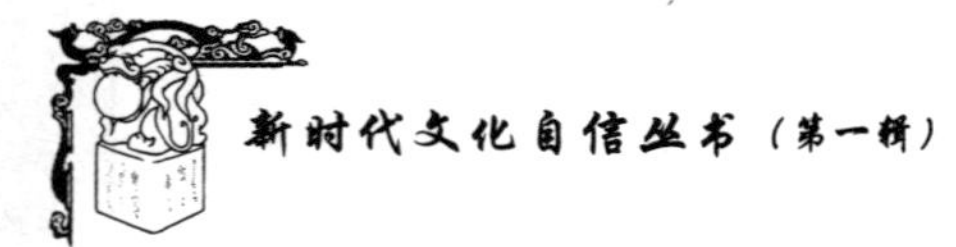

解读

周文王姬昌卧病在床，召见姜子牙，姬发（即后来灭亡商朝的周武王）也在床边。周文王对姜子牙说："天将弃予，周之社稷将以属汝。今予欲师至道之言，以明传之子孙。"姜子牙问："王何所问？"周文王说："先圣之道，其所止，其所起，可得闻乎？"于是，姜太公从正反两方面阐述了延续国祚、传之子孙的要道。"见善而怠，时至而疑，知非而处，此三者道之所止也。"意思是说，见到善事却懈怠不做，时机来临却迟疑不决，知道错误却漠然置之，这三种情况是圣王明君治国时应该废止的。"柔而静，恭而敬，强而弱，忍而刚，此四者道之所起也。"意思是说，柔和而清静，谦恭而严肃，能强又能弱，隐忍又刚强，这四种品质是圣王明君治国时应该主张的。在此基础上，他提出"义胜欲则昌，欲胜义则亡"的论断。这是姜太公在仔细研究此前各朝历史的基础上总结出来的颠扑不破的真理。

然义政将奈何哉？子墨子言曰：处大国不攻小国，处大家不篡小家，强者不劫弱，贵者不傲贱，多诈者不欺愚。

——《墨子·天志》

释义

那么义政应该怎么做呢？墨子说：居于大国地位的不攻打小国，居于大家族地位的不夺取小家族，强大的人不掠夺弱小的人，富贵的人不傲视卑贱的人，狡诈的人不欺骗愚笨的人。

解读

“十论”被公认为墨子义政思想的核心，即尚贤、尚同、兼爱、非攻、节用、节葬、天志、明鬼、非乐、非命。细读《墨子》，不难发现，“义”是“十论”的中心，“十论”是围绕“义”而展开的，“十论”可以说是“为义”要做的十件事情。墨子一生倾力倡导并付诸实施的“义”，本质上是“农与工肆之人”等下层劳动者的基本利益。尚贤，指的是尊贤用能。尚同，即“上同”，指下级的思想和行动统一于上级，最终统一于“天”。兼爱，即爱利万民，是墨子“用义为政于国”思想在民生方面的体现。非攻，是针对当时诸侯国之间的战争而倡议的反战理论和措施。节用、节葬、非乐，是为了让百姓饥得食、寒得衣、安宁无忧，是在物质、经济和生活方面提出的主张。天志、明鬼、非命，是为推行“义事”而在宗教信仰方面奉行的立场。天志，即“义自天出”，强调“天”是不可怀疑的权威。明鬼，是宣扬人世间有鬼神监督，警诫世人不要做坏事。儒家主张“死生有命，富贵在天”，而墨子认为，儒家“有命说”否认改变百姓命运，有悖于“义”，强调“为义”必定“非命”。《墨子》中也有类似的阐述：“曰：义正者，何若？曰：大不攻小也，强不侮弱也，众不贼寡也，诈不欺愚也，贵不傲贱也，富不骄贫也，壮不夺老也。”

政者，正也。子帅以正，孰敢不正？

——《论语·颜渊》

释义

“政”字的意思就是端正。您带头端正，谁敢不端正呢？

解读

春秋时期，鲁国大夫季康子问孔子如何治理国家，孔子以上面的话作答。孔子用字的本意来解读“政”，认为“政”就是“正”，告诫执政者首先自己要端正，起到表率作用。儒家以推行王义的强烈社会责任感，倡导实现“大道之行也，天下为公”的政治理想。王义，是以圣王为标杆的德治思想，强调统治者对于民众的率先垂范作用，认为为政者应正人先正己，力求自省、自律和自警，善于以自身的行为去教育和感化百姓。东汉许慎在《说文解字》中对“政”的解释直接沿用孔子的说法：“政，正也。”稍晚于许慎的刘熙在《释名》中亦取此说，并作了进一步补充：“政，正也，下所取正也。”

第二节 公义：私义行则乱，公义行则治

知常容，容乃公，公乃全，全乃天，天乃道，道乃久，没身不殆。

——《老子·第十六章》

释义

认识普遍的规律就能包容，包容就能做到公正无私，做到公正无私就能处事周全，处事周全就能遵循天理，遵循天理就能符合道，符合道就能长久存在，终生没有危险。

解读

“无为而治”思想要求依道治国，把道作为治国的理论依据和指导思想。老子认为，公平正义、包容一切，是道的品质；为政者应做到客观公正、一视同仁；对于社会上不公正的现象，要“挫其锐，解其纷；和其光，同其尘”；对待百姓，应“不可得而亲，不可得而疏；不可得而利，不可得而害；不可得而贵，不可得而贱”，要像“天之道”那样“损有余而补不足”。老子说：“能辅万物之自然，而弗敢为。”此句中，“万物”在治国理政的语境中可以理解为“万民”之意，“为”指的是违逆人民意愿的强行宰制或对民众事务的不必要干预。老子主张依据民众的自然本性和愿望要求加以引导，不能过度干涉或越俎代庖。汉初、唐初把依道治国作为执政思想，均取得显著成效，出现了“文景之治”和“贞观之治”那样国泰民安的局面。

公生明，偏生暗。

——《荀子·不苟》

释义

为人公正才能明断是非，而处事偏私必然昏庸愚昧。

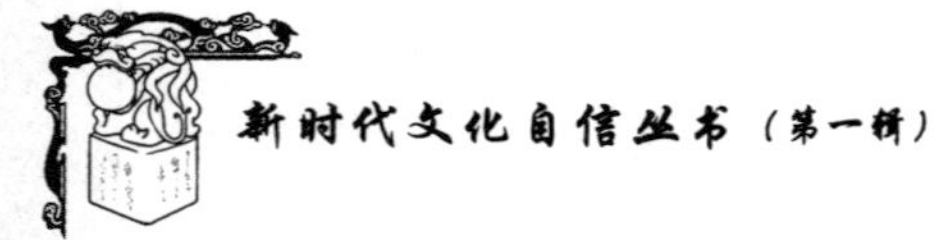

解读

崇公抑私是中华文化的主流价值取向，“公生明，偏生暗”是这一导向的生动体现。与荀子一样，历朝思想家几乎众口一词，推重公义而批判私义，认为公私之异是区分圣王和暴君、君子和小人的标准。河南省内乡县县衙始建于元成宗大德八年（1304），有“天下第一衙”之称，至今保存完好。在县衙大堂前，矗立着一座三门四柱的石质牌坊，是官箴建筑戒石铭，也就是戒石坊。这个戒石坊坊面刻有官场箴规，南刻“公生明”三个大字，北刻“尔俸尔禄，民膏民脂，下民易虐，上天难欺”铭文，以警诫官吏要秉公办事，若徇私枉法，将天理不容。

昔先圣王之治天下也，必先公，公则天下平矣。平得于公。

——《吕氏春秋·贵公》

释义

从前，圣明之王治理天下，一定要先做到公正无私，公正无私就会天下太平。天下太平就是从公正无私中得到的。

解读

《吕氏春秋·贵公》举了管仲没有向齐桓公推荐自己的至交鲍叔牙任宰相的事例来证明“贵公”的重要性，认为理想中的执政者应以天下为己任、以公平为准则。这段话的主张可以简单概括为“公天下”，意在表明“公”的含义是为政者要以国家和人民的利益为念，在履行公职的过程中排除一切私心；如果统治者没有朋党、没有偏私，治理天下的道路就是正直通畅的。“公则天下平”和“平得于公”，是从历史的经验和教训中总结出来的金科玉律。这段话的后面写道：“尝试观于上志，有得天下者众矣，其得之以公，其失之必以偏。”意思是说，（我）曾经试着查阅古代典籍，发现赢得天下的人很多，他们赢得天下是凭借公正，他们丧失天下必定是因为偏私。

不患寡而患不均，不患贫而患不安。

——《论语·季氏》

释义

不担忧财富少而担忧分配不均匀，不担忧人民贫困而担忧社会不安定。

解读

在儒家等级观念的影响下，传统社会呈现出一种讲究上下、亲疏、远近的差序格局。但是，这并不代表儒家不主张社会公平正义，恰恰相反，“不患寡而患不均”的思想对后世影响很大，历来得到执政者的高度重视，也在老百姓的头脑中根深蒂固。普通民众对“朱门酒肉臭，路有冻死骨”的贫富悬殊现象深恶痛绝，认为如此“不均”比“寡”更不可饶恕。朱熹对“不患寡而患不均，不患贫而患不安”的解释是:“均，谓各得其分；安，谓上下相安。”以此说明孔子提倡的“均”是“各得其分”，是每个人在公平公正的分配制度下获取应得的份额，而不是简单的平均、绝对的平均，也不是所有人都拿一样多的平均主义，不是吃大锅饭。

有能则举之，无能则下之，举公义，辟私怨，此若言之谓也。

——《墨子·尚贤》

释义

有才能的人就应任用他，没有才能的人则要将其罢黜，要举荐那些公正无私的人，远离那些为了私利而心怀怨恨的人，说的就是这个意思。

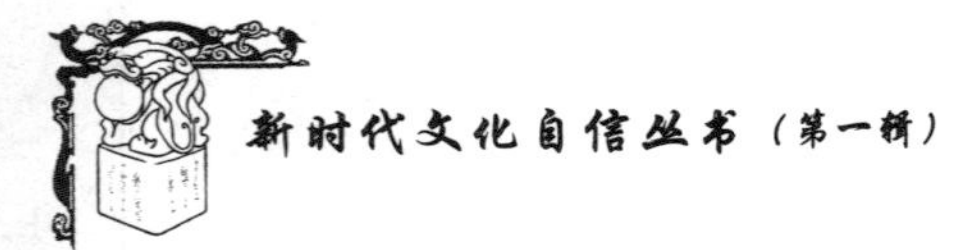

解读

春秋战国时期实行“亲亲尊尊”的宗法等级制度，下层百姓很少有参政机会。墨子出身于农民家庭，少年时代当过牧童，做过木工，并接受了一定的文化教育，曾担任宋国大夫。他同情“农与工肆之人”，提出“官无常贵而民无常贱”的平等观。他坚持尚贤思想，主张打破贵族对官职的垄断，只要是有学识、有品德的人，统治者就应不分贫富、贵贱、亲疏和远近而加以任用，使其获得相应的社会地位与物质财富。他认为，“义”以“天志”为准则，“天”不辨贫富、贵贱、亲疏和远近；一个人如果有贤德和能力，就应该被推举任用，否则就应该“抑而废之”。墨子提倡公平、公正、公开的用人观，呼吁统治者对德才兼备的人要心怀公平，强调“尊尚贤而任使能，不党父兄，不偏富贵，不嬖颜色”，应从下层百姓中选拔“兼士”或“贤良之士”来治理国家，发出反对任人唯亲、倡导任人唯贤的呼声。

天下非一人之天下也，天下之天下也。

——《吕氏春秋·贵公》

释义

天下不是一个人的天下，而是天下人的天下。

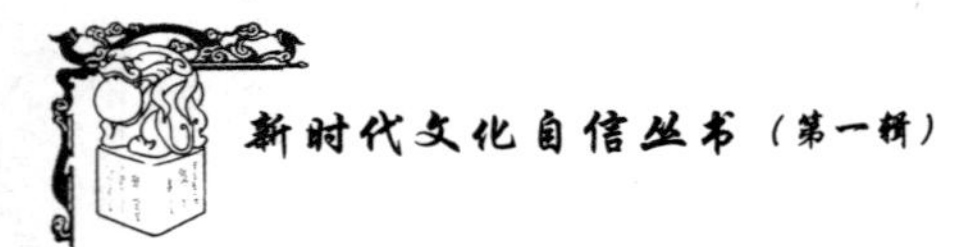

解读

《吕氏春秋》认为，公平公正是自然界的普遍规律，从天子到各级官员都应效法自然界。《吕氏春秋·去私》："天无私覆也，地无私载也，日月无私烛也，四时无私行也。行其德而万物得遂长焉。"《吕氏春秋·贵公》："阴阳之和，不长一类；甘露时雨，不私一物；万民之主，不阿一人。"也就是说，世界在运行的过程中，无一例外地滋养着地球上的万物，体现了公正无私的特点；统治者不能把天下据为己有，而应学习和弘扬天地日月的无私品格，真正做到洁己从公、大公至正。《吕氏春秋》专设《贵公》篇和《去私》篇，主张为官者应贵公去私、大公无私，对后世公私观和义利观产生了深远的影响。

大道之行也，天下为公。

——《礼记·礼运》

释义

在大道施行的时候，天下是人民所共有的。

解读

有一次，孔子参加完蜡祭仪式，出来后“喟然而叹”，弟子子游问老师为什么叹气，孔子便论述了礼的起源、运行和作用，这反映了儒家思想的政治观和历史观。“大道之行也，天下为公”这一段，详细描绘了“天下大同”的政治理想。几千年来，天下为公和大同社会一直是中华民族孜孜以求的理想目标。“公天下”思想寄托了古人关于国家观和政体观的美好政治理想，与现代民主理念有相通之处，直接启发了中国近代民主启蒙思潮。康有为、孙中山等人将此作为追求，并以此号召和鼓舞人民群众。孙中山在孔子思想的基础上提出“大同世界”的构想，将其作为“三民主义”中“民权”的核心要义，决心把各民族集合成“中华一族”，以实现中华民族的大统一和大团结。

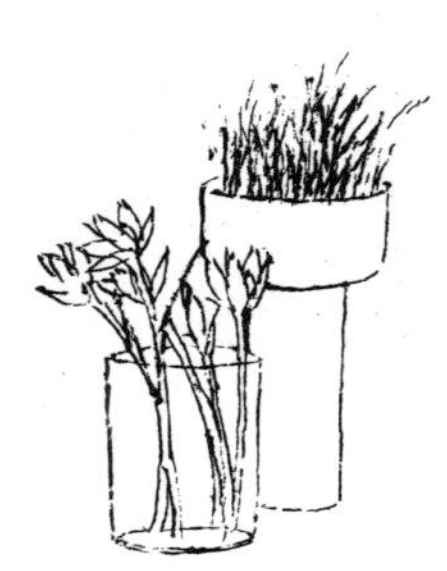

公正无私，一言而万民齐。

——〔西汉〕刘安《淮南子·修务训》

释义

统治者如果公正无私，那么他的一句话就会让千千万万的百姓赞同与拥护。

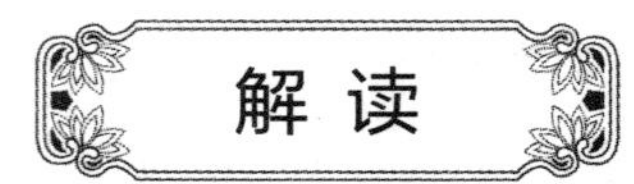

解读

《淮南子·主术训》说："法生于义，义生于众适，众适合于人心，此治之要也。"意思是说，法律产生于公平正义，公平正义产生于民众需求，民众需求符合人心，这是国家治理的要义。《淮南子·主术训》提出"处静持中"的主张。处静，是指内心保持虚静状态，不受私欲影响；持中，是指要持守中道、追求公正。《淮南子·主术训》还说："不偏一曲，不党一事，是以中立而遍，运照海内。群臣公正，莫敢为邪。"从以上这些论述和观点可以看出，公正无私是一种至关重要的政治道德和政治品质，也是对执政者和司法者的基本要求；只要始终坚持"公正无私"和"处静持中"，就会受到群众的爱戴，达到"一言而万民齐"的效果。

第三节 廉义：不义而富且贵，于我如浮云

水一则人心正，水清则民心易。一则欲不污，民心易则行无邪。

——《管子·水地》

释义

水若纯一不杂则人心端正，水若清明澄净则民心平易。人心端正了，人们就不会有污浊的欲望；民心平易了，人们就不会有邪恶的行为。

解读

管仲把“廉”视作治国“四维”之一，认为廉洁奉公是为官从政的重要原则。管仲提倡清廉政治，与他以清正纯洁为美的理念有关。他喜欢水和玉，认为不管是水的“淖弱以清”和“至平而止”，还是玉的“廉而不刿”和“鲜而不垢”，两者都具有清润、纯洁的共同美质。这种美质和人的品行联系起来，就表现为民众的心灵像水一样清澈见底，不会萌发邪恶念头；这种美质和执政理念联系起来，就表现为官吏的清廉像玉一样洁白无瑕，不会出现贪赃枉法的现象。管仲一生清正廉洁，选人用人出于公心。有一次，他被从鲁国押解回齐国。路过边境的时候，一个小官恭敬地献上酒食后向管仲索要官位。管仲问他有什么特长，他说没有，管仲呵斥道：“我将来如果能做官，也是为国求才，像你这种投机钻营之人，我一定不会用你！”

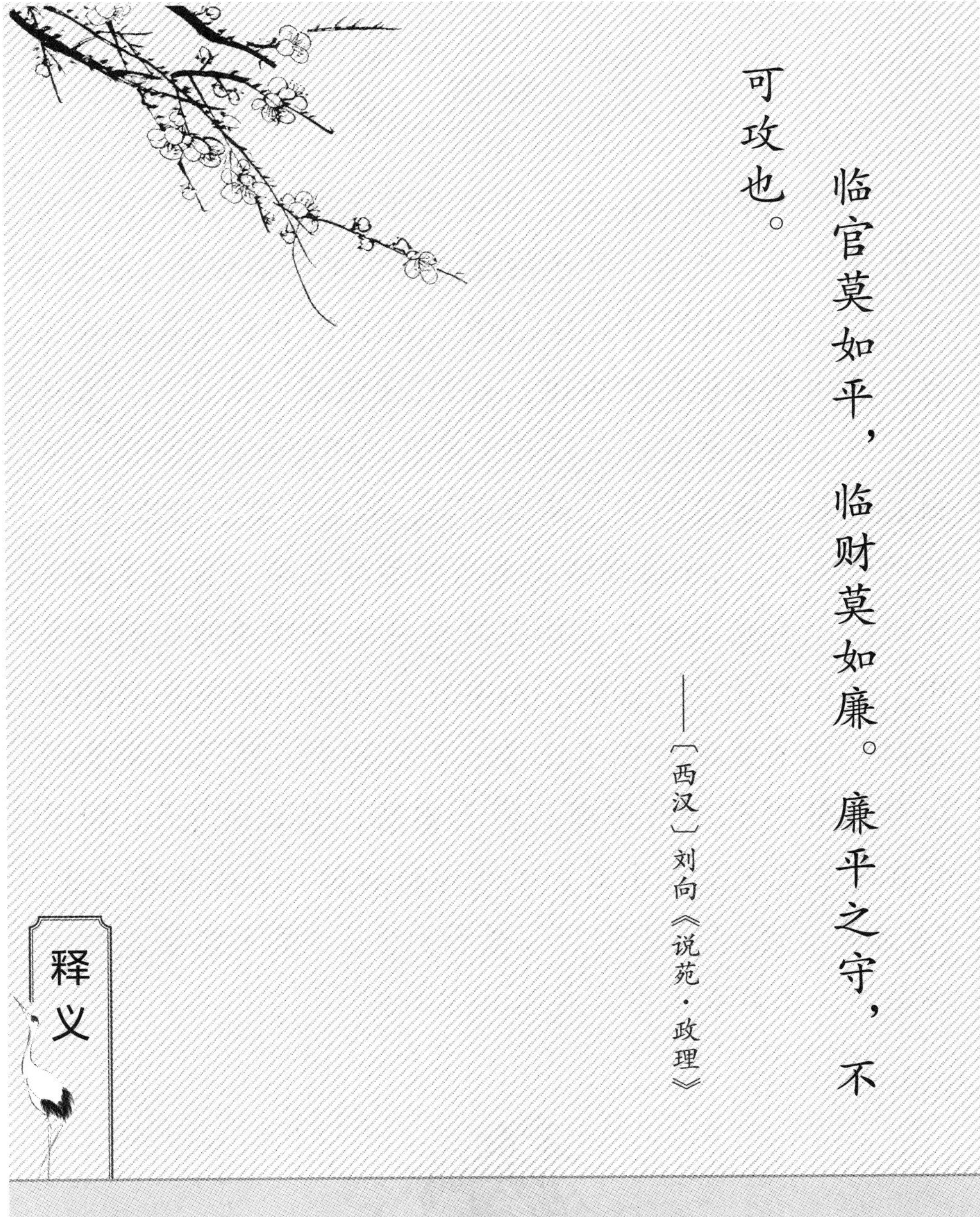

临官莫如平，临财莫如廉。廉平之守，不可攻也。

——〔西汉〕刘向《说苑·政理》

释义

做官时，没有什么比公平端正更得民心；面对钱财时，没有什么比廉洁不贪更为可贵。拥有廉洁公平的操守，就不会被腐蚀。

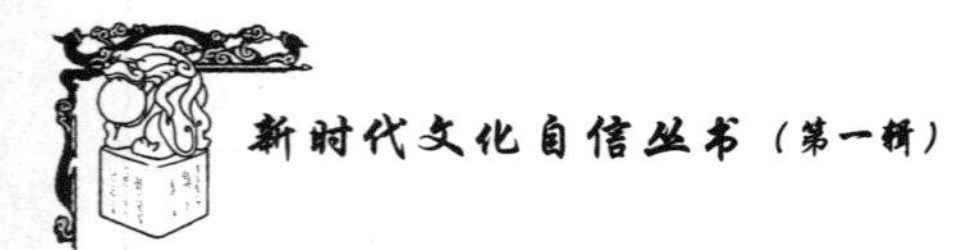

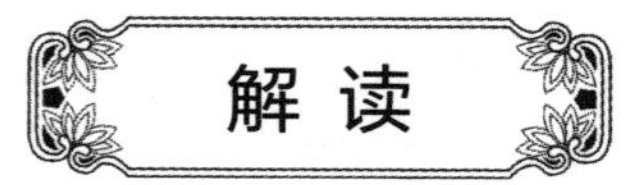

解读

这是刘向记载的孔子告诫弟子子贡的话，表明了孔子的廉政观。当然，孔子的廉政思想更多体现在《论语》中。《论语》用不少篇幅记述了孔子关于崇廉弃腐的观点，在本节前面已有引述。再如，《论语·里仁》：“富与贵，是人之所欲也，不以其道得之，不处也。”《论语·尧曰》：“君子惠而不费，劳而不怨，欲而不贪，泰而不骄，威而不猛。”孔子提倡清正廉洁的为官之道，自己不仅这么说，也是这么做的。他在短暂且断断续续的从政生涯中，无论担任什么官职、从事什么工作，都能做到公私分明、廉洁清明。在《论语·子罕》中，孔子的得意门生颜回赞叹孔子的道理“仰之弥高，钻之弥坚”。司马迁在《史记·孔子世家》中这样表示对孔子的钦慕之情：“《诗》有之：‘高山仰止，景行行止。’虽不能至，然心乡往之。余读孔氏书，想见其为人。”

其行水也。美哉水乎清清！其浊无不雩途，其清无不洒除。是以长久也。

——《晏子春秋·内篇问下》

释义

施政者的行为要像水一样。清洁的流水是如此美好！如果水是浑浊的，就会把流过的地方全部污染；如果水是清洁的，就会把污浊的东西全部清除。这么做，政权就会长久地存续。

解读

雩，原为古代求雨的祭礼，此处同“污”。春秋时期，晏婴辅佐齐灵公、齐庄公、齐景公三朝，历时四十余年，从不接受礼物，大到赏邑、住房，小到车马、衣物，都一一辞绝。有一次，齐景公问晏婴：“廉政而长久，其行何也?”意思是，要想做到政治廉洁并长久，君主的行为应该是什么样子的。晏子以上面这段话作答。晏婴晚年退休，请求齐景公把自己为相的食邑俸禄交还国家，齐景公不答应，说：“自吾先君定公至今，用世多矣，齐大夫未有老辞邑者矣。今夫子独辞之，是毁国之故、弃寡人也。不可。”晏婴说：“德厚而受禄，德薄则辞禄。德厚受禄，所以明上矣；德薄辞禄，可以洁下矣。婴老，德薄无能，而厚受禄，是掩上之明，污下之行。不可。”最后，晏婴坚持交出了俸禄。司马迁在《史记·管晏列传》中写道：“假令晏子而在，余虽为之执鞭，所忻慕焉。”孔子对晏婴也赞赏有加：“救民之姓而不夸，行补三君而不有，晏子果君子也。”

廉者，政之本也，民之惠也；贪者，政之腐也，民之贼也。

——《晏子春秋·内篇杂下》

释义

廉洁，是从政的根本，可以给民众带来恩惠；贪污，是政治上的腐败，是掠夺民众的盗贼。

解读

春秋时期，晏婴就已提出“廉政”概念，倡导以廉治国，并以实际行动实现了“行廉不为苟得，道义不为苟合”的承诺。他辅佐齐国三公，为相多年，却一直过着朴素的生活。据相关记载，他穿的是粗布衣服，一件皮袄穿了三十多年；吃的是糙米饭，正餐仅有一样肉食；住的房子低矮狭窄，靠近喧闹嘈杂的市场；乘坐的是劣马拉的破车。齐景公想将女儿许配给他，有人劝他另纳妾室，有个女子因报恩而愿以身相许，晏婴均婉言谢绝，仍与老妻相伴。晏婴的父亲贵为大夫，去世时却没得到厚葬，晏婴身穿粗麻丧服，头上腰间系着麻布带子，手拿竹杖，脚穿草鞋，住在草棚里，睡在草苫子上。齐景公听说后愧疚地说：“晏子之家，若是其贫也！寡人不知，是寡人之过也。”齐景公派人给晏婴送钱。使者去了三次，都被晏婴拒绝。晏婴解释道：“婴之家不贫，以君之赐，泽覆三族，延及交游，以振百姓，君之赐也厚矣，婴之家不贫也。婴闻之，夫厚取之君，而施之民，是臣代君君民也，忠臣不为也；厚取之君，而不施于民，是为筐箧之藏也，仁人不为也；进取于君，退得罪于士，身死而财迁于它人，是为宰藏也，智者不为也。”晏婴无论如何也不肯接受赏赐，齐景公只好作罢。

以听官府之六计，弊群吏之治：一曰廉善，二曰廉能，三曰廉敬，四曰廉正，五曰廉法，六曰廉辨。

——《周礼·小宰》

释义

用治理官府的六项标准来判断众多官吏的政绩：一是廉洁并且善于办事，二是廉洁并且能推行政令，三是廉洁并且勤勉敬业，四是廉洁并且公正无私，五是廉洁并且秉公执法，六是廉洁并且明辨是非。

解读

《周礼》又名《周官》，较为全面系统地记载了先秦时期的政治、经济、文化、风俗、礼法等制度，体大思精，磅礴恢宏，是儒家十三经之一，与《仪礼》《礼记》合称“三礼”。古代君王为了维护和巩固统治地位，非常注重廉政制度建设，视“廉”为考核之要和执政之根。西周时期，国家职能逐步完备，有了这个考核官吏的“六廉”标准。从此以后，各个朝代都有一套考核官吏政绩、评判官吏清廉的制度。这段话的意思是说，应按照“六计”即六个方面的标准来考核官吏，“既断以六事，又以廉为本”；六项标准前均冠以“廉”字，可见“廉”在官德中居于首位，是对为政者最基本、最重要的道德要求。官吏不符合“六计”标准，就过不了政绩考核这一关，就没有立足之地和发展前途，甚至要受到惩处。应该说，这是较为成熟的廉政制度设计。

一丝一粒，我之名节；一厘一毫，民之脂膏。宽一分，民受赐不止一分；取一文，我为人不值一文。谁云交际之常，廉耻实伤；倘非不义之财，此物何来？

——〔清〕张伯行《禁止馈送檄》

释义

一根丝一粒米虽然很小，却关系到我的名声和节操；一厘钱一毫钱虽然很少，却是人民的劳动果实。对百姓宽和一分，百姓所得就不止一分；向百姓多索取一文钱，我的为人就连一文钱都不值。谁说人际交往是人之常情，收受馈赠实在损害了我的清廉之心；如果不是不义之财，这些财物是从哪里来的呢？

解读

清圣祖康熙四十二年（1703），张伯行被授为山东济宁道。适逢灾荒之年，他设法从家乡运来钱和粮食，并赶制棉衣，用来解救百姓。康熙命令各地救济灾民，张伯行便拿出仓谷两万两千多石赈济灾民。张伯行的雷厉风行却被山东布政使指责为独断专行，并要上疏弹劾。张伯行分辩道："皇上如此重视民间疾苦，应该以仓谷为重，还是以人命为重？"布政使无言以对。为此，康熙专门赐予张伯行"布泽安流"的匾额。后来，康熙南巡时见到张伯行，说："我很早就了解你，我来推荐你。如果你将来做官做得很好，天下都会认为我是知人善任的。"张伯行在福建巡抚任上，为了拒绝送礼者而撰写《禁止馈送檄》，并张贴于居所院门及巡抚衙门。这篇檄文共五十六个字，用了八个"一"字，表明关心百姓疾苦、注重个人名节、厌恨送礼行贿的立场。这篇檄文不胫而走、广为传诵，被视作为政清廉的"金绳铁矩"。后人曾经为他写过一副对联："只饮江南一杯水，四海清官数伯行。"康熙称赞张伯行为"天下第一清官"。

铁面无私丹心忠，做官最怕叨念功。操劳本是分内事，拒礼为开廉洁风。

——〔北宋〕包拯《拒寿礼》

释义

公正严明，怀着一片忠诚之心，为官最不应该显摆自己的功劳。辛勤工作本来就是职责范围内的事，拒收皇上送来的寿礼为的是开创廉洁奉公的风气。

解读

包拯六十大寿时，宋仁宗念他劳苦功高，决定为他做寿。包拯推辞不过，只好从命，但吩咐儿子包贵在门口拒礼，如有人执意要送，必须写明送礼的理由，并立即禀告他。谁知第一个送礼的竟然是宋仁宗派来的太监，包贵让他写明理由，老太监写诗一首："德高望重一品卿，日夜操劳似魏徵。今日皇上把礼送，拒之门外理不通。"包拯看后，在太监的诗下面回了这首《拒寿礼》。太监只好捧着寿礼回去。包拯生前曾立下家训："后世子孙仕宦，有犯赃滥者，不得放归本家；亡殁之后，不得葬于大茔之中。不从吾志，非吾子孙。"包拯在这个三十七字家训的后面落款："仰珙刊石，竖于堂屋东壁，以诏后世。"（珙：包珙，包拯的儿子。）这个十四字的落款意在嘱咐包珙将家训刻在石碑上，用来警示子孙后代。这条家训为包氏后人累出清官奠定了基础。

清风两袖朝天去，不带江南一寸棉。惭愧士民相饯送，马前洒泪注如泉。

——〔明〕况钟《拒礼诗》

释义

我为官一身正气、两袖清风，赴京朝见天子，没有携带江南的一寸棉花作为礼物。官民饯行相送令我深感惭愧，上马前我的热泪像泉水一样喷涌如注。

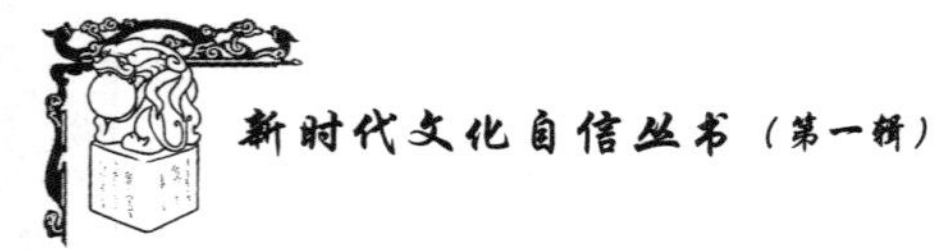

解读

明宣宗宣德五年（1430），况钟出任苏州知府。当时，苏州堪称全国最富庶的地区，人口和税粮在全国各府中位居第一。苏州知府赴任前，皇帝都要亲自设宴送行。在长达十三年的任职过程中，况钟整顿吏治，正风肃纪，为民申冤，并核减税粮，废止多项苛捐杂税，替苏州百姓办了很多实事，餐桌上却只有一肉一蔬，被百姓称为“况青天”。明英宗正统五年（1440），况钟赴京述职，苏州大小官员和百姓纷纷赠礼送行，况钟全部拒收，并作此诗以倾吐心声。明英宗正统七年（1442），况钟因积劳成疾而卒于任上，享年六十岁。况钟和包拯“包青天”、海瑞“海青天”一起，被百姓誉为“三大青天”。

第二章　社会责任：

义者，心之制，事之宜也

“义者，宜也。”义，要求人具备主观的人伦自觉，也规定其承担客观的社会责任，每个人都必须履行属于自己的那份义务。“义”历来被列为维护社会秩序的核心道德准则，以确保“父慈、子孝、兄良、弟弟、夫义、妇听、长惠、幼顺、君仁、臣忠”，形成彬彬有礼、国泰民安的良好局面。不同身份的人如果都能符合“义”的原则而恪守本分，社会运行就稳定顺畅，反之则会导致社会动荡不安。

本章站在社会责任的角度，分为“忠义”“礼义”和“孝义”三个部分，通过对经典名句的研究和解读，让读者感受责任担当层面义文化的无穷魅力。“忠义”一节着重研习忠君爱国思想，感受忧国忧民、尽诚竭节的赤胆忠心；“礼义”一节着重研习隆礼贵义思想，体会作为“行事之宜”的“义”在维系社会运行方面的重要作用；“孝义”一节着重研习行孝重义思想，感悟在传统伦理文化中处于基础地位的孝慈文化。

第一节 忠义：千年忠义气，日星光

君使臣以礼，臣事君以忠。

——《论语·八佾》

释义

君主要以礼义对待臣子，臣子要以忠心侍奉君主。

解读

“忠”字在《论语》中共出现十八次，集中论述了孔子的忠义思想和政治理念。孔子把忠义当作基始性道德要求和普遍性伦理规范，将其贯穿于处己、待人、为政的全过程。他认为，地位的不同决定了君臣上下之间应该遵循的礼义不同，即“君使臣以礼，臣事君以忠”，这是由各自角色所规定的对等关系。当然，在《论语》中，孔子又说：“所谓大臣者，以道事君，不可则止。”这里的“道”即“义”，指君臣之义。也就是说，君臣上下要相互尊重，“事君”要以“道”为原则，如果做不到，就不要当大臣。儒学自诞生之日起就坚持从正义出发，对君主进行规劝、批评与约束，秉持“道尊于势”以及“君子谋道不谋食”的基本立场。正如《孟子》中所说：“君之视臣如手足，则臣视君如腹心；君之视臣如犬马，则臣视君如国人；君之视臣如土芥，则臣视君如寇仇。”

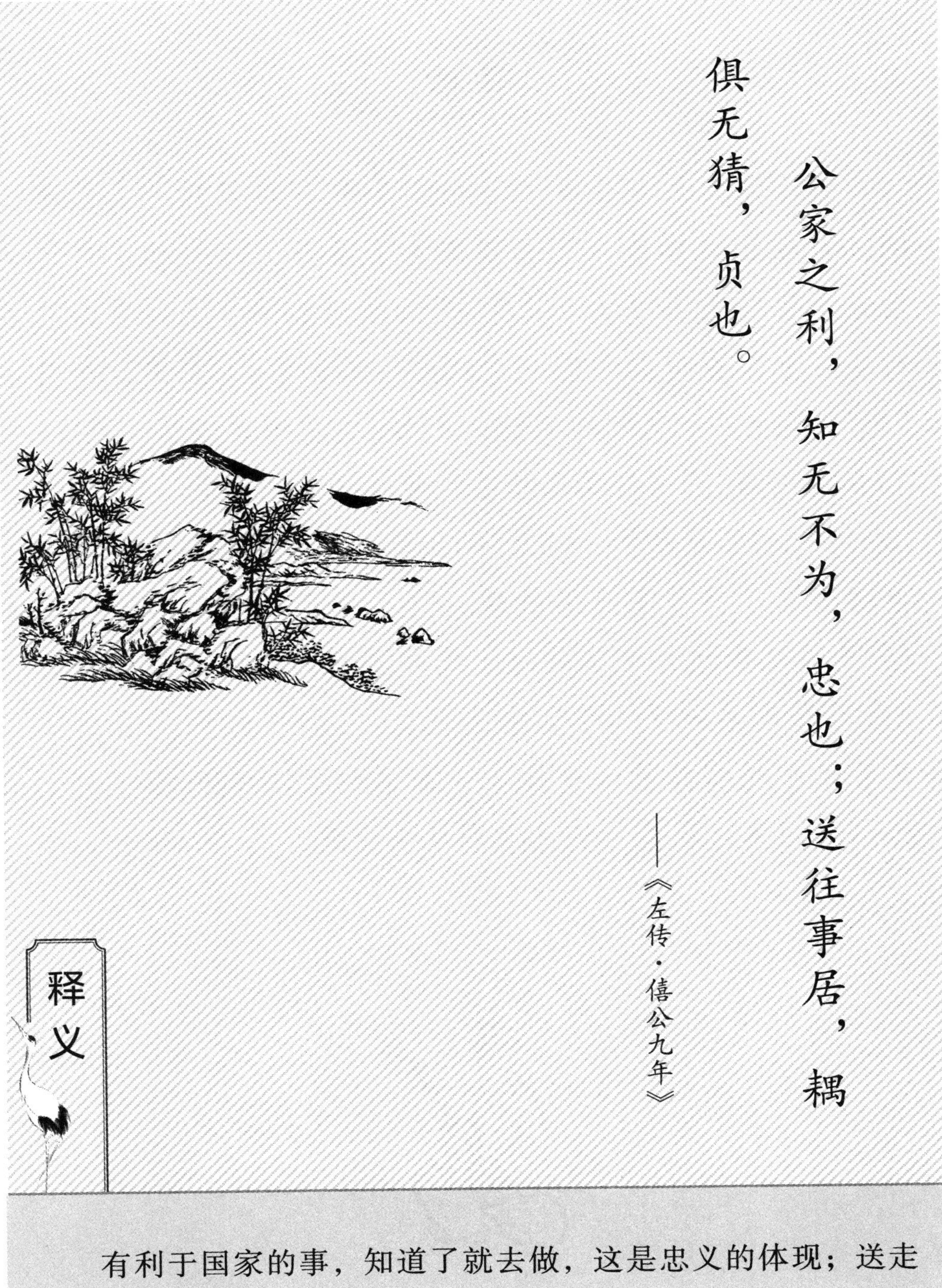

公家之利，知无不为，忠也；送往事居，耦俱无猜，贞也。

——《左传·僖公九年》

释义

有利于国家的事，知道了就去做，这是忠义的体现；送走死者，侍奉新君，两边都没有猜忌，这是贞义的体现。

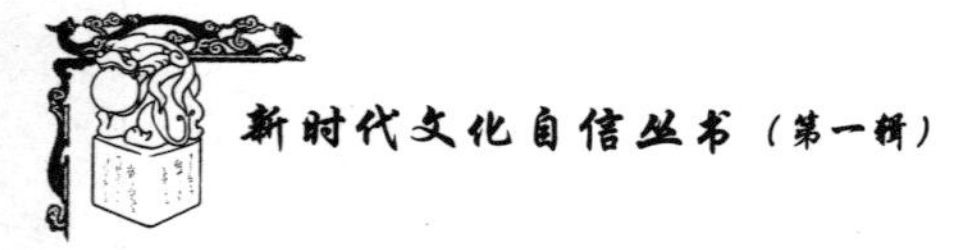

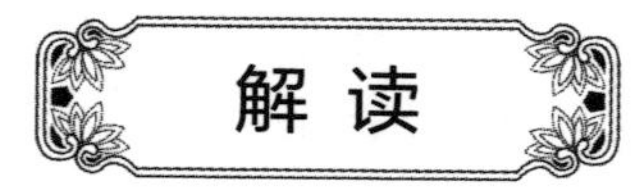

解读

耦字意为两人并耕，此处同“偶”，即双数。春秋时期，晋献公临终前命荀息辅佐儿子奚齐，问荀息打算怎么做，荀息表示“加之以忠贞”，晋献公问“何谓忠贞”，荀息以上文表明自己眼中“忠贞”的含义。《左传》中对“忠”有过多个角度的阐述，比如，《左传·成公九年》：“无私，忠也。”《左传·桓公六年》：“上思利民，忠也。”《左传·昭公元年》：“临患不忘国，忠也。”《左传·襄公十四年》：“将死不忘卫社稷，可不谓忠乎？忠，民之望也。”这些论述都在强调对人民和国家的忠诚，合乎儒家“修身齐家治国平天下”的思想。《左传》强调忠君，却是置于利民利国的大前提下，即君主只有维护黎庶苍生和江山社稷的利益，臣民才会尽忠于君。

以德覆君而化之，大忠也；以德调君而辅之，次忠也；以是谏非而怒之，下忠也。

——《荀子·臣道》

释义

用德行感化君主，是头等的忠诚；用德行辅佐君主，是次等的忠诚；用正确的道理劝谏君主改正错误而激怒他，是下等的忠诚。

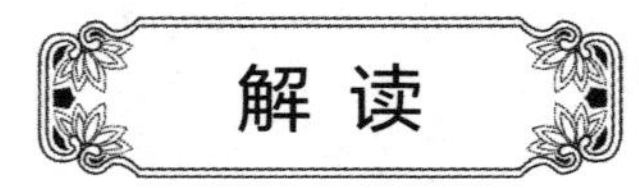

解读

这里，荀子把“忠”划分为“大忠”“次忠”与“下忠”这三个不同的层次，倡导臣子对君主、下级对上级的忠诚和服从。在传统社会，君与臣是两相对应的政治角色。荀子的臣道思想在继承和捍卫儒家基本价值立场的同时，吸收了稷下学派关于臣道的一些观点，为人们了解其尊君之说提供了另外一个视角。荀子强调臣子对君主的忠义，试图以臣之忠来强化君之尊，容易给人留下尊君抑臣、鼓吹君主专制独裁的印象，所以多为后世所诟病。其实，荀子并非主张无条件地效忠君主，而是认为当君主言行不符合正义原则要求的时候，臣民应坚持正义至上原则，奉行“从道不从君”的主张。

主暴不谏，非忠臣也；畏死不言，非勇士也。见过则谏，不用则死，忠之至也。

——〔西汉〕刘向《新序·节士》

释义

因君主暴虐而不进谏的人，不是忠臣；因怕死而不敢说话的人，不是勇士。发现君主的过错就进谏，不被采纳就以死相劝，是忠义的最高境界。

解读

据《史记·殷本纪》记载，“帝纣资辨捷疾，闻见甚敏；材力过人，手格猛兽；知足以距谏，言足以饰非”。意思是说，纣王天资聪颖，口才好，行动迅速，反应敏捷，而且耳聪目明；力气过人，徒手能与猛兽格斗；智慧足以拒绝臣下劝谏，话语足以掩饰自己的过错。纣王帝辛即位之初，亲率大军东征，东夷部落纷纷臣服。纣王凯旋时，比干率文武大臣步行几十里前往迎接。可很快帝辛就腐化堕落了，强迫奴隶建造了一座摘星楼，整天在上面与爱妃妲己笙歌曼舞、饮酒作乐，并“以酒为池，悬肉为林，使男女裸相逐其间，为长夜之饮”，意即，用酒当作池水，把肉悬挂起来当作树林，让男女赤身裸体在其中追逐嬉闹，通宵达旦。比干是纣王的叔叔，从政四十多年，二十岁时以太师高位辅佐商王帝乙，受先王托孤辅佐纣王帝辛。针对纣王的骄侈暴佚，比干发出上述感叹，并多次直谏不讳，还带纣王去祭祖，给他讲先王治国的故事，纣王根本听不进去。于是，比干到摘星楼冒死强谏，指出纣王的错误，请求将妲己赐死，三天都不离去。纣王怒气冲冲地问：“吾闻圣人之心有七窍，信有诸乎？”就下令杀了比干并剖视其心。比干毫无惧色，慷慨就义。在《论语·微子》中，孔子将比干和箕子、微子称作“三仁”。

天之所覆，地之所载，人之所履，莫大乎忠。忠者，中也，至公无私。

——〔东汉〕马融《忠经·天地神明》

释义

天空所覆盖的，大地所承载的，人所履行的，没有比忠诚更高贵的。忠义，就是不偏不倚，是极其公正而没有私心。

解读

《忠经》是关于忠义精神的专门经典，共十八章，将孔子所述的忠义观点进行归纳、提炼和升华，形成全面系统的忠义思想。马融强调，忠义是天地间的至理至德，是评价人们行为的最高准则。他认为，“仁而不忠，则私其恩；知而不忠，则文其诈；勇而不忠，则易其乱”，即忠是仁、智、勇这“三德”的纲，这清晰地表明了忠义的基础地位。《忠经》将“忠”的含义与“至公无私”相联系，指出“天无私，四时行；地无私，万物生；人无私，大亨贞。忠也者，一其心之谓也”，强调道德主体的无私心，把忠义作为调节个体与他人、群体之间关系的基本规范。

夫为人臣，当进思尽忠，退思补过，将顺其美，匡救其恶，所以共为治也。

——〔唐〕吴兢《贞观政要·君道》

释义

作为臣子，应当在上朝时为国家建言献策以尽忠义本分，在退朝后自我反省、弥补过失，顺从弘扬君主的美德，匡正补救君主的缺点，这就是君臣共治。

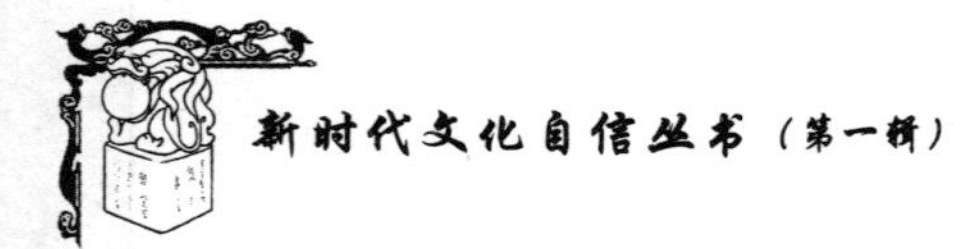

解读

唐太宗贞观十一年（637），李世民渐显骄奢之态，开始追求珍宝异物，兴建宫殿园囿。于是，魏徵向李世民连上四疏进谏，不断地用前代兴亡的历史经验教训加以提醒。李世民看了这些奏疏后，亲写诏书回答魏徵，手谕里就包括上面这段话。这段话源自《孝经》中孔子所言："君子之事上也，进思尽忠，退思补过，将顺其美，匡救其恶，故上下能相亲也。"在这份手诏的最后，李世民说："公之所陈，朕闻过矣。当置之几案，事等弦韦。必望收彼桑榆，期之岁暮，不使康哉良哉，独美于往日。若鱼若水，遂爽于当今。迟复嘉谋，犯而无隐。朕将虚襟静志，敬伫德音。"在这里，李世民意为："看了你上书的建议，我意识到了自己的过错。我会把这些金玉良言放在案头上，时刻警示自己矫偏纠过。过些年月必定会有收获，不让'康哉良哉'的善政只在尧舜时期得以实施。有你的扶持，我像鱼有水一样，现在一切都得心应手。对你的良好谋虑回复晚了，请你以后继续进谏而不要隐瞒。我仍将万分谦虚、心神安宁，恭敬地听取你的治国良策。"李世民的虚心纳谏和魏徵的忠心直谏是君主专制制度下君臣和谐的典范，也是君臣共治的楷模。正是这种明君贤臣的和谐关系，成就了贞观之治的美政。

位卑未敢忘忧国，事定犹须待阖棺。

——〔南宋〕陆游《病起书怀》

释义

我虽地位低微却从不敢忘记忧虑国事，事实结果要等我死后才能盖棺定论。

解读

陆游所处的时代正值金兵南侵、山河破碎的荒乱岁月，他少年时便立下“上马击狂胡，下马草战书”的凌云壮志，一生为之奔走呼号、奋斗不息，曾亲自披坚执锐，战斗在抗击金兵的前线。南宋孝宗淳熙三年（1176），陆游遭弹劾而被罢官，移居成都西南浣花村，缠绵病榻二十余日，愈后作《病起书怀》二首，此句出自第一首：“病骨支离纱帽宽，孤臣万里客江干。位卑未敢忘忧国，事定犹须待阖棺。天地神灵扶庙社，京华父老望和銮。出师一表通今古，夜半挑灯更细看。”诗人想到自己一生屡遭挫折、壮志难酬，如今年纪已大，不免慨叹感伤，然而并没有放弃统一祖国的抱负。“位卑未敢忘忧国”可谓“诗眼”，与顾炎武的“天下兴亡，匹夫有责”一样，成为后世忧国忧民之士用以自勉自励的座右铭。

千年忠义气，日星光。离骚读罢总堪伤。

——〔元末明初〕舒頔《小重山·端午》

释义

屈原千百年来留下的忠义之气，与日月星辰同光辉。读完《离骚》总令人感伤不已。

解读

屈原早年受楚怀王信任，任左徒、三闾大夫，兼管内政外交大事，提倡“美政”，深入进行变法改革，主张对内举贤任能、修明法度，对外联齐抗秦。因遭贵族排挤毁谤，被先后流放至汉北和沅湘流域。后来，秦将白起攻破楚都郢，屈原悲愤交加，怀石自沉于汨罗江，以身殉国。《离骚》深刻揭露“我”和国君之间的矛盾：“我”希望国君始终如一、实践前言，国君却屡屡变化；“我”希望国君“抚壮弃秽”，国君却根本不理解“我”的良苦用心；“我”希望国君举贤授能，国君却信任党人；“我”希望陈述中情使国君幡然醒悟，国君却听信谗言而疏远“我”。总之，国君是昏庸易怒之君，“我”是忠贞不渝之臣。屈原描述的国君已经失去威信，以被批判的形象出现，这在古典诗文中属于大胆而罕见的举动，表现出诗人不畏权势的人格和独立的批判精神。屈原毕竟生活在战国末期，又是楚国贵族阶层的士大夫，虽然和国君的矛盾尖锐对立而不可调和，可他要实现理想却又离不开国君支持，因此，《离骚》对国君的揭批带有很大的保留性。

苏武在匈奴，十年持汉节。白雁上林飞，空传一书札。牧羊边地苦，落日归心绝。渴饮月窟冰，饥餐天上雪。东还沙塞远，北怆河梁别。泣把李陵衣，相看泪成血。

——〔唐〕李白《苏武》

释义

苏武被匈奴拘押了十九年，始终手拿汉朝天子任命他为使臣的符节。白色的大雁飞到汉武帝居住的上林苑，从空中传去他系在大雁脚上的书信。苏武在边塞之地放牧羊群非常辛苦，回归祖国的心如同西落的太阳，十分绝望。他渴了就喝寒冷的冰窟水，饿了就吃天上飘下来的雪。他即将从偏远的沙漠边塞归汉，与李陵临河诀别，悲怆伤心。苏武拉着李陵的衣袖，四目相对时哭尽眼泪而继之以血。

解读

西汉武帝天汉元年（前100），匈奴新单于即位，汉武帝为了表示友好，派遣苏武率领一百多人，带了许多财物出使匈奴。不料，就在苏武完成出使任务准备回国的时候，匈奴上层发生内乱，苏武一行受到牵连而被扣留，并被要求背叛汉朝、臣服单于。单于派人许以高官厚禄，苏武严词拒绝。当时正值严冬，单于命人把苏武关入一个露天的大地窖，断绝食物和水。渴了，苏武就喝冰雪融化而成的水；饿了，就嚼身上穿的羊皮袄。单于见濒临死亡的苏武仍不屈服，只好把他放出来。单于软硬兼施都不能使苏武投降，就越发敬重苏武，不忍心杀他，却又不想放他回国，就把苏武流放到贝加尔湖一带，让他去牧羊，扬言要等到公羊生子后才放他回国。苏武留居匈奴十九年，手中始终拿着天子赐予他作为使臣的节符。西汉昭帝始元六年（前81），苏武获释回汉。西汉宣帝甘露三年（前51），中兴之主刘询因匈奴归降，为纪念和表彰有功之臣，令人画十一名功臣图像于麒麟阁，苏武位列第十一位。

第二节 礼义：凡人之所以为人者，礼义也

凡人之所以贵于禽兽者，以有礼也。

——《晏子春秋·内篇谏上》

释义

人类之所以比动物高贵，是因为有礼义。

解读

春秋时期，齐国国君齐景公和大臣们一起喝酒。齐景公一时兴起，说："今天我想与诸位大夫畅饮，请你们不要受礼法拘束。"晏婴神色不安地说："禽兽凭力气做首领，强的欺凌弱的，所以每天都在改换首领。现在君王丢弃礼法，那就和禽兽的情况一样了。"然后就说了上文这句话。齐景公背转身子，不愿再听。过了一会儿，齐景公出去，晏婴不起身；齐景公进来，晏婴又没站起来；一起举杯时，晏婴先喝了下去。齐景公非常生气，变了脸色，怒视着晏婴，说："刚才先生教训寡人不可不讲求礼法，寡人出入你都不起身致意，大家一同举杯你却先饮，难道这符合礼法吗？"晏婴离开坐席，拜了两拜，叩头谢罪说："我哪敢忘记和君王说的那些话呢？我只是向您展示一下不讲礼法的后果。"齐景公幡然醒悟，便修订礼法并以此治理国家。

能以礼让为国乎，何有？不能以礼让为国，如礼何？

——《论语·里仁》

释义

能够用礼义谦让来治理国家，那还有什么困难呢？不能用礼义谦让来治理国家，如何谈礼义制度呢？

解读

礼让：遵守礼义，懂得谦让。《论语》从敬、让、忠、恕、信等多个角度，对君子的行为作了符合礼义的具体规定，这些规定也适用于治国理政，还适用于国与国之间的交往。春秋时期，天下陷入礼崩乐坏的混乱局面，“至圣先师”孔子看到诸侯使用本来只有周天子才能使用的“八佾”之礼，公然以下犯上，认为“是可忍也，孰不可忍”。他力倡恢复西周之礼，强调把礼义原则推而广之，运用到国家治理中，甚至还可用于国与国之间的往来，所以呼吁克己复礼，主张将礼让原则运用到治国理政实践中。

不知礼，无以立也。

——《论语·尧曰》

释义

不懂得礼义，就不能立身处世。

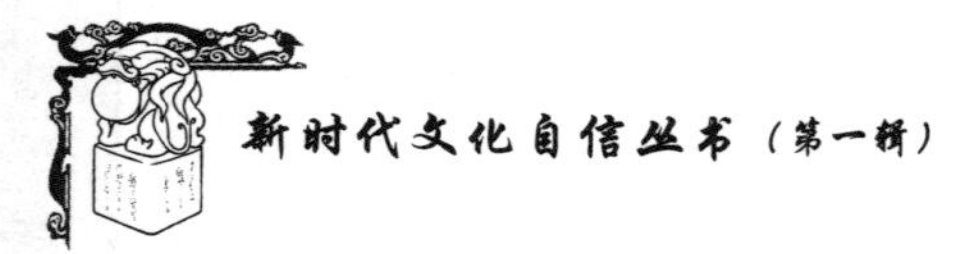

解读

仁是孔子思想的核心，可仁不能是空中楼阁，一定要在为人处世中体现出来，而礼就是仁在现实生活中的具体落实。西周时期，已经形成“五礼”，即五种礼仪制度，包括吉礼、凶礼、军礼、宾礼与嘉礼。春秋末年，出现有关礼制和礼仪活动的礼书。现在能见到的最早的礼书是“三礼”，即《仪礼》《周礼》和《礼记》。“三礼”是对周朝礼义的全面总结，标志着礼学体系和礼治思想的成熟。礼，作为规章制度而支撑国家运转，作为行为准则而约束个人言行。守礼知义，可以让人提高道德修养，而不讲礼义的人就会被指责为未开化、不文明，无法在社会上和家庭中立足。

礼，经国家，定社稷，序民人，利后嗣者也。

——《左传·隐公十一年》

释义

礼义，有利于治理国家、安定社稷、规范人民，更能造福子孙后代。

解读

春秋初期，齐、鲁、郑三国联合，在战争中击败并占领许国，许庄公逃到卫国。面对新获取的土地，三国互相谦让起来。齐僖公把许国让给鲁隐公。鲁隐公说："你说许国不交纳贡品，我才跟随你讨伐它。现在许国已经认罪，虽然你有这样的好意，我也不敢参与这件事。"于是，鲁隐公就把许国领土送给了郑庄公。郑庄公让许国大夫百里侍奉许庄公之弟许叔住在许国都城的东部，并对百里说："上天对许君不满意，借我的手惩罚他。我难道还能长久占有许国？你应当侍奉许叔来安抚这里的百姓，我准备让公孙获来帮助你。"于是，郑庄公让公孙获住在许国都城的西部，对许国遗民礼遇有加。当时的人认为，郑庄公在这件事的处理上合乎礼义。

礼者，法之大分，类之纲纪也。

——《荀子·劝学》

释义

《礼经》，是法治的要旨，是各种法律条例的纲目。

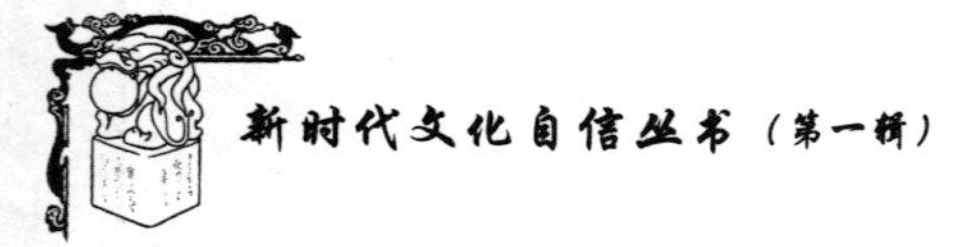

解读

这里的礼，指的是《礼经》，亦即《仪礼》，其对春秋战国时期的礼制进行了汇编，是儒家十三经之一，与《周礼》《礼记》合称“三礼”。传统社会的礼孕育出宗法制，使礼法并重逐渐发展成主流价值，成为仁政标准和治国之道。在先秦儒家思想中，荀子的礼法思想独树一帜，主张隆礼重法、援礼入法和礼法并立，按照礼义要求将法的指导思想和主要内容进行改造，主张崇尚德政和慎用刑罚，使礼从道德教化层面发展成为具有权威性、强制性和普适性的制度。荀子强调把礼义思想融入治国、济世、安民的实践，推崇礼法合治、明德慎罚的国家治理模式。荀子重新解释礼法关系，使儒家的礼治主张不再流于空疏，而是获得可操作性的现实意义。荀子认为，礼与法不是水火不容的对立关系，而是相辅相成的互补关系；礼是广义的法，并且是最大的法；礼与仁兼容，法与仁不兼容，礼与法互补。

礼义者，治之始也。

——《荀子·王制》

释义

礼义，是天下大治的开始。

解读

荀子习惯于将礼义合言。在《荀子》中，“礼义”一词共出现一百零九次。礼、义合称呈现出礼用义体的结构，即礼以义为本、义以礼为用。守正当名分，就是荀子所理解的礼义。荀子以性恶论为基础，从社会教化与制度设计的角度来强调礼义的价值，强调起礼义、制法度，依靠礼义制度对人的欲望加以引导和约束，促使形成人人知名分、守规矩的社会秩序。他指出，“法先王，统礼义，一制度”，“人之命在天，国之命在礼”，强调礼义在修身做人、治国理政中的重要意义。儒家礼学思想经过荀子的阐发，从理想层面落到现实，为真正实现以儒学治国提供了思想源泉，所以梁启超说“两千年政治，既皆出于荀子矣”，谭嗣同说“二千年来之学，荀学也”。

隆礼贵义者其国治，简礼贱义者其国乱。

——《荀子·议兵》

释义

崇尚礼义，国家就会安定；轻视礼义，国家就会混乱。

解读

荀子将礼义作为“人道之极”，认为道德修养高尚的标准是“隆礼贵义”，并以此作为自己理论的落脚点和核心。他继承孔孟思想并将其发扬光大，主张君主将礼义作为律己修身和治国为政的指导原则和行为规范，并带头遵守礼义制度，将弘扬礼义精神、遵循礼义规范视为提高自身修养和促进国家治理的大事，正所谓“礼及身而行修，义及国而政明”。荀子认为，人们的欲利之心不能根除，但又不可放任，礼义规范可以将人们的欲望进行限制和引导，通过社会认可的途径使正当欲求得以满足，这样国家才能安定，君主的统治地位才能稳固。

礼尚往来。往而不来非礼也，来而不往亦非礼也。人有礼则安，无礼则危。

——《礼记·曲礼上》

释义

礼义崇尚有来有往。我对你有礼而你对我无礼，不合礼义；你对我有礼而我对你无礼，也不合礼义。人与人之间有了礼义就安稳和谐，否则就将有危险。

解读

紧接着以上这几句话，《礼记》说："礼者，不可不学也。夫礼者，自卑而尊人。"意思是说，礼义是不可以不学的。礼义就是对自己谦卑、对别人尊重。西周时期，国家制定严密周详的礼制，对不同身份、年龄、性别的人作出不同的规范。春秋战国时期，周王室衰微，各诸侯国不再严格遵守礼制，很多诸侯和士大夫肆意妄为，最终导致身败名裂。基于这些事实，《礼记》总结历史经验教训，得出"人有礼则安，无礼则危"的结论。古代礼义内容复杂，对现在来说已不完全适用，但"礼尚往来"等礼义原则永远不会过时。讲究礼义是实现社会和谐的重要方式，无论是个人还是国家之间的交往，如果能以礼相待，牢记"往而不来非礼也，来而不往亦非礼也"，就会减少矛盾和冲突，营造诚信友善、和谐友爱的良好环境。

何谓人义？父慈、子孝、兄良、弟弟、夫义、妇听、长惠、幼顺、君仁、臣忠。十者谓之人义。

——《礼记·礼运》

释义

什么是为人之义？父亲慈祥、子女孝顺，哥哥温良、弟弟谨悌，丈夫守义、妻子温顺，长辈仁惠、晚辈顺服，君主仁爱、臣子忠诚。这十点就是为人之义。

解读

《礼记》不仅是阐述“礼文化”的经典，而且蕴含着丰富的“义思想”。《礼记》认为，礼的基础是人情，设置礼的终极目标是节制个人情感、规范个人行为，使承担各种社会角色的人能够和谐相处，即为义之所在。《礼记》将社会分为父、子、兄、弟、夫、妇、长、幼、君、臣十种基本角色，每个角色在社会中有不同的定位，对社会要承担相应的义务，即“父慈、子孝、兄良、弟弟、夫义、妇听、长惠、幼顺、君仁、臣忠”，这就是“十义”。“十义”按照人在社会伦理关系中角色定位的不同而分别加以设定，以父子关系为始，以君臣关系为终，由亲至疏，由家庭推至社会和国家。如此界定“十义”，意在以人情为基点，使人们在一定道德规范的制约下超越原始情感，节制个体利欲，实现从自然人到社会人的转变。

凡人之所以为人者，礼义也。

——《礼记·冠义》

释义

人之所以成为人，在于懂得礼义。

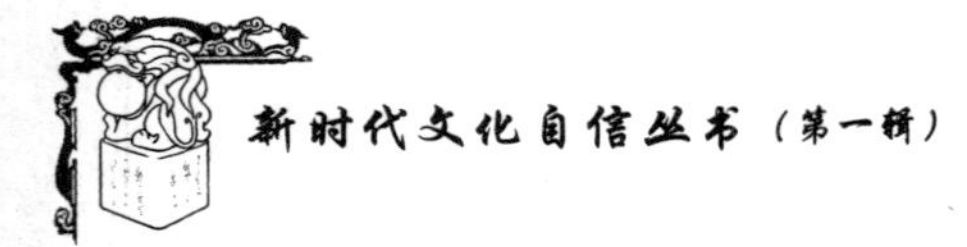

解读

为了论证这个观点，《礼记》接着说：“礼义之始，在于正容体，齐颜色，顺辞令。容体正，颜色齐，辞令顺，而后礼义备。以正君臣，亲父子，和长幼。君臣正，父子亲，长幼和，而后礼义立。”简而言之，礼义的开始是仪态端庄、和颜悦色、言谈恭顺，然后是君臣各安其位、父子相亲相敬、老少和睦相处，这样礼义就确立了。这段话道出了礼仪与礼义的关系，“正容体”“齐颜色”“顺辞令”等礼仪是礼义的起点，“君臣正”“父子亲”“长幼和”等人伦秩序的形成标志着礼义的完成。礼仪，是指制度规范，对人的进退揖让、语言应答、地位次序等具有明确的规定，是礼义的表现形式；礼义，既包括看得见的礼仪形式，又蕴含看不见的伦理原则，内容丰富博大，涵盖政治、社会、文教、人伦、风俗等多个方面。礼仪包含在礼义之中，礼义的范畴大于礼仪。礼仪与礼义，是形式与内容、外在与内在、行动与思想的关系。在古代文献中，“礼义之邦”的用例颇为多见，而“礼仪之邦”并无一例。

稷播百谷以厚民生，契敷五教以善民心。

——〔元〕许衡《鲁斋遗书》

释义

教导民众种植五谷，使人民生活过得好；教导民众父义、母慈、兄友、弟恭、子孝等礼义道德，使民心向善。

解读

许衡，号鲁斋，是元代初期名臣，一生恪守儒家“义以为上”的义利观，在获取物质钱财上坚持“见得思义”，在对待为官从政的态度上坚持“不仕无义”。与“孔融让梨”一样，许衡“义不摘梨”的故事也广为传诵。据《元史》记载，金哀宗天兴二年（1233），蒙古军兵临新郑县，许衡同众人一起逃难，从洛阳渡河经河阳返乡。时值盛夏，人们又饥又渴，发现路边有一处梨林，大家便争先恐后去摘梨。许衡却端坐树下，不为所动。人们问他为何，他答道：“非其有而取之，不可也。”人们说乱世中梨树无主，许衡说：“梨无主，吾心独无主乎？”不过，许衡在始终坚持“以义为质”价值理念的同时，鉴于当时干戈扰攘、民生凋敝的情况，向元世祖忽必烈建议要重视农桑，发展生产。他认为，百姓生活上的需求得到满足，就不会扰乱社会秩序，国家就会稳定；大兴教育事业，可以加强礼义道德教化，培养人的心性，促进人的进步；足衣食、明礼义，就满足了人们的物质生活需要和精神文化需求，是推动社会发展的双引擎。

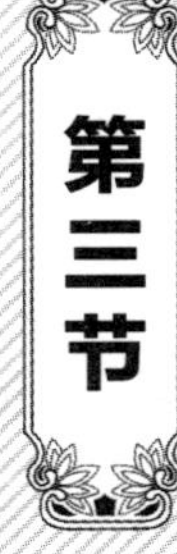

第三节 孝义：爱人不亲反其仁

蓼蓼者莪，匪莪伊蒿。哀哀父母，生我劬劳。

——《诗经·蓼莪》

释义

我蒿长得又大又高，我不是抱娘蒿而是散生的蒿。可怜我的爹和娘，生养我长大太辛劳。

解读

蓼蓼：大而高的样子。莪：莪蒿，俗称抱娘蒿。匪：同“非”。伊：是。蒿：蒿子，通常指花小、叶子羽状分裂、有某种特殊气味的草本植物。劬：父母养育子女的劳苦。

全诗描述了父母养育自己的辛劳和自己对父母的依赖，表达出发自内心的对父母恩德的感激，这是孝义存在的最深厚的感情基础。诗人自恨不是抱娘蒿，而是孤苦伶仃的散生的蒿，由此联想到父母的含辛茹苦。《蓼莪》是现存表现重孝行义这一中华民族传统美德的最早的诗歌之一，其中的经典名句不仅在文学作品中常被引用，而且在皇帝颁发的诏书中也出现过。

孝悌也者，其为仁之本与。

——《论语·学而》

释义

孝敬父母、顺从兄长，这就是仁义的根本。

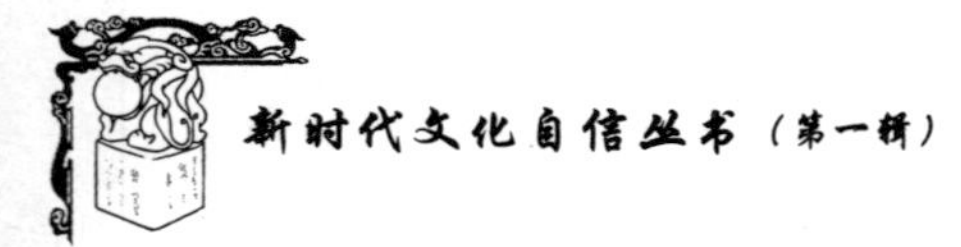

解读

有子在这句话的前面说："其为人也孝悌，而好犯上者，鲜矣；不好犯上，而好作乱者，未之有也。"意思是说，做人孝敬悌顺而喜好冒犯上级的人，是很少的；不喜好冒犯上级而喜好作乱的人，是从来没有过的。有子，姓有名若，是孔子的学生。《论语》记载孔子学生时一般都称字，只有曾参和有若称"子"，故有人认为《论语》由曾参和有若著述。

这句话鲜明地陈述"孝悌"与"仁"的关系，指出"孝悌"是"仁"的本源，把孝放在个人品德修养的第一位。孔子认为，天下稳定的关键在于仁，而仁的关键在于孝。历史上以"孝"取官的很多，最具代表性的是孝廉。汉代颁布了一部很重要的法律，叫孝廉法，并把"孝廉"设为选拔官吏的科目。

弟子规，圣人训。首孝悌，次谨信。

——〔清〕李毓秀《弟子规》

释义

教育启蒙子弟的规诫，是圣人的训导。首要的是孝敬父母、敬爱兄长，其次是谨言慎行、信守承诺。

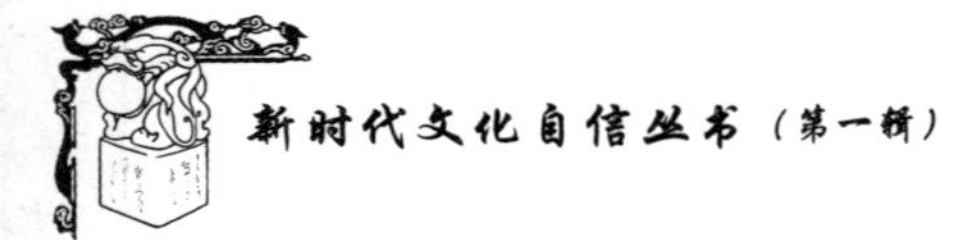

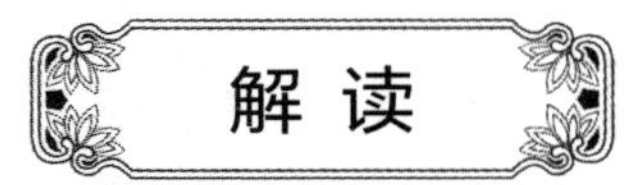

解读

《弟子规》将“孝”作为开篇，把孝义放在个人修养的首要位置。《弟子规》原名《训蒙文》，共三百六十句，三字一句，朗朗上口，内容架构来自《论语·学而》的“弟子入则孝，出则悌，谨而信，泛爱众而亲仁。行有余力，则以学文”。全篇开始为“总叙”，然后分“入则孝、出则悌、谨、信、泛爱众、亲仁、余力学文”七个部分。《弟子规》认为，孝义乃为人之根本，是人生第一要务；孝义要从细节做起，从有礼节地对待父母的“呼”“命”“教”与“责”做起；保重自己的身体，一旦身体有伤病，会使父母担心；端正德行，不违法乱纪，否则会使父母感到羞耻；不仅照顾好父母的身体和衣食起居，还要体贴父母的情感，使其感到泰然与安宁；父母生病，子女要昼夜服侍、悉心照料，给他们以精神上的慰藉。

今之孝者，是谓能养。至于犬马，皆能有养。不敬，何以别乎？

——《论语·为政》

释义

如今的孝义，是指能够养活父母。即使是狗和马，也能够得到饲养。如果不心怀敬重，养活父母与饲养动物有什么区别呢？

解读

在儒家亲情本位的伦理思想中，以赡养老人为主要内容的孝义是根本。孝义的关键，不在于当养不当养，也不在于养的物质条件，而在于以什么样的态度来养。这段话提出“孝”“养”和“敬”的关系问题。从孔子发人深思的反问来看，三者的逻辑关系应该是这样的：“养”是子女的基本家庭义务，是天经地义的；“孝”离不开物质上的赡养，可仅仅是物质上的赡养不等于“孝”，“孝”的精髓在于“敬”；“养”在物，而“敬”在心；如果对父母的赡养不含尊敬之情，就和“犬马之养”没有区别；一丝不苟、发自内心、和颜悦色地赡养老人，谓之“敬”；“孝”包含两个层面，即物质上的“养”和精神上的“敬”。

夫孝，德之本也，教之所由生也。

——《孝经·开宗明义》

释义

孝义，是一切品德的根本，也是教化产生的根源。

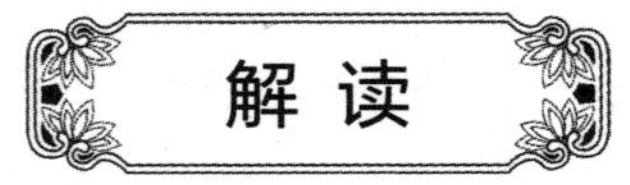

解读

《孝经》是儒家经典中唯一专门论孝的文献，对孝义作了系统阐释和全面论述，把孝视为人类一切道德规范的核心，强调孝义既是至高无上的德行，又是治国安邦的伦理基石。《孝经》极言孝之美好，其孝义思想丰富完备并自成知识体系，被很多人称为“孝科学”。《孝经》认为，孝义是君王的至德要道，是天经地义的人伦规范，是所有品行教化的本源。在中国古代，上自帝王将相，下至黎民百姓，都很推崇《孝经》。唐玄宗李隆基亲自为《孝经》作注，使《孝经》成为《十三经注疏》中唯一被皇帝注释过的儒家经典。唐玄宗对“夫孝，德之本也，教之所由生也”一句注释道：“言教从孝而生。”

夫孝，始于事亲，中于事君，终于立身。

——《孝经·开宗明义》

释义

孝义，最低要求是侍奉父母，然后是侍奉君主，最高境界是立身扬名。

解读

如何行孝？这是《孝经》的重要内容。这段话论及行孝的三个层次，即“事亲”“事君”和“立身”。《孝经》还认为，天子的孝义是“爱敬尽于事亲，而德教加于百姓，刑于四海”；诸侯、卿大夫和士的孝义是守护好自己的封土、禄位和宗庙；庶人的孝义是“用天之道，分地之利，谨身节用，以养父母”。《礼记》对“孝”也有诸多相似的论述：“孝有三：大孝尊亲，其次弗辱，其下能养。”“孝有三：小孝用力，中孝用劳，大孝不匮。”郑玄对“夫孝，始于事亲，中于事君，终于立身”一句注释道：“忠孝道著，乃能扬名荣亲，故曰终于立身也。”

夫孝，天之经也，地之义也，民之行也。

——《孝经·三才》

释义

孝道，就像是日月星辰运转、地上万物自然生长一样天经地义，是人民本就该有的行为。

解读

这段话说明，行孝是天地之德，是人应当具有的基本品质。所谓“天之经”，就是如同日月星辰周而复始地运动，具有恒常不变的规律；所谓“地之义”，就是如同大地繁衍自然万物，要负山岳而不沉、承河海而不泄，毫无私心和偏执；所谓“民之行”，就是每个人都应效法天地之品德，至诚至敬地落实到一言一行之中，不容丝毫功利掺杂其中。《孝经》认为，“孝”是天经地义、人人应做的事情，是一切道德的原点；天道、地道、人道皆归于一，就是“孝”；作为人间的仪轨，“孝”是可以与“天之经”和“地之义”相提并论的真理。

羊有跪乳之恩，鸦有反哺之义。

——《增广贤文》

释义

小羊跪着吃奶，是为了感激妈妈的哺乳之恩；乌鸦长大了，不忘妈妈的哺育之恩，从外面把食物衔回来喂给妈妈吃。

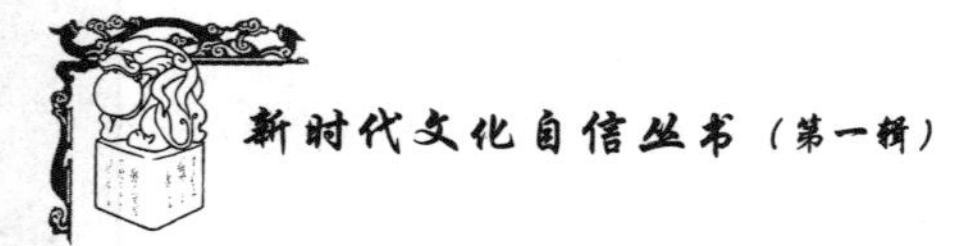

解读

《增广贤文》是明朝人编写的儿童启蒙读物，以道家思想为主，也融入儒家思想，强调了读书的重要和孝义的可贵。该书对道家和儒家学说兼收并蓄，不同的人可以从中找到自己喜欢的格言，因此在民间的口碑甚好，拥有广泛的群众基础。“羊有跪乳之恩，鸦有反哺之义”的言下之意是，动物都有感恩父母的报答举动，人类更应懂得孝养敬重老人。中华文化博大精深，将孝敬父母的孝文化逐渐拓展为感恩文化，将感恩之心推及帮助过自己的人，比如“滴水之恩，当涌泉相报”“衔环结草，以谢恩泽”等名言，都激励世人心怀感恩，并努力把感激之情转化为报恩之举。

五刑之属三千，而罪莫大于不孝。

——《孝经·五刑》

释义

五刑的犯罪条款有三千条，而其中没有比不孝的罪责更大的。

解读

五刑：古代五种刑罚的统称，在不同时期的内容不同，西汉文帝以前是指墨、劓、刖、宫、大辟，隋唐之后则为笞、杖、徒、流、死。紧接着这段话，《孝经》说：“要君者无上，非圣人者无法，非孝者无亲，此大乱之道也。”意即，要挟君主的人无视君主，非议圣人的人无视法纪，否定孝义的人无视亲情，这是社会大乱的原因。几乎历代王朝都将孝义作为核心准则，且将对父母之孝与对君王之忠结合起来，由孝及忠，奉行忠孝治国，不仅在伦理道德层面倡导孝道，还注重用法律手段来保障孝义落实，对不孝之罪量刑极重。在《尚书·康诰》中，周公姬旦告诫大臣说：“元恶大憝，矧惟不孝不友。”汉律把不孝列为大罪。三国两晋南北朝时期，孝的内容在律法中得以具体化、制度化。北齐律规定，重罪有十条，其中八条与不孝有关。唐朝法典《唐律疏义》明确规定“五刑十恶”，其中包含与不孝有关的内容和“不孝”之罪名。宋至清代的法典中，不孝均被列入十恶重罪。民间有不孝会遭天打雷劈之说，可见孝义在官方和民间的影响力都很大。

第三章　个人追求：我善养吾浩然之气

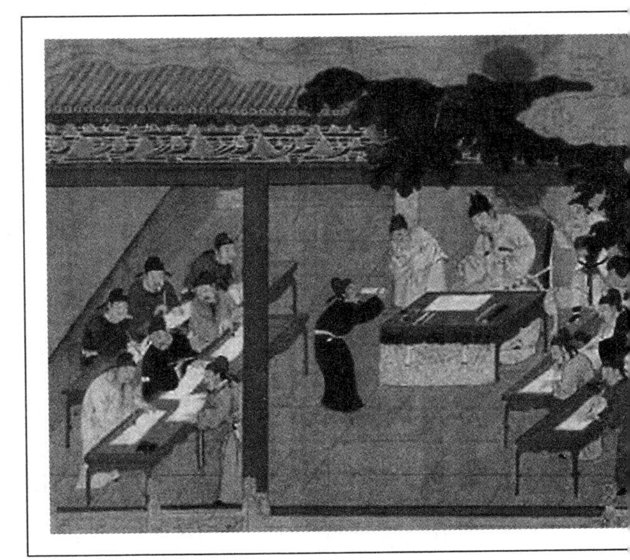

“英辞润金石，高义薄云天。”崇正义是中华传统美德的基本要素，也是社会主义核心价值观的重要内涵。义无反顾、见义勇为、急公好义、仗义疏财、成仁取义等，这些优良品质成为古往今来无数仁人志士赴汤蹈火、在所不辞的追求。正义，在为人处世的时候表现为重节尚气的遵道秉义，在朋友有难、路见不平的时候表现为扶弱抑强的任侠尚义，在国家危亡的时候表现为捐躯赴难的凛然大义。

本章站在个人追求的角度，分为“气义”“侠义”和“殉义”三个部分，通过对经典名句的研究和解读，让读者感受个人价值层面义文化的无穷魅力。“气义”一节着重研习养气集义思想，感受浩然正气的博大崇高；“侠义”一节着重研习行侠仗义思想，领略侠客们为国为民的侠义精神；“殉义”一节着重研习舍生取义思想，接受仁人志士誓死不屈这一义的最高境界的灵魂洗礼。信义是正义内涵的重要组成部分，本应在这一章专门设节研习，因这套丛书包含《守诚信》一书，故本书对“信义”内容未作赘述。

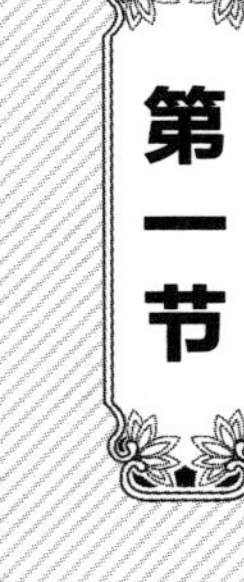

第一节

气义：养气之功，在于集义

君子行正气，小人行邪气。

——《文子·符言》

释义

品德高尚的人秉持正义之气，品德低劣的人秉持邪恶之气。

解读

文子是老子的弟子，精通道学，其著述主要解说老子之言，阐发老子思想，继承和发展了道家学说。文子在这里指出君子和小人的不同是分别拥有“正气”和“邪气”，然后对两者分别给予界定：“内便于性，外合于义，循理而动，不系于物者，正气也；推于滋味，淫于声色，发于喜怒，不顾后患者，邪气也。”意思是说，内心依从善良本性，行动符合正义要求，遵循伦理规范，不为财利所羁绊的，就是正气；一味追求享乐，沉溺于声色犬马，从个人喜怒出发，不顾日后祸患的，就是邪气。文子认为，正气和邪气此消彼长，势不两立；如果不打击邪气，就难以树立正气；只有高扬正气，才能压住邪气。

我知言，我善养吾浩然之气。

——《孟子·公孙丑上》

释义

我能领会别人的言辞，我善于培养我的浩然正气。

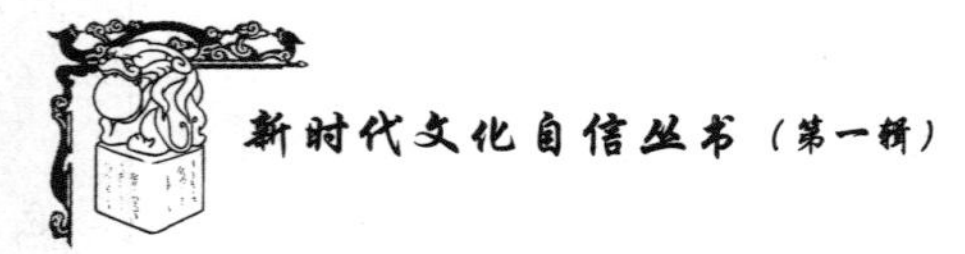

解读

孟子心中的“浩然之气”，是一种弥漫于天地之间的精神存在，集知识、信仰、价值、情操于一体，是经过长期的德性累积、情感约束与道义自觉而达到的一种思想境界。在孟子说完这句话之后，公孙丑问什么是“浩然之气”，孟子说：“难言也。其为气也，至大至刚；以直养而无害，则塞于天地之间。其为气也，配义与道；无是，馁也。是集义所生者，非义袭而取之也。”意思是说，这很难说清楚。浩然之气作为一种气，最盛大最刚强；靠正直去培养而不伤害它，它就会充塞天地之间。它作为一种气，要配备“义”与“道”；没有这些，它就会消亡。它是不断积累“义”而产生的，不是偶然有过正义举动就能获取的。孟子认为，培育正气，不是通过歪门邪道，而应该凭借“集义”的量的积累，到一定程度就会发生质的飞跃而形成正气。“我知言，我善养吾浩然之气。”此言一出，惊世骇俗，为百世千代立下慷慨激昂的精神路标！

富贵不能淫，贫贱不能移，威武不能屈，此之谓大丈夫。

——《孟子·滕文公下》

释义

富裕尊贵不能使他骄奢淫逸，贫困卑贱不能使他改移节操，威逼利诱不能使他的意志屈服，这样的人被叫作“大丈夫”。

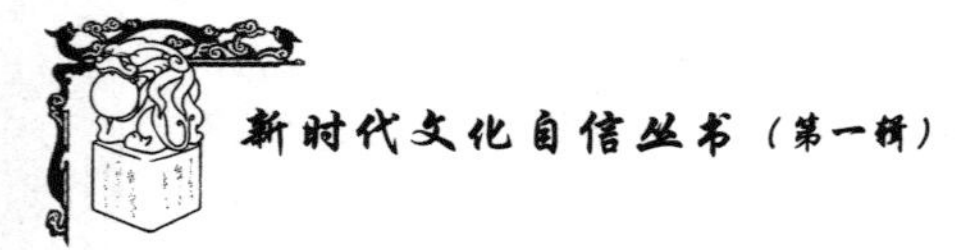

解读

战国时期，纵横家凭借口才和机智来游说诸侯，从事政治活动，进而取得高官厚禄。有一次，孟子与景春对话。景春认为，纵横家能够以辩才左右诸侯，挑起国与国之间的战争，“一怒而诸侯惧，安居而天下熄”，是了不起的大丈夫。孟子则强调，纵横家朝秦暮楚，事无定主，靠摇唇鼓舌、曲意逢迎来博取上位，没有正义感可言，不配称作大丈夫。在孟子看来，面对富贵、贫贱和威武的考验时，真正的大丈夫会始终坚守精神高地，在内心稳住“正义之锚”。孟子的这句千古名言是对大丈夫概念所作的精辟界定，之后的经典著作在此基础上不断丰富和发展大丈夫的精神内涵。比如，在《三国演义》第四十五回中，周瑜拉着蒋干的手说：“大丈夫处世，遇知己之主，外托君臣之义，内结骨肉之恩，言必行，计必从，祸福共之。假使苏秦、张仪、陆贾、郦生复出，口似悬河，舌如利刃，安能动我心哉！”

内惟省以操端兮，求正气之所由。

——《楚辞·远游》

释义

省察内心用以端正操守，探求正气来自何方。

解读

《楚辞·远游》围绕求仙远游的主题，先交代动机，再写准备过程，最后写学仙远游过程中的无比欢乐与自由，构成一个完整的思想行为体系。屈原描写远游者心境时反复吟咏“心愁凄而增悲”，定下全诗的情感基调，即坚定的信念和悲愤的追求。楚怀王听信小人谗言，渐渐疏远屈原，并将其多次流放。对于拥有赤胆忠心、立志报效祖国的屈原来说，离开郢都去“远游”，心情无疑是极度郁闷伤感的。古人认为天堂充满正义，因此，屈原尽管知道最后不得不回到人间，重返黑暗苦难的世俗社会，却还是决定暂时摆脱肮脏不平的现实世界，为“求正气之所由”而到天上“远游”，对公平正义的追求在虚无缥缈的神游中展现得淋漓尽致。在《楚辞集注序》中，朱熹从志行、教化和效果三方面对屈原及《楚辞》给予全面系统的评价，赞扬屈原“忠君爱国之诚心”这一“大义”。

人有气有生有知，亦且有义，故最为天下贵也。

——《荀子·王制》

释义

人有气息、有生命、有知觉，而且讲究道义，所以是世界上最可贵的。

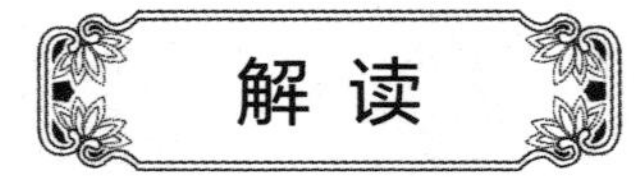

解读

义，狭义的理解，是指正义、道义、德义；广义的理解，可以是灵魂、精神、境界。人不能像植物、动物那样仅仅是为了生存，而一定要生活得有滋味、有情趣、有意义。为了论证人“最为天下贵”，荀子说：“水火有气而无生，草木有生而无知，禽兽有知而无义。”也就是说，水火有气息却没有生命，草木有生命却没有知觉，禽兽有知觉却没有正义。通过这样的举例对比，“人为贵”的结论水到渠成。荀子认为，义是人之为人的根本，是人类与水火、草木、禽兽的根本区别之所在；人之所以高贵，就在于有义、知义和遵义。

天地有正气，杂然赋流形。下则为河岳，上则为日星。于人曰浩然，沛乎塞苍冥。

——〔南宋〕文天祥《正气歌》

释义

天地之间有正气，被赋予万物之后就变成各种流动不拘的形状。在下面它表现为河流山岳，在上面它表现为日月星辰。它在人间被称作浩然正气，旺盛地充满天地。

解读

文天祥二十岁时进京参加会试，状元及第。宋恭帝德祐元年（1275）正月，元军大举进犯，南宋长江防线全线崩溃，朝廷下诏让各地组织兵马勤王。文天祥立即捐献家资充当军费，招募当地豪杰，组建了一支万余人的义军。有人劝他不要驱羊搏虎，文天祥说：“我之所以不自量力，就是为了使天下的忠臣义士能闻风而起，以保住江山社稷。”于是，他奉召捍卫京师，开赴平江、常州前线，与元军作战。后来，他被封为右丞相，奉命与元军统帅伯颜谈判，因据理力争而被伯颜扣留。后文天祥在镇江逃脱，到南平组织督府军。宋端宗任命他为右丞相、枢密使统领各路军马，转战赣闽粤一带，收复十余州县，席卷江南。于是，元军调集重兵阻截义军。宋少帝祥兴元年（1278）十二月，文天祥在海丰五坡岭兵败被俘，后被押解到元大都囚禁起来。《正气歌》是他死前一年在牢中写的一首五言古诗，全诗直抒胸臆、感情深沉、气壮山河，展现了他崇高的民族气节和强烈的爱国精神。在诗前的序文中，文天祥写道：“彼气有七，吾气有一，以一敌七，吾何患焉！况浩然者，乃天地之正气也。”他这是在说，自己被长时间关在狭窄的土牢，狱中充满水气、土气、日气、火气、米气、人气、秽气这些恶浊难闻的“七气”，虽说自己身体孱弱，在“七气”的夹攻之下却安好无恙，是因为凭借胸中的浩然正气，成功抵御住了各种邪气和浊气。乾隆皇帝赞曰：“文天祥忠诚之心，不徒出于一时之激，久而弥励；浩然之气，与日月争光。盖志士仁人欲伸大义于天下者，不以成败利钝动其心也。”

吾不能为五斗米折腰，拳拳事乡里小人邪！

——〔唐〕房玄龄等《晋书·陶潜传》

释义

我不能为了五斗米的俸禄而弯腰丧失尊严，低声下气地去向那些乡里小人献殷勤呢！

解读

东晋陶渊明是浔阳柴桑人，自幼修习儒家经典，爱闲静，念善事。二十九岁时，他出任江州祭酒，不久辞官归家。州里召他做主簿，遭他辞却。东晋安帝隆安二年（398），他赴荆州在大将桓玄的手下担任参军，后来出任镇军将军刘裕的参军。东晋恭帝义熙元年（405），他担任建威将军刘敬宣的参军。义熙元年八月，他最后一次出仕，官居彭泽县令。其间，浔阳郡派遣督邮刘云来检查公务。刘云凶狠贪婪，经常以巡视为名向辖县索要贿赂，如果得不到满足，就栽赃陷害。官吏提醒陶渊明"应束带见之"，陶渊明就说了这句气宇轩昂的话。后来，他将印绶交还，离开彭泽县，作《归去来兮辞》，正式开始归隐生活。义熙十一年（415），朝廷征召他为著作佐郎，他称病没有应召。南朝宋文帝元嘉四年（427），名将檀道济久闻陶渊明大名，去看望他，赠以粱肉，并劝他出仕，陶渊明拒绝了他，也没有收下所赠粱肉。同年，陶渊明卒于浔阳。《晋书》和《宋书》均有《陶潜传》，两者内容和表述不尽相同。《宋书·陶潜传》："郡遣督邮至，县吏白应束带见之，潜叹曰：'我不能为五斗米折腰向乡里小人。'即日解印绶去职。"李白在《梦游天姥吟留别》一诗中说："安能摧眉折腰事权贵，使我不得开心颜。”可以说，“诗仙”李白承接陶渊明“不为五斗米折腰”的高贵节操，勉励人们以气节为重，保持善良纯真的本性，不趋炎附势，不为世间名利浮华所动。

夷齐双骨已成尘，独有清名日日新。饿死沟中人不识，可怜今古几多人。

——〔北宋〕司马光《题夷齐庙》

释义

伯夷和叔齐两个人的尸骨已经化作尘土，唯独留下清白的名声令人传颂，诞出新意。他们饿死在山沟里没有人认识，令古往今来多少人哀怜不已。

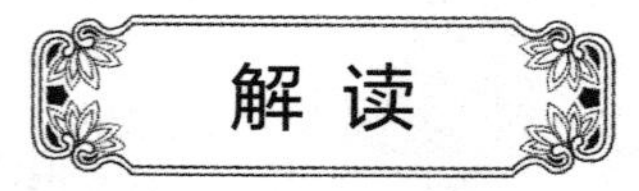

解读

据司马迁在《史记·伯夷列传》中的记载，伯夷和叔齐是商朝孤竹国国君的两个儿子，孤竹君想立叔齐为国君。孤竹君死后，叔齐让位给长兄伯夷。伯夷说："这是父亲的意愿。"然后，伯夷逃走了。叔齐也不肯继承君位而逃走。国人只好立伯夷和叔齐的另一个兄弟为国君。这时，伯夷、叔齐听说西伯姬昌善于敬养老人，便商量着说："我们为什么不去投奔他呢?"等他们到达的时候，姬昌已经死了，他的儿子周武王姬发用车载着灵牌，尊姬昌为周文王，正在向东进发讨伐商纣王。伯夷、叔齐拉住周武王的战马，劝阻说："父亲死了尚未安葬，就动武发动战争，能说得上是孝吗？以臣子的身份杀害君王，能说得上是仁吗？"周武王身边的人想杀掉他们，太公姜子牙说："此义人也！"然后扶起他们并送走了。武王灭掉商纣王以后，天下归顺于周朝。伯夷、叔齐以此为耻，"义不食周粟"，隐居于首阳山，采集薇蕨来充饥。待到饿得快要死的时候，他们作了一首歌："登彼西山兮，采其薇矣。以暴易暴兮，不知其非矣。神农、虞、夏忽焉没兮，我安适归矣？于嗟徂兮，命之衰矣。"意思是说，我登上首阳山，采集薇蕨来充饥。统治者以残暴代替残暴，不知道自己的错误。神农、虞舜的时代和夏朝转瞬即逝，我将归附于谁呢？可叹我将要死去，生命已经衰亡！于是，他们饿死在首阳山。伯夷和叔齐的让国精神和耻食周粟的高尚气节，为历朝历代的华夏儿女推崇备至。屈原、陶渊明、韩愈、李白、杜甫、白居易、范仲淹、司马光、文天祥、刘基、顾炎武等人都有赞颂伯夷和叔齐的传世佳作。

一点浩然气，千里快哉风。

——〔北宋〕苏轼《水调歌头·黄州快哉亭赠张偓佺》

释义

只要胸中有一点浩然正气，就能领略到千里之外吹来的快意长风。

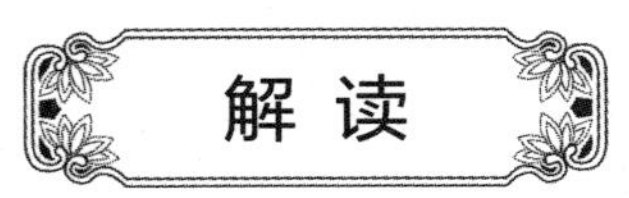

解读

这首词的全文为:“落日绣帘卷,亭下水连空。知君为我新作,窗户湿青红。长记平山堂上,攲枕江南烟雨,杳杳没孤鸿。认得醉翁语,山色有无中。一千顷,都镜净,倒碧峰。忽然浪起,掀舞一叶白头翁。堪笑兰台公子,未解庄生天籁,刚道有雌雄。一点浩然气,千里快哉风。”北宋神宗元丰年间,苏轼在乌台诗案中被诬讥刺新法,遭逮捕下狱,后被贬至黄州任团练副使。他在《次韵孔毅甫久旱已而甚两三首》中写道:“去年东坡拾瓦砾,自种黄桑三百尺。今年刈草盖雪堂,日炙风吹面如墨。”为了生存,他只得务农,在东坡这个地方开垦了十几亩荒地,还要自己盖房子。苏轼的友人张怀民,在黄州宅舍西南长江边建筑一所亭台。苏轼为这个亭起了一个颇为雅致的名字,叫“快哉亭”,并写下这首词,通过描绘快哉亭周围壮美的山光水色,抒发了自己身处逆境却乐观豁达、旷阔豪迈的精神。苏轼在《潮州韩文公庙碑》这篇碑文中认为,“浩然之气”的形成是一个道德提升与境界培育的过程,生理层面的气经由道德层面的转化,成为至大至刚的精神。“一点浩然气,千里快哉风”,源自孟子的“我善养吾浩然之气”。浩然正气和快哉长风,一如大江东去般波涛滚滚,是何等的荡气回肠啊!

第二节 侠义：义非侠不立，侠非义不成

见义不为，无勇也。

——《论语·为政》

释义

见到合乎正义的事却不去做，就是没有勇气。

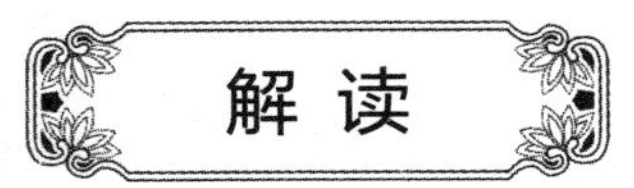

解读

这是关于“见义勇为”的最早记载，明确阐述了义与勇是人们推崇的美好品德。义，历来被作为评价“侠”的第一准则，是侠观念的核心。与此同时，勇也是“侠”所具有之高尚人格的重要组成部分。春秋战国时期，“侠”有很多不同的称呼，如《管子·问》中的“国之豪士”、《孟子·滕文公上》中的“豪杰之士”、《庄子·说剑》中的“剑士”、《墨子·备梯》中的“死士”等。从字面可以看出，这些称呼蕴含勇敢、豪壮、誓死、尚武之意。见义勇为、舍己为人，是中华民族崇尚的侠义之举，也是一代代华夏儿女殷切向往的崇高境界。

墨子服役者百八十人，皆可使赴火蹈刃，死不还踵。

——〔西汉〕刘安《淮南子·泰族训》

释义

在墨子门下服劳役的有百八十人，他们都可以扑向烈火、脚踏利刃，即使面对死亡也不会后退一步。

解读

墨家的弟子和信徒有数百人，其领袖被称为钜子。钜子的职位由公认的贤者担任，墨子是墨家的第一任钜子。墨家成员称为墨者，大多来自社会下层，一律穿短衣草鞋，“串足胼胝，面目黧黑”，勤于劳动，作战勇敢。墨子及其门徒尽力为人们做好事，功成不受赏，施恩不图报。墨家有着严密的组织和严格的纪律。战国时期，秦国有个钜子的儿子犯法，秦王顾念钜子年老而饶恕了他儿子，钜子却按照墨家律法将儿子处死。墨子及其门徒不同于普通游侠，普通游侠只要能得到酬谢或主人的恩惠，就不论什么仗都打；墨子及其门徒则不然，他们强烈反对侵略战争，只参加自卫战争。康有为指出：“侠即墨也。孔、墨则举姓，儒、侠则举教名，其实一也。”显而易见，墨学是侠义精神的源头之一。

弃身锋刃端，性命安可怀？父母且不顾，何言子与妻？名编壮士籍，不得中顾私。捐躯赴国难，视死忽如归。

——〔三国〕曹植《白马篇》

释义

舍身于刀山剑海，怎么会吝惜自己的生命？父母都不顾及，何况儿女与妻子？姓名已被编入战士名册，就不能顾念个人私利。在国家危难的时刻牺牲生命，看待死亡就好像回家一样。

解读

汉代以降，游侠遭到残酷的镇压和屠戮，此后日渐式微。除了《史记》《汉书》外，再不见有关游侠的传记。但是，侠义精神始终有着巨大的影响力，成为传统人格建构中的重要基石。汉代以后，咏史诗、侠义小说与戏剧开始颂扬侠义精神。在这个转变过程中，“建安诗人”曹植功不可没，其《白马篇》对传统侠义伦理、游侠价值取向进行改造，塑造了一个经典的游侠形象。“幽并游侠儿”是一位朝气蓬勃、行侠仗义的少年，充满理想和浪漫的色彩，其高超武艺被淋漓尽致地表现出来。更为重要的是，少年游侠的活动场所发生转换，从都市、乡村走向边塞、大漠，从过去单纯追求自身的快意恩仇提升到追求“捐躯赴国难，视死忽如归”的境界，体现出其舍生忘死的侠义精神和家国情怀，也寄托了诗人渴望为国建功立业的雄心壮志。

出身仕汉羽林郎，初随骠骑战渔阳。孰知不向边庭苦，纵死犹闻侠骨香。

——〔唐〕王维《少年行》

释义

（少年英雄）出身于汉朝的禁卫军，当初跟随骠骑将军在渔阳鏖战。有谁知晓不能去边关驰骋疆场的痛苦，纵然战死沙场尚能留下侠骨芬芳。

解读

骠：形容马快跑。骠骑：古代将军的名号，这里指骠骑将军霍去病，是西汉名将卫青的外甥，善骑射，用兵灵活果敢，多次统率汉军反击匈奴，立下赫赫战功，后因病去世，年仅二十四岁。仕汉、骠骑：借汉喻唐，是唐诗惯用手法。王维参禅悟道，精晓诗书画乐，多咏山水田园诗，有“诗佛”之美誉，与孟浩然并称“王孟”。苏轼这样评价王维：“味摩诘之诗，诗中有画；观摩诘之画，画中有诗。”其实，王摩诘不仅深谙山水田园诗，而且在边塞军旅诗的创作上也造诣颇深。《少年行》为组诗，共有四首，分别从不同侧面描写一群急人之难、豪侠任气的少年英雄，呈现出他们意气风发的精神面貌。这是其中的第二首，重点描写慷慨从军、出征渔阳的少年英雄，活灵活现地传递了他们尚义任侠、义无反顾的决心，充满强烈的英雄主义色彩。“孰知不向边庭苦，纵死犹闻侠骨香”的少年英雄，与西晋张华所作《博陵王宫侠曲》中“生从命子游，死闻侠骨香”的少年剑侠，两者甘愿征战沙场、为国献身的精神是一脉相承的。

未知肝胆向谁是，令人却忆平原君！

——〔唐〕高适《邯郸少年行》

释义

不知道自己的侠肝义胆在谁那里能派上用场，不由得让人回忆起礼贤下士的平原君！

解读

全诗为:“邯郸城南游侠子，自矜生长邯郸里。千场纵博家仍富，几度报仇身不死。宅中歌笑日纷纷，门外车马常如云。未知肝胆向谁是，令人却忆平原君！君不见即今交态薄，黄金用尽还疏索。以兹感叹辞旧游，更于时事无所求。且与少年饮美酒，往来射猎西山头。”开头六句极力描写邯郸少年放荡不羁的生活，“未知肝胆向谁是，令人却忆平原君”二句陡转气势，描写邯郸少年的内心活动，揭示他们对于纵性任侠的生活感到不满足，希望为国建功立业、施展宏图大志，可这美好的愿望得不到现实社会的理解，反而遭到排斥和压制，所以不由得神游千古，怀念战国时期以善养士著称的平原君赵胜。高适在诗中以邯郸少年自况，看似描写他们故作旷达的心情，实为抒发自己壮志难酬的激愤之情，奏出盛唐咏侠诗的强音。

夫侠者，盖非常人也。虽以然诺许人，必以节义为本。

——〔唐〕李德裕《豪侠论》

释义

侠客，不是平常的人。只要对别人许下承诺，他们就一定把气节和正义作为根本。

解读

这段话反映了侠的一个重要品质，那就是守信重诺，即司马迁所说的“其言必信，其行必果，已诺必诚”。守信重诺是侠义精神的鲜明特征，也是关于侠的伦理观念和道德准则的核心要素。《汉书》以后，历代史家不再为侠士作传，侠从正统史家的视野中消失，侠士的活动不再见诸正史。但在唐朝，侠文学开始兴盛。《豪侠论》是李德裕写的一篇散文，篇幅虽短，却很精彩，主要阐述唐代的豪侠现象和侠义精神，主张侠士的品行要符合儒家的道德要求，为侠义小说的发展奠定了思想理论基础。

义非侠不立，侠非义不成。

——〔唐〕李德裕《豪侠论》

释义

没有哪一个侠客不拥有正义感，不拥有正义感就不可能成为侠客。

解读

首先将侠和义二者相提并论的，是李德裕。这段话提出“无侠不义，不义无侠”的观点，首次为侠赋予义的品格，突出强调侠的正义内涵，使侠更趋于道德层面的合理性。李德裕认为，在江湖世界里，义是侠士的基本信条，也是他们行侠的终极目标；侠士胸怀正义为先的崇高使命感，勇于为劳苦大众的疾苦冤屈打抱不平；侠之为侠，不仅仅在于武术的高深，更在于达到义的境界，按照义的标准去行事、做人；不论侠士的武功如何炉火纯青、出神入化，如果不符合世人公认的正义要求，便不能称为侠士；成就高尚人格是习武的最高境界，一旦达到圆融之境，就实现了高尚人格和高超武艺的完美统一；习武练功只是侠士行侠仗义的手段，修行光辉人格和纯洁品德才是侠士的终极目标。

李德裕在唐朝会昌年间担任宰相，辅佐唐武宗李炎开创会昌中兴。李商隐赞扬他“成万古之良相，为一代之高士”。

我最怜君中宵舞，道男儿到死心如铁。看试手，补天裂。

——〔南宋〕辛弃疾《贺新郎·同父见和再用韵答之》

释义

我最尊敬你夜半拔剑起舞的壮烈情怀，说男子汉抗金北伐的决心至死也像铁一般坚定。期盼我们大显身手，重新统一分裂的祖国。

解读

这首词的全文为:“老大那堪说。似而今元龙臭味,孟公瓜葛。我病君来高歌饮,惊散楼头飞雪。笑富贵千钧如发。硬语盘空谁来听?记当时、只有西窗月。重进酒,换鸣瑟。事无两样人心别。问渠侬神州毕竟,几番离合?汗血盐车无人顾,千里空收骏骨。正目断关河路绝。我最怜君中宵舞,道男儿到死心如铁。看试手,补天裂。”中宵舞,即“闻鸡起舞”。东晋祖逖与刘琨交情甚好,同被共寝,每到半夜鸡鸣,祖逖就把刘琨叫醒,一起舞剑练武,以图建功立业、报效国家。补天裂:典出“女娲补天”的神话故事。同父,即陈亮,字同甫(父,同“甫”)。陈亮多次上书反对南宋偏安江南,痛斥秦桧,力主抗金,希望完成祖国统一大业。在词中,辛弃疾把好友陈亮比作祖逖。南宋孝宗淳熙十六年(1189)春天,辛弃疾将前一首《贺新郎》寄赠陈亮,不久收到陈亮的和词,辛弃疾又写了这首词赠给陈亮。此处所引的几句词,栩栩如生地描画了两个慷慨悲歌、拔剑起舞、以天下为己任的侠士的形象。辛弃疾青少年时期生活在金兵占领的北方地区,二十多岁时组织过一支两千多人的队伍,投奔耿京领导的农民起义军,积极抗金。宋室南渡后,辛弃疾在建康、江西、福建等地任职,多次上书主张北伐收复中原，统一国土，不但未被采纳，反而遭到压制和打击，被诬以“用钱如泥沙，杀人如草芥”等罪名，遭弹劾免职，闲居江西农村达二十年之久。南宋宁宗开禧年间，他一度出任浙东安抚使和镇江知府，不久又被弹劾落职，后忧愤成疾而死。辛弃疾曾经梦想征战沙场，胸怀热血丹心，但报国壮志成空，其词多倾诉壮志难酬的悲愤，彰显了他强烈的爱国情怀。

水浒寨中屯节侠，梁山泊内聚英雄。细推治乱兴亡数，尽属阴阳造化功。

——〔元末明初〕施耐庵、罗贯中《水浒传》

释义

水浒山寨中屯居着义气豪侠，梁山泊内聚集着英雄好汉。仔细推断国家大治或混乱、振兴或灭亡的气数，都属于自然创造化育万物的结果。

解读

《水浒传》在“引首”所作的这首诗中将梁山英雄称为节侠。北宋末年，天下瘟疫盛行，哀鸿遍野，君昏吏贪，奸佞专权，以致官逼民反。在《水浒传》中，以宋江为领袖的农民起义军成员如百川归海般聚集到梁山泊内的水浒寨中，崇尚并过着“死生相托，吉凶相救，患难相扶”的生活，一时间“哄动宋国乾坤，闹遍赵家社稷”。这群江湖豪侠身怀绝技、行侠仗义，却因为家门不幸、蒙冤受屈或走投无路而被逼上梁山。一百单八将齐聚水泊梁山，树起“替天行道”大旗，与压迫老百姓的统治者相对抗，反叛有违正义的封建社会秩序，试图建立一个“论秤分金银，大碗吃酒肉”的理想社会。《水浒传》历经几个世纪的不断增删和修改，有些人物、情节、观念、描述多有变动，但作为节侠第一要素的“义”从未动摇过。

侠之一字，岂易言哉？自古忠臣孝子，义夫节妇，同一侠耳。

——〔明〕李贽《焚书·杂述》

释义

“侠”这个字，岂是容易说得清楚的？自古以来，忠诚的臣子、孝顺的子女，正义的男子、守节的妇女，都可以称为“侠”。

解读

侠义精神，容易被狭隘地理解为飞檐走壁、百步穿杨的非凡绝技和路见不平、拔刀相助的见义勇为。有人甚至错误地认为，侠客就是头脑简单、四肢发达、恃武滥行的暴徒或杀人机器。明朝泰州学派一代宗师李贽认为，侠义精神不仅存在于武侠身上，而且是一种融入政治生活和家庭生活的广义的优秀品质；讲诚信、重践诺、急人难的侠义风范，历来被华夏儿女推崇备至。因此，曹沫、蔺相如、豫让、聂政、荆轲等，都是侠义精神在不同领域的代表人物。我们如果要继承和弘扬侠义文化，就要去粗取精、清楚界限，去除“侠”概念中不轨、暴戾的含义，发掘侠义精神的闪光点，与时俱进地注入时代元素。

不惜千金买宝刀，貂裘换酒也堪豪。一腔热血勤珍重，洒去犹能化碧涛。

——〔清〕秋瑾《对酒》

释义

（为了杀敌报国）我不惜高价购买锋利的钢刀，用貂皮衣服换来美酒畅饮，备感豪情万丈。要多珍惜自己的满腔热血，将来献出它的时候它将会化成碧绿的波涛。

解读

秋瑾在日本留学时购买了一把宝刀后写下这首诗，大有对酒当歌、拔剑起舞的英雄气概，表现出轻视金钱的豪侠性格和舍生取义的革命精神。秋瑾自称鉴湖女侠，常以花木兰、秦良玉自喻。清德宗光绪三十年（1904），她毅然与封建家庭决裂，东渡日本寻求救国道路，并参加留日学生的革命活动。光绪三十二年（1906），秋瑾回国组织武装起义。光绪三十三年（1907），她在绍兴主持大通学堂的校务并担任督办，提倡军事训练，常骑高头大马，身穿男子服装，英姿飒爽地在街上来往。秋瑾还联络浙江武备学堂、陆师学堂师生共同举事，组织六万多人参加光复军，推徐锡麟为首领，自己任协领。因起义计划泄露，徐锡麟提前在安庆仓促起义而被捕就义。有人赶到绍兴劝说秋瑾离开，她毅然回绝。当清军包围绍兴大通学堂时，学生要秋瑾从后门离开，她断然拒绝。清军进入校内，秋瑾率学生英勇抵抗，但被清军捕获。秋瑾遭到审讯时坚不吐供，只写了“秋风秋雨愁煞人”七字。农历六月初六凌晨，秋瑾在绍兴轩亭口就义，年仅三十二岁。孙中山为秋瑾亲拟一副挽联：“江户矢丹忱，感君首赞同盟会；轩亭洒碧血，愧我今招侠女魂。”后来，人们将秋瑾与吕碧城合称“女子双侠”。

第三节

殉义：二者不可得兼，舍生而取义者也

苟利社稷，死生以之。

——《左传·昭公四年》

释义

如果有利于国家，个人的生死就不足挂齿。

解读

春秋后期，郑国名相子产上台执政后，在维护贵族利益的同时又限制他们的特权，进行自上而下的改革。子产认识到，在礼崩乐坏的社会中，单靠德政、仁政难以维护社会秩序和贵族统治，于是奉行宽猛相济的治国方略，希望通过德刑兼施的统治手段，来维持不同群体之间的利益平衡。子产将法律规范刻铸成“刑书”，使国人周知，这是针对国内政治危机和社会矛盾而推行的挽救措施。改革伊始，老百姓并不理解，并且怨气冲天，对子产进行指责和诽谤。子产便说了上面这句铮铮誓言，表明为了国家利益而甘愿献身的心迹。三年后，改革初见成效，国民对子产的态度变恨为爱，并衷心拥护。《史记·郑世家》记载，子产去世后，“郑人皆哭泣，悲之如亡亲戚”。在《论语·公冶长》中，孔子称赞子产“有君子之道四焉：其行己也恭，其事上也敬，其养民也惠，其使民也义”。后来，此语被林则徐引用并改成“苟利国家生死以，岂因祸福避趋之”。

争一言以相杀，是贵义于其身也。故曰：万事莫贵于义也。

——《墨子·贵义》

释义

为了争论一句话而互相厮杀，这就是把道义看得比生命更可贵。所以说：一切事物没有比道义更可贵的。

解读

墨子在《贵义》篇中开宗明义地提出“万事莫贵于义”，足见其对“义”之非同寻常的重视。他在《大取》篇中说:“断指与断腕，利于天下相若，无择也。死生利若，一无择也。”墨子强调“摩顶放踵利天下，为之”，为了正义事业而不惜付出生命代价，具有裂裳裹足、摩顶放踵的自我牺牲精神。他富有强烈的反抗精神，非攻但不非诛，非战但不非守。“诛”类似于替天行道，“守”则为积极防御。楚国要攻打宋国，墨子一面亲自赶往楚国游说楚王，一面派其弟子三百人携带守城之器支援宋国，最终迫使楚王罢兵。为了天下之利这个“大义”，无论“断指”还是“断腕”，墨者都会践行“万事莫贵于义”的价值观，“赴火蹈刃，死不还踵”。

生，亦我所欲也；义，亦我所欲也。二者不可得兼，舍生而取义者也。

——《孟子·告子上》

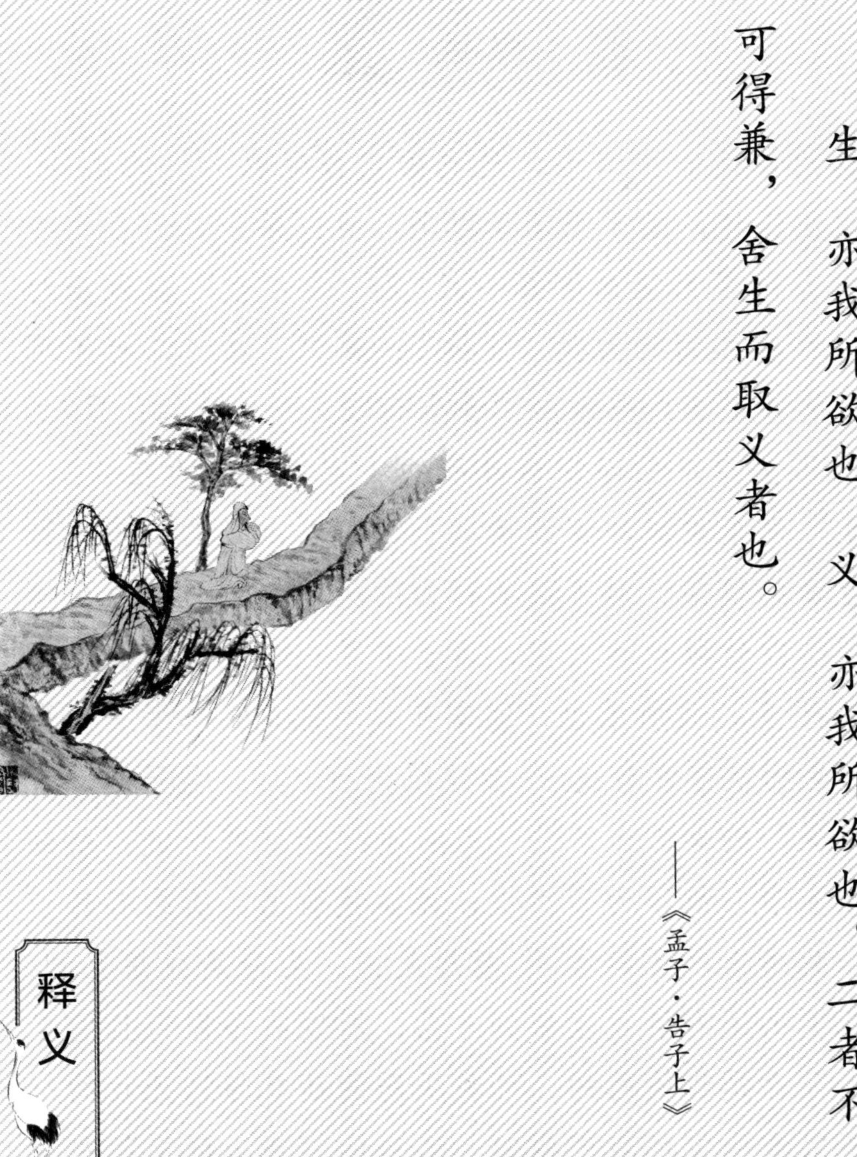

释义

生命，是我想要的；道义，也是我想要的。如果这两样东西不能同时得到，我就舍弃生命而选取道义。

解读

这段论述非常有名，是成语“舍生取义”的出处。通过这段论述，孟子强调了以下三点：第一，正如鱼与熊掌并非总是只能二者择一，“义”与“生”在很多时候可以共存并同时为我“所欲”；第二，在“二者不可得兼”的情况下，应作出“舍生而取义”的选择；第三，之所以作出为正义而安然赴死的决定，是因为在“义”与“生”发生尖锐冲突的情况下，追求正义的价值超过保全生命的价值，对不正义行为的厌恶超过对结束生命的厌恶。在这段论述之前，孟子举了一个生动的例子作为铺垫：“鱼，我所欲也，熊掌亦我所欲也。二者不可得兼，舍鱼而取熊掌者也。”在这段论述之后，孟子对“舍生而取义”的含义作了进一步阐述：“生亦我所欲，所欲有甚于生者，故不为苟得也；死亦我所恶，所恶有甚于死者，故患有所不辟也。”意思是说，生命是我想要的，可我想要的还有胜过生命的东西，所以我不做苟且偷生的事；死亡是我厌恶的，可我厌恶的还有超过死亡的东西，所以有的灾祸我不躲避。孟子的“舍生取义”与孔子的“杀身成仁”，在精神实质上一脉相承、异曲同工。

君子易知而难狎，易惧而难胁，畏患而不避义死。

——《荀子·不苟》

释义

君子容易交好却难以狎昵，小心谨慎却不屈从于胁迫，担忧祸患，却不怕为道义而死。

解读

荀子认为，社会上有不少人不怕死，“不怕死”包括“狗彘之勇”“贾盗之勇”“小人之勇”和“士君子之勇”这四种类型。荀子分别对这四种“不怕死”作了详细的阐述：“争饮食，无廉耻，不知是非，不辟死伤，不畏众强，恈恈然唯利饮食之见，是狗彘之勇也。为事利，争货财，无辞让，果敢而振，猛贪而戾，恈恈然唯利之见，是贾盗之勇也。轻死而暴，是小人之勇也。义之所在，不倾于权，不顾其利，举国而与之不为改视，重死持义而不桡，是士君子之勇也。”前三种“不怕死”源自见利忘义、利欲熏心的贪婪，死于目光短浅，死得轻率鲁莽，是破坏社会秩序、有损社会安定的行为，可谓死不足惜。而第四种“不怕死”是“士君子之勇”，“士君子”不畏强权、不贪私利，为了正义而不惜舍弃生命，这种仗节死义的行为是荀子极力推崇的。

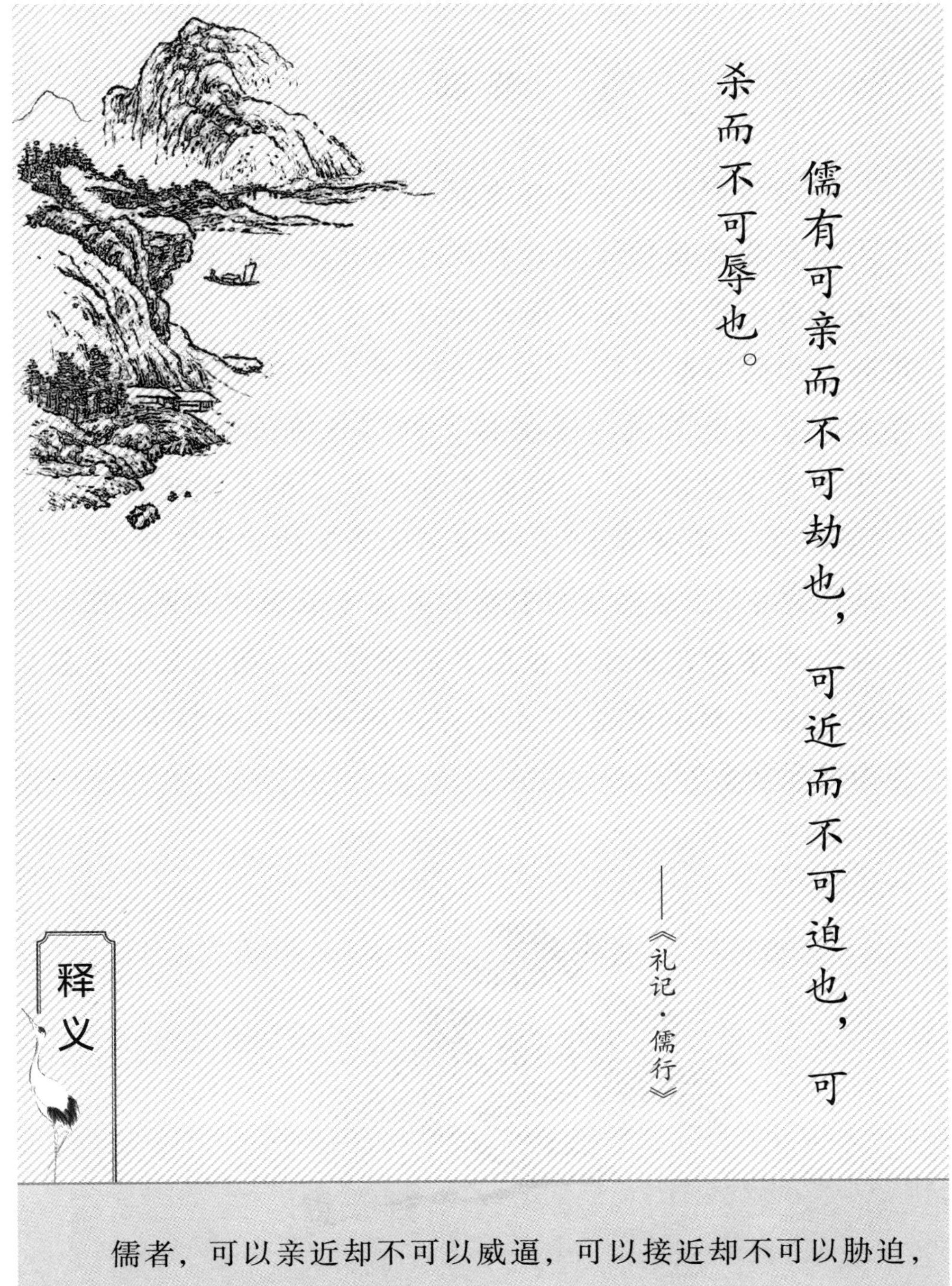

儒有可亲而不可劫也，可近而不可迫也，可杀而不可辱也。

——《礼记·儒行》

释义

儒者，可以亲近却不可以威逼，可以接近却不可以胁迫，可以杀害却不可以侮辱。

解读

人类自诞生以来就怀有对自身尊严的追求，这根源于人对自我价值的认同，根源于对社会、民族、国家的责任担当。儒者的刚毅是浸透在骨子里的，外表却温厚柔和，如同绵里裹针。《论语·微子》的“不降其志，不辱其身”，《三国志·庞德传》的“良将不怯死以苟免，烈士不毁节以求生”，韩愈《清边郡王杨燕奇碑文》的“不畏义死，不荣幸生”，于谦《无题》的“名节重泰山，利欲轻鸿毛”，这些语句表明仁人君子崇尚“士可杀而不可辱”的精神，秉承舍生取义的价值观。明代名臣王鏊也说过与此相似的话：“士可杀，不可辱。今辱且杀之，吾尚何颜居此？”

大丈夫宁可玉碎，不能瓦全。

——〔唐〕李百药《北齐书·元景安传》

释义

大丈夫宁可作为玉器被打碎，也不愿作为瓦器而保全。（比喻大丈夫宁可为正义而死，也不愿苟全性命。）

解读

南北朝时期，北朝东魏的孝静帝元善见被迫让位给丞相高洋，后被毒死，元善见的儿子及其他亲属也被斩草除根。高洋登基称帝，是为文宣帝，改国号为齐，史称北齐。随后，元善见的远房宗族很多被诛戮，有的远亲见状就在一起商议，想改姓高。元景皓说：“岂得弃本宗，逐他姓？大丈夫宁可玉碎，不能瓦全。”意为宁愿被杀头，也不愿将自己的姓改为高。元景皓的堂弟元景安就把这番话转告给高洋，高洋便杀了元景皓，而元景安改姓高。后以“宁为玉碎，不为瓦全”来比喻宁愿为正义事业而牺牲生命，也不愿苟且偷安。

孔曰成仁，孟曰取义，唯其义尽，所以仁至。

——〔南宋〕文天祥《衣带赞》

释义

孔子说“杀身成仁”，孟子说“舍生取义”，只有把正义践行到极点，仁德才会达到至高境界。

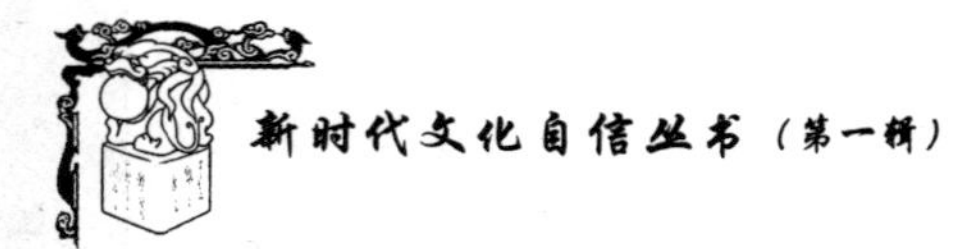

解读

元世祖忽必烈想用儒家思想来统治汉人，需要起用一个有威望的宋臣，就派宋朝降将劝文天祥投靠元朝，降将被文天祥一一痛斥。于是，忽必烈请出已投降的宋恭帝赵㬎来规劝，文天祥看见后，扑通一声跪倒在地，长哭不起，然后说“圣驾请回”，依然不降。忽必烈见文天祥软硬不吃，决定处死他。元世祖至元十九年（1282）十二月初九，监斩官在临刑前问：“丞相还有什么话要说？回奏还能免死。”文天祥喝道：“死就死，还有什么可说的！”他问监斩官：“哪边是南方？”有人给他指明方向，文天祥便躬身朝南深深三拜，说：“我的事情已经完结，心中无愧了！”正如他的《扬子江》一诗中所言：“臣心一片磁针石，不指南方不肯休。”文天祥死后，人们发现他缝在衣带中的一首诗：“孔曰成仁，孟曰取义。惟其义尽，所以仁至。读圣贤书，所学何事？而今而后，庶几无愧！”文天祥的早年同窗张千载以百金赎回文天祥尸首，妥善安葬，并密造匣盒藏其指发及文稿，历尽艰险运到文天祥的故乡庐陵富川。人的生命像一条流淌不息的河，愈是在暗礁险滩密布的河段，愈能溅起洁白晶莹的浪花。在山河破碎、民族危亡的紧要关头，文天祥始终义无反顾地竭力冲杀，丝毫不畏惧前方的万仞悬崖，为了民族大义而九死一生，奋斗到生命的最后一刻。后人回望文天祥时不禁发现，他的生命之河最后流成一条飞奔而下的瀑布，流成一条笔直站立的银河！

生比鸿毛犹负国，死留碧血欲支天。忠贞自是孤臣事，敢望千秋青史传？

——〔明〕张煌言《甲辰八月辞故里》

释义

亡国之臣虽然苟活，却如鸿毛一般对国家毫无作用，唯有凭一死洒下碧血，支撑起国家的一片天。忠诚不移本来就是臣子应该做的事情，怎敢奢望载入史册而被千秋万代传颂？

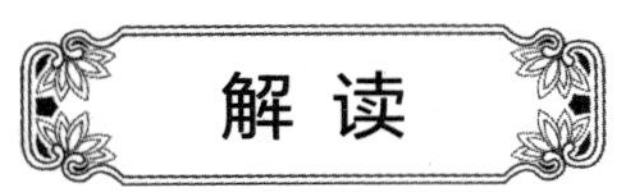

解读

青史：古代在竹简上记录历史，竹子表面有一层竹青，含水分，不易刻字，故将竹简放到火上炙烤，后人就把这个火烤的程序称为杀青，将史书称为汗青或青史。明末英雄张煌言在南京失守后，与钱肃乐等起兵抗清。后联络多家农民军，与郑成功配合，亲率部队连下安徽二十余城，坚持抗清斗争近二十年。清廷多次招降，张煌言坚决不从。清圣祖康熙三年（1664），张煌言见大势已去，就解散义军，隐居不出。是年，他在宁海县为清军所俘，被押往杭州。出发时，几千人前来送行。在辞别父老乡亲之际，张煌言写下两首诗，诗题虽为“辞故里”，但他心里十分明白此去凶多吉少。此时此刻，他抒发的不是对个人生命的贪恋，也不是临死之前的悲戚和恐惧，而是矢志不渝的抗清精神、为国捐躯的决绝之心和身虽死而志不移的豪壮情怀。后来，人们将张煌言与岳飞、于谦合称“西湖三杰”。

生以载义，生可贵；义以立生，生可舍。

——〔明末清初〕王夫之《尚书引义·大诰》

释义

生命承载了正义，生命是宝贵的；正义确立了人生的价值，所以在生命与正义的冲突不可调和时，应当舍弃生命。

解读

王夫之把“义”纳入其理气论的世界观和人生观中，确立以义为命的“义命论”，指出“将贵其生，生非不可贵也；将舍其生，生非不可舍也”，主张“生以载义”和“义以立生”，得出“生虽可贵而生可舍”的结论，从君子之“正命”的角度把“生”与“义”紧密地统一起来，继承和发展了孔子“杀身成仁”和孟子“舍生取义”的思想。他认为，在历史的某些阶段和社会生活的某些时期，肯定存在正义与生命“二律背反”的时候，真正的仁人志士不会为了苟且偷生而抛弃正义，只会毫不犹豫地成全正义，哪怕牺牲生命也在所不惜。王夫之强调，生命的意义在于一个“义”字，这实际上消解了“生”与“义”的矛盾，使得在生死、行藏、进退、取舍的选择上只能唯“义”是从。

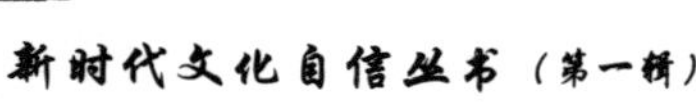

苟利国家生死以，岂因祸福避趋之？

——〔清〕林则徐《赴戍登程口占示家人》

释义

如果对国家有利，我将不顾生死。难道能因为有祸就躲避、因为有福就趋奉吗？

解读

“苟利国家生死以”源于《左传·昭公四年》中的“苟利社稷，死生以之”。清宣宗道光十九年（1839）四月二十二日，钦差大臣林则徐下令在虎门海滩当众销毁鸦片，历时二十三天，这成为第一次鸦片战争的导火索。虎门销烟后，林则徐先后被任命为两江总督、两广总督。气急败坏的英军组织反扑，攻打广州城未果，便一路北上，沿途抢掠，一直打到天津大沽口，威胁北京。道光皇帝惊慌失措，派直隶总督琦善南下议和，并将林则徐撤职，降为四品。清宣宗道光二十二年（1842），林则徐被发配至新疆伊犁，临行前吟诗两首作别家人，展现了将个人生死置之度外的博大胸怀。这两句诗出自其中的第二首：“力微任重久神疲，再竭衰庸定不支。苟利国家生死以，岂因祸福避趋之？谪居正是君恩厚，养拙刚于戍卒宜。戏与山妻谈故事，试吟断送老头皮。”在祖国面临沦为半殖民地半封建社会的紧要关头，林则徐挺身而出，坚决主张并实行禁烟。与此同时，为了国家的繁荣富强，他对西方的文化、科技和贸易持开放态度，主张学其优而用之，被称为“开眼看世界第一人”。林则徐以其不同凡响的一生，实现了“苟利国家生死以，岂因祸福避趋之”的誓愿。

死谏开先第一人，千秋从此解批鳞。空言盛世能旌善，坯土何曾表直臣？

——〔民国〕初元方《关龙逢墓》

释义

关龙逄是中国历史上开以死相谏之先的第一个人，从此以后就有人敢于犯颜直谏了。如果凭空妄说繁荣昌盛的时代会宣扬美善之人，那么，这抔黄土埋葬的直言诤谏之臣什么时候受到过表彰呢？

解读

批鳞：古人以龙比喻君主，传说龙喉下有逆鳞，一旦被碰触，龙就会发怒而杀人，后以批鳞比喻敢于向君主直谏不讳。夏朝最后一位君主夏桀弑父继位后，施行暴政，残杀忠臣良将，蹂躏黎民百姓，终日与妺喜寻欢作乐，导致朝政日衰。大夫关龙逄常常直言进谏，力劝夏桀收敛暴行、体恤百姓。夏桀根本听不进去。关龙逄决定以献黄图进谏。所谓黄图，就是国家地图。关龙逄想借此说明国家形势危机四伏，规劝夏桀多关心朝政。关龙逄献上黄图，说：“以前的君主讲究仁义、爱民节财，因此国家长治久安。您如此挥霍财物、杀人无度，若不改变，上天会降下灾祸。”说毕，立于朝廷不肯离去。夏桀问：“你还有什么妄言？”关龙逄怒目而视。夏桀便把黄图烧毁，喊来兵士把关龙逄囚禁起来，不久就将其杀害。关龙逄成为中国有史以来第一位因进谏而遭杀戮的忠臣。

第四章　义利之辩：义利之说，乃儒者第一义

朱熹说：“义利之说，乃儒者第一义。”义利之辩，是围绕义与利之间的关系开展的辩论，也是围绕伦理道德和物质利益的关系而进行的争论，本质上是价值观之辩。义，就是正义，亦即公正合宜的道理、道德上的应当；利，就是利益，可分为国家利益和个人利益，亦即公利和私利。义利之辩，始于先秦时代的百家争鸣，之后贯穿中国思想发展史，论争的核心问题是义和利孰轻孰重。

义利观，就是如何看待义和利之间的关系，其涉及人与人、人与物的关系问题，涉及经济、政治、文化、哲学、伦理等多个领域，思想流派纷繁复杂。本章择其要者，将义利观主要归纳为“重义轻利”“重利轻义”和“义利并重”三种，由此分三个部分，就中华传统文化经典著作中的相关名句进行研究和解读。以老庄为代表的道家学派主张“绝仁弃义”和“绝巧弃利”，这种义利皆轻的观点对后世影响较小，故本章未予讨论。

第一节 重义轻利：义，利之本也

放于利而行，多怨。

——《论语·里仁》

释义

放任自己按照唯利是图的原则去行动，会招致很多怨恨。

解读

孔子认为，具有高尚品格的人不会仅仅考虑个人利益的得与失，如果每个人的所思所行都是利字当头、贪利忘义、弃义牟利，那么人与人之间的冲突就会不断加剧；反之，如果每个人说话办事都是义字当头、以义统利、以义求利，就能构建起和谐友爱的人际关系。儒家主张，“义”为正，“利”为副，以正统副；所得为合“义”之利，得而心安，所得为黑心之利，获之不妥；经商的人如果昧着良心坑蒙拐骗、制赝贩假，贪占不义之财，必然招来多方愤恨；从政者拿着人民赋予的权力徇私舞弊、贪污腐化，就会失去民众信任而受到法律制裁。

君子喻于义，小人喻于利。

——《论语·里仁》

释义

品德高尚的人看重道义，品德低劣的人看重利益。

解读

如何锤炼人的品格，是儒学关注的中心。克己修身而成就德义，是儒者的精神追求。“至圣先师”孔子一改此前以社会地位区分君子与小人的惯例，将是否看重义作为划分君子与小人的根本标准。做拥有正义感的君子，不做唯利是图的小人，是儒家对人的基本要求。在《论语》中，君子与小人的对举共有十九次。孔子将“义”赋予君子，使“义以为上”成为君子的价值取向；把唯利是图作为行动准则、奉行利重于义的人，就是小人。在中华传统文化中，人的社会地位越高，“义”对其的要求就越高。比如，《庄子》说：“小人则以身殉利，士则以身殉名，大夫则以身殉家，圣人则以身殉天下。”

见利思义，见危授命，久要不忘平生之言，亦可以为成人矣。

——《论语·宪问》

释义

见到利益就想到是否合乎道义，遇到危难就敢于献出生命，经历长久的穷困日子却不忘记平日的誓言，也就可以成为完美的人了。

解读

“见利思义”是传统儒家处理义利关系的基本准则，也是中华民族传统美德。在《论语·季氏》中，孔子说：“君子有九思：视思明，听思聪，色思温，貌思恭，言思忠，事思敬，疑思问，忿思难，见得思义。”意思是说，君子有九种要思考的事：看的时候，要思考是否看清楚；听的时候，要思考是否听清楚；自己的脸色，要思考是否温和；容貌，要思考是否谦恭；言谈时，要思考是否忠诚；办事时，要思考是否谨慎严肃；遇到疑问时，要思考是否应该向别人询问；愤怒时，要思考是否有后患；获取财利时，要思考是否合乎义的准则。“见得思义”与“见利思义”一样，都含有“义然后取”之意。所以，孔子不是一味地反对追求利益，而是指见到利益时要作理性思考，想一想符不符合道义的标准，该取的可以取，不该取的就不能占为己有，应做到有节有度。品行端正的人在利益诱惑甚至生死考验面前，坚持以义为重，勇于舍个人之小利，求国家之大义。与“见利思义”截然相反的是“见利忘义”，为儒家所鄙视和逐弃。

义，利之本也，蕴利生孽。

——《左传·昭公十年》

释义

道义，是利益的根本，聚敛钱财就会产生邪恶。

解读

重义轻利、先义后利，是儒家思想的内核。《左传·僖公二十七年》也说："德义，利之本也。"《左传》认为，人们追求利益的行为不能肆无忌惮，必须受到一种为人们所公认的社会行为准则的制约，这就是"义"；应把"义"作为利益取舍的尺度，以道义原则来调节各种利益冲突；"义"是实现"利"的前提和保障，只有循义而行，才能实现根本利益和长远利益。《吕氏春秋·无义》中也有类似的观点，说"故义者，百事之始也，万利之本也"。

居利思义，在约思纯，有守心而无淫行。

——《左传·昭公二十八年》

释义

得到利益时想到道义要求，身处困难时想到保持纯正，要有坚守正义之心而没有放纵的行为。

解读

居利思义，即临财不苟得，是儒家义利思想的基本观点。具体来说就是，既承认人追求利益的合理性，又强调正义是追求利益的价值规定；重视精神追求而将其置于物质利益之上，维护整体利益而将其置于个体利益之上，肯定欲利的合理性而将其置于正义的监督之下。春秋时期，义利关系未表现出明显对立，“义”被认为是“利”的来源，如“义以生利”“义以导利”和“义以建利”；利人、利民、利公、利国、利天下，在儒家视野中都属于正义行为。

夫义者，利之足也；贪者，怨之本也。废义则利不立，厚贪则怨生。

——《国语·里克杀奚齐而秦立惠王》

释义

道义，是获取利益的基础；贪欲，是产生怨恨的根源。废弃道义，利益就建立不起来；贪欲加深，怨恨就会萌生。

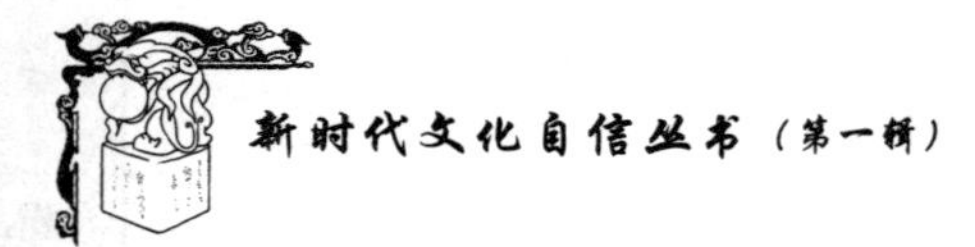

解读

春秋时期，里克善于带兵，成为晋献公东伐西讨、南征北战、开疆拓土的得力助手。晋献公生三子，即申生、重耳和夷吾。申生按周礼制度被立为太子。后来，晋献公伐骊戎得两姊妹，骊姬生奚齐，其妹少姬生卓子。骊姬受宠，欲立己出的奚齐为太子。在骊姬的影响下，晋献公决心废黜申生，就将申生、重耳、夷吾发配到边疆。骊姬与人合谋陷害申生，威逼大臣里克勿加干涉，里克不为所动。第二天，里克便不上早朝。骊姬加快陷害申生的脚步，申生无奈自杀。申生的死刺激了里克，里克决心除掉骊姬一党。晋献公弥留之际，拜大夫荀息为相国，主持朝政。荀息遵照晋献公的遗命，奉奚齐为晋侯、骊姬为国母。以里克为首的诸公子准备除掉奚齐。里克拉拢大夫丕郑行废立之举，问："三位公子将要杀奚齐，你打算怎么办？"丕郑说："我帮你一起行动，联络秦国动摇奚齐的势力。到时拥立能力弱的人做国君，我们可以获得重酬，不让能力强的人回到晋国。晋国还能是谁的天下？"于是，里克说了这段话，阐明先义后利的基本观点。丕郑欣然接受，协助里克杀了奚齐、卓子和骊姬。

先义而后利者荣，先利而后义者辱。

——《荀子·荣辱》

释义

先讲道义而后求利益是光荣的，先求利益而后讲道义是可耻的。

解读

荀子认为，对待义利关系的方式有两种，即“先义而后利”和“先利而后义”。他把“利”视为“私”，指出如果大家都从私利出发，势必导致巧取豪夺而违反“义”的规定。基于这种认识，荀子否定“先利而后义”的行为，并从道德上加以批评，告诫人们如此行事的危害性，进而阐述“先义而后利”的行为对个人、社会和国家都是有益的。他对弃义谋利的行为深恶痛绝，强调“保利弃义，谓之至贼”，要求所有社会成员争做“利少而义多”的事。荀子说：“良农不为水旱不耕，良贾不为折阅不市，士君子不为贫穷怠乎道。”意思是说，好的农民不因为旱灾就不耕种，好的商人不因为亏损就不做买卖，士人君子不因为贫困穷苦就对道义有所怠慢。

不能以义制利，不能以伪饰性，则兼以为民。

——《荀子·正论》

释义

如果不能用道义制约私利，不能用后天学到的礼仪来纠正恶的本性，就不适合从政而只能成为平民。

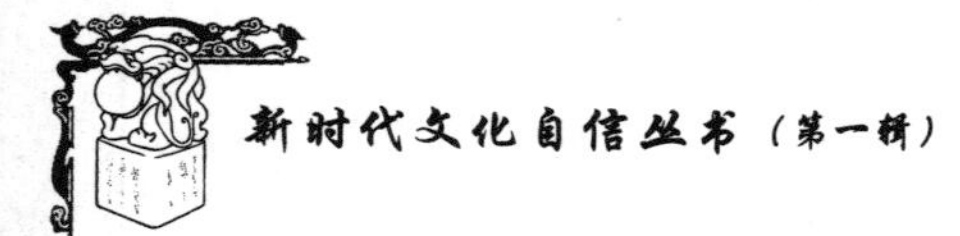

解读

荀子继承和发展儒家义重于利的思想，开创性地提出“以义制利”的义利观。在他看来，出于人之本性的功利心和贪婪性，“虽为守门，欲不可去”，“虽为天子，欲不可尽”。为此，荀子强调充分发挥礼义道德的教化作用，使人的逐利之心敌不过好义之心。所谓“以义制利”，就是发挥“义”对“利”的克制作用，让“义”主导“利”而占据统帅地位。荀子认为，礼义教化是约束邪恶人性的重要手段，起着维护社会秩序、协调人际关系的作用，可以促进人心凝聚、社会稳定和国家富强；能“以义制利”就有公正之心，能“以伪饰性”就有去欲之能，这是为官从政的两个基本素养。

义者，心之养也；利者，体之养也。体莫贵于心。故养莫重于义，义之养生人大于利。

——〔西汉〕董仲舒《春秋繁露·身之养重于义》

释义

道义，可以滋养心灵；利益，可以滋养身体。身体没有心灵尊贵。所以最需要滋养的莫过于道义，道义滋养人的价值远大于利益。

解读

以“正其谊不谋其利，明其道不计其功”的观点为代表，董仲舒坚持重义轻利的价值观。他指出，“义以养其心”，“利以养其体”，二者各有所用、不可或缺；因为“体莫贵于心”，所以“养莫重于义”，二者相比之下，显然义重于利；既然心贵于体，养心之义就贵于养体之利。在这段话的后面，他说：“夫人有义者，虽贫能自乐也。而大无义者，虽富莫能自存。吾以此实义之养生人，大于利而厚于财也。”通过“有义虽贫”与“无义虽富”的比较，重申“义之养生人大于利”的结论。他还说：“天之为人性命，使行仁义而羞可耻，非若鸟兽然，苟为生，苟为利而已。”这就意味着，人之为人而非鸟兽，就是因为人有“义”而不是仅仅“为生”与“为利”。董仲舒还对贪官污吏见利忘义的行为给予无情揭露，要求统治者“重仁廉而轻财利”。在他看来，暴政、苛捐杂税、荒淫无度等一切恶行，都源自“弃义贪财，轻民命，重货赂，百姓趣利，多奸轨”；贪官污吏之所以“去理而走邪”，是因为“亡义而殉利”。

大凡出义则入利，出利则入义。天下之事，惟义利而已。

——〔北宋〕程颢、程颐《二程集·师训》

释义

一般来说，离开道义范畴就进入利益范畴，离开利益范畴就进入道义范畴。天下的事，只有道义和利益罢了。

解读

在这段话中，“二程”（指程颢和程颐）提出“出义入利”和“出利入义”的伦理价值模式，强调义和利是对立、相斥的，即有义则无利、有利则无义，二者非此即彼、互相消长，义利关系被视为水火不容。同时，“二程”又认为，二者在一定条件下可以统一起来。他们在解释《周易》中的“利者，义之和也”和“利物足以和义”时说“利者，和合于义也”。他们还说：“和于义，乃能利物，岂有不得其宜而能利物者乎？”从这个解释可以看出，“二程”眼中的义利虽然可以统一，却是有条件的，即义先而利后，有义必有利，没有义就没有利。

若义以义为后而以利为先，则不弑其君而尽夺之，其心未肯以为足也。

——〔南宋〕朱熹《四书章句集注·孟子集注》

释义

如果一个人把道义放在后面而把利益放在前面，那么，这个人不杀掉君主并篡夺全部的权力和钱财，他的欲利之心就一定不会得到满足。

解读

此语为朱熹对《孟子》中“苟为后义而先利，不夺不餍”所作的注解，指出先利后义的贪婪必然导致恶果。朱熹的义利观主要形成于他对儒家经典的注解和阐发，以及对“二程”等前辈和同时代理学家相关论点的集注与辨析。因此，他的义利思想既延续了儒家学说精髓，又颇具时代特色和创新精神。作为儒学的集大成者，朱熹认为，“义”即“天理”“公”和“善”，“利”则是“人欲”“私”和“恶”；“善善恶恶为义”，人们应当好善驱恶、善恶分明，具备正确的是非观念。他主张义本利末，强调正义对于利益的绝对重要性，把义利关系视作“头尾关系”，应坚持先义后利，若反过来，就会造成严重危害。

君子小人之大辨，人禽之异，义利而已矣。

——〔明末清初〕王夫之《读通鉴论·陈宣帝》

释义

品德高尚的人与品德低劣的人之间最大的不同，人与禽兽的差别，就在义利观罢了。

解读

《读通鉴论》曰："天下之大防二，而其归一也。一者，何也？义利之分也。"王夫之坚持"义之必利"和"离义而不得有利"的观点，把对待义利关系的态度看成区分君子与小人、人与禽兽的标准，认为"义者，是之主；利者，非之门也。义不系于物之重轻，而在心之安否"。他说："出乎义入乎害，而两者之外无有利也。"意即，只有坚持正义才能带来利益，背离正义不可能得到利益。他批评盲目求利的小人，强调"利于一事，则他之不利者多矣；利于一时，则后之不利者多矣，不可胜言矣；利于一己，而天下之不利于己者至矣"。

王夫之身处明末乱世，中秀才后想进京赶考，神州大地却已遍地烽火。很快战乱波及衡阳，张献忠慕名请王夫之当幕僚，王夫之不从，张献忠便抓了他的父亲。王夫之用利刃刺伤身体和面部，前往军营接回父亲。此后，他募集义士，举兵抗清，起义失败后投奔南明政权，却被佞臣陷害而几陷大狱。后来，他在衡阳石船山下隐居，始终以大明士子自居，不剃发，不论下雨天晴，出门必打伞、穿木屐，以示"头不顶清朝天，脚不踏清朝地"。王夫之七十一岁时，清廷官员前来拜访。王夫之自认是明朝遗臣，既不接见这位官员，也不受其礼物，并写了一副对联："清风有意难留我，明月无心自照人。"

第二节

重利轻义：吾所谓利者，义之本也

仓廪实则知礼节，衣食足则知荣辱。

——《管子·牧民》

释义

粮仓充实，民众才会懂得注重礼节；衣食丰足，民众才会懂得注重荣辱。

解读

这句话体现了管仲的“利以生义”思想。管仲是春秋时期的法家代表人物，主张先有物质生活，后有精神生活，认为物质生活的富足会提升精神生活的质量。他辅助齐桓公治理国家，从政治、经济、军事等方面进行一系列改革，使齐国走上富强的道路，帮助齐桓公成就“九合诸侯，一匡天下”的伟业而雄居“春秋五霸”之首。管仲坚持农、工、商并举，以改善百姓生活。他认识到经济与礼义之间相辅相成的关系，那就是：百姓衣食无忧就会遵守礼法，否则，就会为了生存而偷窃抢盗，破坏社会安定团结。管仲认为，“仓廪”“衣食”属于“利”的范畴，“礼节”“荣辱”属于“义”的范畴，“义”的产生必须以“利”为前提条件。司马迁在《史记·管晏列传》中引用这句话时，将两个“则”字改成“而”字，即“仓廪实而知礼节，衣食足而知荣辱”。

故利之所在，虽千仞之山无所不上，深源之下无所不入焉。

——《管子·禁藏》

释义

所以存在利益的地方，即使是极高的山峰也会有人攀登上去，即使是极深的潭水也会有人潜游下去。

解读

管仲提出与儒家贵义贱利思想大相径庭的义利观，指出“凡人者莫不欲利而恶害”，人的本性就是趋利避害。这句话以生动的比喻表明，人们为了获取利益，会不畏山高水深，克服一切艰难险阻。为了论证“故利之所在，虽千仞之山无所不上，深源之下无所不入焉”这个结论，管仲在此语之前举了两个形象生动的例子：“夫凡人之情，见利莫能勿就，见害莫能勿避。其商人通贾，倍道兼行，夜以续日，千里而不远者，利在前也。渔人之入海，海深万仞，就波逆流，乘危百里，宿夜不出者，利在水也。”管仲充分认识到，物质利益对于人具有无限诱惑力，人们日夜辛勤劳动，其动力不外乎一个“利”字；聪明的统治者只要准确把握了人逐利的天性，就抓住了“御民之辔”，就会使百姓“不引而来”地服从他们的统治。

杨子取为我，拔一毛而利天下，不为也；墨子兼爱，摩顶放踵利天下，为之。

——《孟子·尽心上》

释义

杨朱主张“为我”，即使拔一根汗毛就有利于天下，他也不做；墨子主张“兼爱”，即使从头顶到脚跟都磨伤，如果能有利于天下，他也会去做。

解读

这是成语“一毛不拔”和“摩顶放踵”的出处。墨子和道家杨朱学派的创始人杨朱的思想迥异，有“天下之言不归杨则归墨”的说法。杨朱反对墨子的“兼爱”，奉行“贵己”“重生”和“人人不损一毫”，重视个人生命的保存，反对他人对自己的侵夺，也反对自己对他人的侵夺。杨朱强调重利轻义，陷入极端利己主义的旋涡，主张不顾一切地追求个人享乐，遭到高举仁义大旗的孟子的激烈批评。孟子“何必曰利”观点的形成和深化，与其斥责杨朱高度利己主义观点有着密切关联。与杨朱相反，墨子说:“义，志以天下为芬，而能能利之，不必用。”意即，“义”是立志把天下的事当成自己的分内之事，兼利万民，没必要考虑自己是否被重用。更可贵的是，他以实际行动来践行自己倡导的“兼相爱，交相利”，表现出强烈的苦行意志和自我牺牲精神。庄子赞扬墨者“多以裘褐为衣，以跂蹻为服，日夜不休，以自苦为极”。孟子对杨墨二人的主张均持批判的态度，他说：“杨氏为我，是无君也；墨氏兼爱，是无父也；无父无君，是禽兽也。”但是，孟子非常认可和尊重墨子“摩顶放踵利天下，为之”的理念和行动。

夫有施与贫困，则无功者得赏；不忍诛罚，则暴乱者不止。

——《韩非子·奸劫弑臣》

释义

施舍贫穷困苦的人，没有功劳的人就会得到赏赐；不忍心诛戮和惩罚有罪的人，暴虐和骚乱的人就会层出不穷。

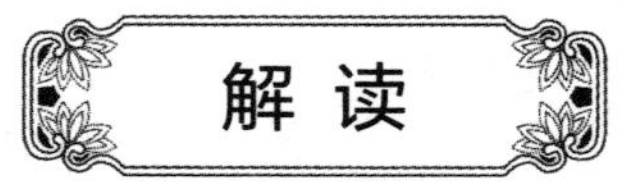

解读

在上面这段话之前，韩非对通常所说的“仁义”和“惠爱”作了解释：“夫施与贫困者，此世之所谓仁义；哀怜百姓不忍诛罚者，此世之所谓惠爱也。”也就是说，施舍贫穷困苦的人，这就是世人所说的仁义；怜悯老百姓而不忍心杀戮和惩罚，这就是世人所说的惠爱。韩非坚持性恶论，否定伦理道德的作用，是法家学派的重要代表和法家思想的集大成者。他强调，趋乐避苦是人的本性，人是自私的，都以“计算之心”相待，将“利之所在”作为唯一动机和动力，没有道德良心可言，企图用仁义道德来调节人际关系是无济于事的。韩非认为，儒家的先义后利思想不能禁止现实中的邪恶行为，反而会破坏自食其力原则；行仁义，就是赏罚不分、是非不辨，不利于国富民强，会导致国家贫穷没落；必须放弃所谓的仁义之举，转而利用法规制度来惩恶扬善，借助刑罚的威慑力量来促使人们遵纪守法、弃恶从善。

渊深而鱼生之，山深而兽往之，人富而仁义附焉。

——〔西汉〕司马迁《史记·货殖列传》

释义

水深了就有鱼生存，山林深了就有野兽前往，人富有了就心怀仁义。

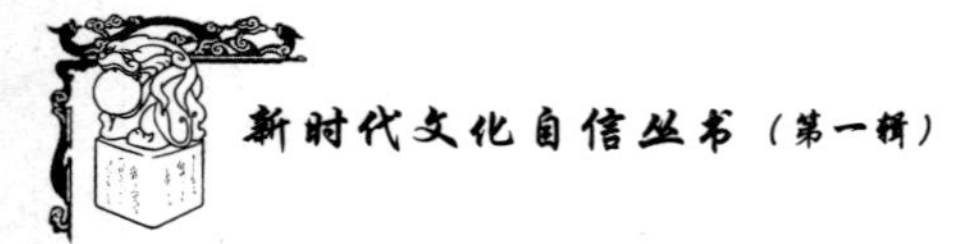

解读

太史公司马迁的义利思想极为丰富深刻，蕴涵尚义、重利、义利并重等立场不同的观点，可谓兼容并包、丰富多彩，充分体现了《史记》“究天人之际，通古今之变，成一家之言”的创作主旨。司马迁推崇并发展管仲的“利以生义”论，把求利求富界定为人的天生性情，认为用于教化的妙论再多也徒劳无益，最好的对策是让人们富裕起来。他说：“礼生于有而废于无。故君子富，好行其德；小人富，以适其力。”意思是说，礼义产生于富有而废绝于贫困。所以品德高尚的人富有了，就会施行仁德；普通百姓富有了，就会把力量用在适当的地方。由此，司马迁得出“人富而仁义附”的结论。司马迁与管仲在义利问题上的观点基本一致，《史记·管晏列传》的字里行间充满对管仲发展经济生产、创造社会财富的赞扬。但是，管仲重视行政管理对经济活动和个人行为的控制，司马迁则强调自由放任而反对政权干涉个人的求利求富行为，认为个人富裕会推动社会风气的好转。这样看来，司马迁持有比管仲更加彻底的“利以生义”说，称之为“唯利生义”说也不为过。

天下熙熙，皆为利来；天下攘攘，皆为利往。

——〔西汉〕司马迁《史记·货殖列传》

释义

天下人来来往往、四处奔波，说到底都是为了利益。

解读

司马迁在《史记》中大加赞赏义薄云天之人，弘扬正义精神，但是，他的高明之处在于没有因此而简单地否定“利”，也没有把“义”和“利”对立起来，而是通过人物故事来肯定人们追逐利益的合理性。他在《史记·货殖列传》中大谈特谈“利”，详细记录了政治家出身的范蠡、孔子的弟子子贡、放牧的乌氏倮、巴寡妇清等巨商大贾的经营活动，将他们与政治人物相提并论，赞美他们的商业智慧和职业道德，甚至称其为无冕之王，得出“天下熙熙，皆为利来；天下攘攘，皆为利往”的结论。司马迁认为，追求财利是人的共同本性；大千世界，芸芸众生，无论贫富贵贱，之所以东奔西走、南来北往，都是为了利益。

谷足食多，礼义之心生；礼丰义重，平安之基立矣。

——〔东汉〕王充《论衡·治期》

释义

谷物充足、食品繁多，守礼崇义之心就会产生；礼节丰富、义德厚重，国家清平安定的基础就确立了。

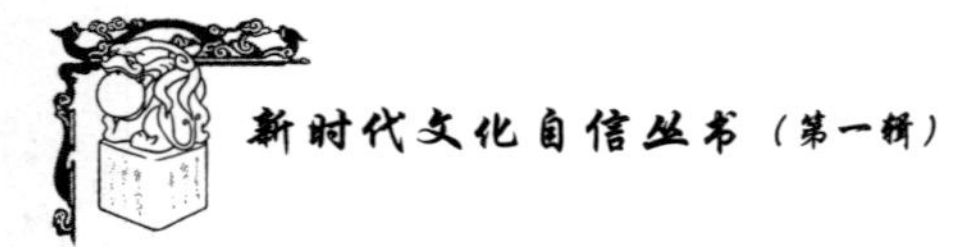

解读

在汉代，董仲舒的天人感应说占支配地位，其要旨是天帝有意识地创造了人，为人类生出五谷万物，生下帝王来统治万民。这种理论为儒家思想披上了神秘主义色彩，并掺进谶纬学说，使儒学变成儒术。王充在《论衡》中以道家的自然无为思想作为立论基础，细说微论，以事实验证言论，解答世俗之疑，辨别是非之理，对谶纬说和儒术进行批判，弥补了道家空说无着的缺陷。“衡”的本义是天平，“论衡”即评定言论的天平，其目的是“冀悟迷惑之心，使知虚实之分”。王充认为，“谷足食多”，人们才可以“心生礼义”，天下就会太平；反之，“谷食乏绝，不能忍饥寒”，人们为了生存而被迫利欲熏心，顾不上遵礼尚义，就会导致天下大乱。王充继承管仲的“利以生义”思想，强调物质生活对社会道德观念的制约作用，在肯定物质生活第一性方面具有朴素唯物主义思想倾向。正因为《论衡》一书批判孔孟，质疑儒家正统思想，所以遭到历代封建统治阶级的冷遇、攻击和禁绝，统治阶级将它视为“异书”。

第三节

义利并重：义与利者，人之所两有也

利者，义之和也。

——《周易·文言》

释义

利，就是“义”不断累积、共同作用的结果。

解读

《周易》坚持义利一致思想，提出“利者，义之和”与“利物足以和义”这两个代表性论断。《周易》认为，“义”即道德规范，“利”即物质利益，“和”即和谐；“义”的“和”处，便是“利”；利物、利他、得应得之利，便是“和”；一切事物处理合宜、符合节度，便是“义”与“利”的“和”处；达到和谐共生的状态，各方才能获取利益的最大化，实现互惠互利的最佳状态。同时，《周易》强调，“义”与“利”是两个东西，或是一个东西的“体”与“用”！“义”是“体”，是主体，是本质的、主要的东西，是生“利”的根本、统“利”的灵魂；“利”是“用”，是从属的、次要的东西，是“和义”的手段、服务于“义”的支辅；无“利”之“义”不便于推行，行“义”时不能忽视“利”。

厚爱利足以亲之，明智礼足以教之。

——《管子·权修》

释义

君主给予宽厚的仁爱和丰厚的利益就可以亲近人民，申明知识和礼义就可以教化人民。

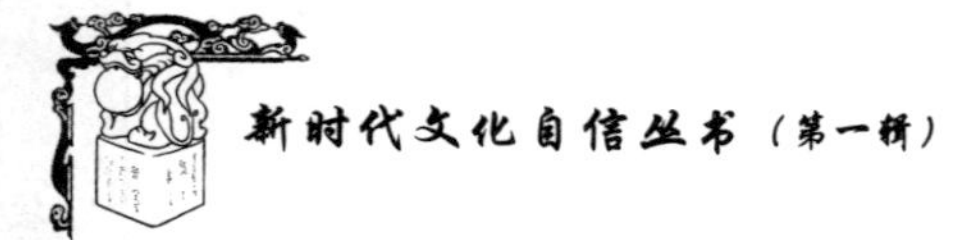

解读

管仲指出，“夫凡人之情，见利莫能勿就”，要求国君“通货积财”与“旦暮利之”。另一方面，他又强调“义”的重要性，“非吾仪虽利不为，非吾当虽利不行，非吾道虽利不取”，提出礼、义、廉、耻是国家的“四维”，“义”是维系国家安危的重要精神支柱。因此，管仲在义利关系的看法上吸收儒法两家的主张并加以改造，强调重利而不轻义，“义”中有“利”的内涵，“利”应受到“义”的约束，把义与利视为巩固统治地位的两个缺一不可的方面。他认为，如果从精神上施行正义的教化，从物质上给予利益的满足，百姓就会遵守秩序、服从管教，社会就会稳定有序。

富与贵，是人之所欲也，不以其道得之，不处也。贫与贱，是人之所恶也，不以其道得之，不去也。

——《论语·里仁》

释义

富裕和显贵，这是人们想得到的，如果不是用正当方法获取它，就不要去获取。贫穷和卑贱，这是人们所厌恶的，如果不是用正当方法摆脱它，就不要去摆脱。

解读

儒家从重义轻利的基本思想出发，突显“义”的首要地位。孔子主张“罕言利”，孟子有“何必曰利”的说法，董仲舒提出“正其道不谋其利，修其理不急其功”的观点，宋明理学家严辨义利、理欲和公私。这就易于给人一种印象，似乎儒家只重义而排斥利，这一认识并不符合实际。孔子在提倡见得思义、反对见利忘义的同时，也指出“富与贵，是人之所欲也”“贫与贱，是人之所恶也”等观点，认同人们追求正当利益的合理性。孔子强调，任何人都厌恶贫穷困顿的生活，希望过上富贵安逸的日子；无论获取财富和地位，还是远离贫穷和卑贱，都应坚持“以其道得之”，切忌违背正义原则而贪恋不法之物。

富而可求也，虽执鞭之士，吾亦为之；如不可求，从吾所好。

——《论语·述而》

释义

合乎正义的财富就可以去追求，即使让我做拿着鞭子驾车的差役，我也去做；如果财富不可以去追求，那就依从我的喜好去做。

解读

倡导和践行义利统一的科学的社会主义义利观，既要求公民遵纪守法、重情重义，又充分尊重其追求物质利益和精神享受的意愿，其导向作用已经在经济、政治、文化等各个社会领域发散开来。这种新型的义利观就是深沉而持久的思想先导和行为指南，能够帮助人们在价值判断上作出正确选择。“至圣先师”孔子坚持义重于利的价值观，反对为了逐利而抛弃道义的行为。同时，他强调追求利益的正当性，鼓励人们去追求个人的合法利益，并表示为了获得这种利益，自己不惜做“执鞭”的差役。孔子到卫国，弟子冉有询问国家富庶后的治国方针，孔子以“富之”二字作答。在孔子看来，义利之间虽然存在矛盾，在根本上却是统一的。因此，孔子的义利观全面而深刻，既主张“义以为上”，又提倡在合乎道义的情况下获取利益。这在一定程度上反映了孔子充满辩证色彩的义利观，饱含儒家的中庸智慧。

礼以行义，义以生利，利以平民，政之大节也。

——《左传·成公二年》

释义

礼制用来推行道义，道义用来产生利益，利益用来安定百姓，这是执政的重要原则。

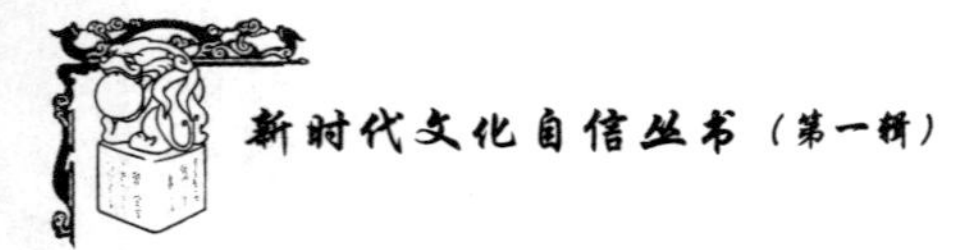

解读

春秋时期，卫穆公派遣孙良夫率兵入侵齐国，和齐军在新筑相遇，发生“新筑之战”。新筑大夫仲叔于奚援救孙良夫，使孙良夫幸免于难。不久，卫国把城邑赏给仲叔于奚。仲叔于奚辞谢封赏，而请求得到只有诸侯才能使用的一种乐器，并想用繁缨装饰马匹来朝见。卫穆公答应了仲叔于奚的请求。孔子听说这件事后说：“惜也，不如多与之邑。唯器与名，不可以假人，君之所司也。”他接着说：“名以出信，信以守器，器以藏礼，礼以行义，义以生利，利以平民，政之大节也。”与此言相类似的是《国语》中“义以生利，利以丰民”的表述。

德以施惠，刑以正邪，详以事神，义以建利，礼以顺时，信以守物。

——《左传·成公十六年》

释义

德政用来施予恩惠，刑罚用来匡正除邪，和顺用来事奉神灵，道义用来建立求利的基础，礼法用来顺应时宜，信誉用来守护事物。

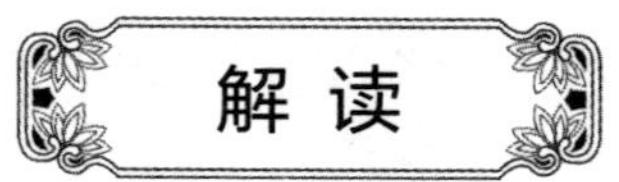

解读

“义”作为社会公认的道德准则，必然带来广泛的物质利益，即这里所说的“义以建利”。“义”在本质上代表社会整体利益的要求，以一定的功利为目的。当然，这种功利不是指个人的不正当财利，而是指每位社会成员的合法利益，更是利集体、利国家、利天下之利。“义”作为儒家尊崇的伦理规范和道德理想，其价值意义被优先确立。但是，仅仅强调正义的优先性、至上性，并不能起到调节利益和规范行为的作用，因为它可能走向对“利”的否定。所以，儒家的代表人物如孔子在强调道义优先的同时，也承认物质利益的合理存在。

义以生利，利以丰民。

——《国语·献公将黜太子申生而立奚齐》

释义

道义用来产生利益，利益用来富民。

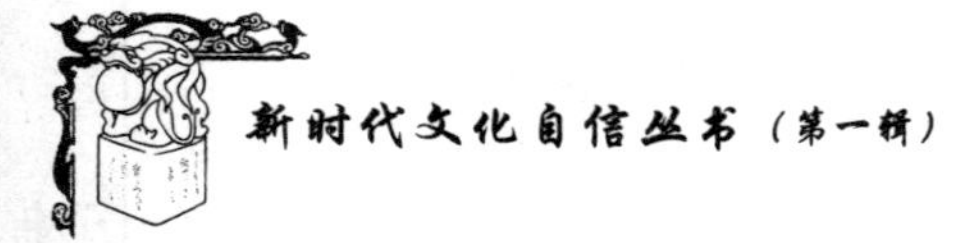

解读

东周惠王十一年（前666），晋献公准备废长立幼，大臣丕郑劝道：“吾闻事君者，从其义，不阿其惑。惑则误民，民误失德，是弃民也。民之有君，以治义也。义以生利，利以丰民，若之何其民之与处而弃之也？必立太子。”意思是说：“我听说侍奉国君的人应服从道义，不可屈从于国君的错误。国君错了就会影响民众，导致民众跟着犯错而丧失德义，这样就是抛弃民众。民众需要国君，视其为践行道义原则的标杆。道义用来产生利益，利益用来富民，怎么能既与民众共处却又抛弃他们呢？您一定要立长子申生为太子。”“义以生利”，是说“义”是“利”的制约因素，“利”是依据这种制约而获得的合理结果；“利以丰民”，则强调“利”对人民的重要性，即可以使人民丰衣足食。《左传·成公二年》载有孔子所说的“义以生利，利以平民”，与此语表达的意思相同。

所为贵良宝者，可以利民也，而义可以利人。故曰：义，天下之良宝也。

——《墨子·耕柱》

释义

之所以珍视珠宝一类的东西，是因为它们可以给人民带来利益，而道义可以给人民带来利益。所以说：道义，是普天之下的精美珠宝。

解读

这是个典型的三段论，包含三层意思：“良宝”可以利民、利人；“义”可以利民、利人；“义”是“天下之良宝”。这三层意思一环扣一环，程式严谨，逻辑严密，从前两者推出后者，得出“义，天下之良宝”的结论。

墨子认为，“义”就是公利，就是人民之利、国家之利、天下之利，而不是一己私利。墨子还说：“利人乎，即为；不利人乎，即止。”也就是说，有利于他人的事合乎道义，就去做；不利于他人的事不合乎道义，就不能做。

在这个三段论式的推断之前，墨子列举生动的例子进行了充分铺垫，来说明对于治国理政来说，和氏之璧、隋侯之珠、三棘六异不是良宝，而“义”才是真正的良宝。他说：“和氏之璧、隋侯之珠、三棘六异，此诸侯之所谓良宝也。可以富国家，众人民，治刑政，安社稷乎？曰：不可。所谓贵良宝者，为其可以利也。而和氏之璧、隋侯之珠、三棘六异，不可以利人，是非天下之良宝也。今用义为政于国家，人民必众，刑政必治，社稷必安。”意思是说：“和氏璧、隋侯珠、三翮六翼的九鼎，这是诸侯所说的‘良宝’。它们可以促使国家富裕、人口增多、刑政实施、社稷安定吗？回答说：不能。‘良宝’之所以贵重，是因为它们可以给人们带来利益。而和氏璧、隋侯珠、三翮六翼的九鼎，不能给人民带来利益，所以这些都不是天下的‘良宝’。现在把道义原则运用于国家治理，人口必然增多，刑政必然得到实施，社稷必然安定。”

义与利者，人之所两有也。

——《大略》

释义

道义和利益，是人们兼而有之的东西。

解读

在这句话里，荀子提出“义利两有”的主张，将“义”与“利”结合起来，承认“义”与“利”具有同时存在的可能。同孟子的性善论相反，荀子主张性恶论，认为人天生喜好利益，如果不加以正确引导，人就会陷入唯利是图、见利忘义的泥淖。在认识到这种与生俱来的求利欲望的同时，他还强调，人有爱好道义的一面，可以对人的义利倾向进行适当引导，能满足其利欲的尽量满足，满足不了的利欲通过后天教化使其节制。与孔子一样，荀子也把“义”视为辨别君子与小人的标准。在他看来，君子以“义”作为处世准则，能够做到重情重义，既能修身又能获利，可以实现义利兼得；小人则以利处世，蝇头小利看似得到不少，实则义利两废。荀子认为，国家既要创造一定的物质条件，使人的生活得到必要保障，又要强化礼义教化，加强法治建设，防止和惩处人攫取不义之财。可以说，荀子继承并超越了孔孟的义利思想，形成非常实用的“义利两有”价值观。

此谓国不以利为利，以义为利也。

——《大学》

释义

这就是说国家不应把利益作为最高利益，而应把道义作为最高利益。

解读

此语可以有两种理解：一是处理国内事务时，不能巧取豪夺、与民争利，而要坚持“以义为利”，想方设法让利于民，对人民行仁政、施仁义，为人民谋福祉，让人民活得有尊严，使经济社会发展成果由人民群众共享；二是在国际交往时，不能只追求你少我多、你输我赢，更不能搞一家通吃、损人利我，而要坚持“以义为利”，妥善处理国与国之间的义利关系，在国际合作中既崇尚并主持正义，又寻求国家利益最大化，真心诚意地互相支持、互相帮助，达到合作共赢的结果。

天之生人也，使人生义与利，利以养其体，义以养其心。心不得义不能乐，体不得利不能安。

——〔西汉〕董仲舒《春秋繁露·身之养重于义》

释义

上天生养人类，使人生出道义和利益，利益用来滋养身体，道义用来滋养心灵。心灵不能得到道义就不能快乐，身体不能得到利益就不能安宁。

解读

关于董仲舒的义利观，最有名的是《汉书·董仲舒传》所载的“正其谊不谋其利，明其道不计其功”，后人多因此而误以为他只言“义”而不言“利”。事实上，董仲舒确实持有“义重于利”的价值取向，但在此前提下又奉行“义利两养”思想。他把“义”和“利”并列起来，认为“义”和“利”都是客观存在的，它们之所以“生”，是上合天理、下合人情的。“养体”与“安体”之“利”是一般意义上的生活资料和物质财富，为人们赖以生存所必需。他把“利”分为公利和私利，将公利提升到“义”的高度来认识，提倡为国家建功立业，大兴天下之公利。董仲舒讲“利”与讲其他问题一样，总与“天”联系起来，从“天”和自然规律的角度来说明“利”之存在的客观必然性。比如，《春秋繁露》的“五谷，食物之性也，天之所以为人赐也”“天地之生万物也，以养人”“天之常意，在于利人”“天常以爱利为意，以养长为事，春秋冬夏皆其用也”等，这些论述旨在说明上天赋予人以“利”，人之有利、求利、不可缺利是客观的、必然的。董仲舒指出，古代圣王之所以获得人民的尊敬和拥护，正是因为“见天意之厚于人也，故南面而君天下，必以兼利之”；统治者应满足人们追求正当利益的愿望，“以爱利天下为意，以安乐一世为事”。

理财，乃所谓义也。一部《周礼》，理财居其半，周公岂为利哉？

——〔北宋〕王安石《答曾公立书》

释义

管理财物，就是通常所说的道义。一部《周礼》，管理财物的内容占了一半，难道周公是为了一己之私吗？

解读

王安石主张义利并行、富国强民，既讲“义”又讲“利”，认为“义”和“利”是统一的。王安石推行熙宁变法，遭到以司马光为首的反对派的肆意抨击。反对派指责王安石“生事”和“征利”，说他皇皇求利、不知礼义、违反孔孟思想。针对这种无端攻击，王安石说了这段话，还说:“举先王之政，以兴利除弊，不为生事；为天下理财，不为征利。”意思是说，实行古代贤明君主的政策，用来兴办对国家和人民有利的事业，消除种种弊病，不是制造事端；为国家管理财务，不是与百姓争夺财利。王安石强调道义与财利的一致性，认为理财就是“义”，表明兴利理财合乎“先王之政”，自己没有离经叛道，当然不能说是“不义”。在一定程度上讲，王安石的义利思想是其主持熙宁变法的指导思想。

惟仁义则不求利而未尝不利也。

——〔南宋〕朱熹《四书章句集注·孟子集注》

释义

只要心怀仁义，即使不刻意追求利益，也不是什么利益都得不到。

解读

朱熹说："义者，天理之所宜；利者，人情之所欲。"他对"利"的基本内涵作过这样的阐述："有自然之利，如云'利者义之和'是也。但专言之，则流于贪欲之私耳。"这就意味着，他把"利"划分为"自然之利"和"贪欲之私"两种类型，并对它们采取不同的态度。正如他所说："利是那义里面生出来底。凡事处制得合宜，利便随之，所以云'利者义之和'。盖是义便兼得利。若只理会利，却是从中间半截做下去，遗留上面一截义底。小人只理会后面半截，君子从头来。"在朱熹看来，如果"利"是因"义"而来的"自然之利"，"义便兼得利"，两者互相渗透、彼此包含，"义在利中""利在义中"，就应该坚持义利统一的态度；如果"利"是个人的"贪欲之私"，是"专言利"而忽视"义"的不正当所得，"义"和"利"存在尖锐的冲突，就应该坚持义本利末的态度。朱熹认为，在"惟仁义"和"循天理"的前提下，"利"是"自然之利"，因此"义即利"，"义"和"利"是一体的；君子与圣人倡导和践行先义后利的价值观，追求的是利他、利后世子孙、利社会、利国家的大利和远利；"循天理，则不求利而自无不利"。不过，出于对现实人性的考量，他又分外强调重义轻利、以义制利，而且这是他的主要态度。

诸儒自处者曰义曰王，汉唐做得成者曰利曰霸。一头自如此说，一头自如彼做；说得虽甚好，做得亦不恶。如此却是义利双行、王霸并用。

——〔南宋〕陈亮《又甲辰秋书》

释义

众多儒家自称要坚守道义和王道，认为打下江山的汉祖唐宗是逐利和霸道的。儒家这一边这么说，帝王那一边那么做；说得纵然很好，做得也并不差。这样就是“义利双行”和“王霸并用”。

解读

南宋时期，理学兴盛并被奉为官方哲学，成为显学。同时，浙东事功学说也兴盛起来，形成与居于主导地位的正统派理学之间的对立。陈亮与朱熹之间关于“义利王霸”的论辩名噪一时，争辩的直接诱因是朱熹反对陈亮主张的“义利双行”和“王霸并用”。两人的最大分歧在于对“天理”与“人欲”、“义”与“利”、“王”与“霸”之间关系的看法。朱熹崇义绌利，认为夏商周三代以上是“天理流行”的王道盛世，三代以下是“人欲横流”的霸道衰世，强调“天理”为“义”、“人欲”为“利”，宣扬“存天理，灭人欲”。而陈亮盛赞汉唐功业，倡导德才兼用、通时达务，奉行王霸义利一元论，其基本思想是“义利双行、王霸并用”的事功之说，认为“王道”与“霸道”、“仁义”与“功利”、“天理”与“人欲”是统一的。

物之所在，道则在焉。

——〔南宋〕叶适《水心别集进卷诗》

释义

事物存在的地方，道义就一定存在。

解读

以叶适为代表的永嘉学派立足于现实社会，以经世致用为旗帜，以反对理学为宗旨，强调物质利益的现实意义，对朱熹理学构成很大冲击。叶适坚持唯物主义观点和崇义养利的价值主张，提倡“事功之学”，反对当时道学和心学空谈义理和心性，认为道义不可能脱离具体利益而存在，并肯定人的正当利益的合理性，重视商业行为，呼吁提高商人地位。其实，叶适议论得最多的是国家、天下的利害，认为“必尽知天下之害，而后能尽知天下之利”，建议改革弊政，去害兴利，使国家富足起来，尽显忧国忧民的经世情怀。与“物之所在，道则在焉”的意思相类似，同为事功学派的陈亮说：“道之在天下，何物非道？”

德为万化之本原，而财乃绪余之必有，图其本而自可生其末。

——〔明末清初〕王夫之《四书训义》

释义

德义是万事万物的根本，而财利是其次必须具有的，掌握了它的根本就自然可以生成细枝末节。

解读

绪余：抽丝后留在茧子上的残丝，后泛指剩余的、次要的部分。王夫之继承和发展《大学》的德本财末观点，坚持民为邦本、义利兼顾的思想。他认为，既要崇尚德义，又要强民富国；对待庶民百姓，既要“富之”，也要“教之”，使其在享受物质便利的同时过上有意义的精神生活；如果统治者自己拼命聚敛财富，必然导致“财聚则民散”的恶果；把藏富于民列为以德治国的题中应有之义，尊重和维护百姓的物质利益，是实现王道的重要环节，有利于形成“天下有道”的局面。王夫之强调，统治阶级应“以养民为义”，允许老百姓追求自己的个人利益，不可“屑屑然求财货之私己以为利”，更不能与民争利。

跋

学者非必为仕，而仕者必如学

古人云："学者非必为仕，而仕者必如学。"在信息化、知识化时代，领导干部加强学习，勤读书、善读书、读好书，特别是多读些国学经典尤为重要。习近平总书记指出，中国传统文化博大精深，学习和掌握其中的各种思想精华，对树立正确的世界观、人生观、价值观很有益处。中华优秀传统文化是中华民族的精神基因，是中华民族生生不息、薪火相传的丰厚养料。建设中华民族共有的精神家园，培育和践行社会主义核心价值观，要从优秀传统文化中汲取精神营养，只有这样才能凝魂聚气，强基固本，不断夯实中国特色社会主义的思想道德基础。

中华优秀传统文化在探索天人之际、古今之变、成人之道的过程中，形成了宝贵的治国理念和崇高的价值追求。比如，天下兴亡、匹夫有责的家国意识，民为邦本、惠民富民的民本思想，经世致用、知行合一的实践理性，民胞物与、泽被万物的人文情怀，穷变通久、与时偕行的创新精神，自强不息、厚德载物的道德追求，富贵不淫、贫贱不移的大丈夫人格……这些治国理念和价值追求是中华民族独特的精神标志，是深厚的文化软实力。学习中华优秀传统文化，可以更加深刻地理解为什么说中国特色社会主义植根于中华优秀传统文化、反映中国人民意愿、适应中

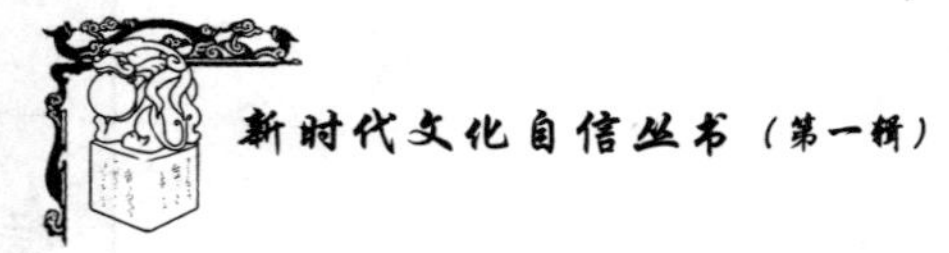

国和时代发展进步要求，从而更加坚定我们的道路自信、理论自信、制度自信、文化自信。

“君子之学也，以美其身。”通过学习来陶冶情操、完善人格，是中华优秀传统文化的一个突出特点。中华优秀传统文化重视通过自省、慎独、改过迁善、养浩然之气等自我修养来提升人生境界，如“吾日三省吾身”“君子慎其独也”“我善养吾浩然之气”等。中华优秀传统文化崇尚推己及人的处世准则，如“己所不欲，勿施于人”“己欲立而立人，己欲达而达人”等。中华优秀传统文化对“国家之败，由官邪也”有深刻的认识，强调为官者要涵育为政之德，如“律己以廉，抚民以仁，存心以公，莅事以勤”“当官之法惟有三事，曰清，曰慎，曰勤”等。总之，学习中华优秀传统文化有助于领导干部滋养心智、砥砺品格、提升能力。

中国的传统文化古籍卷帙浩繁，学习传统文化要取其精华、去其糟粕，做到“博学之，审问之，慎思之，明辨之、笃行之”。要坚持古为今用、推陈出新，加强对中华优秀传统文化的挖掘和阐发，努力实现中华传统美德的创造性转化、创新性发展，把跨越时空、超越国度、富有永恒魅力、具有当代价值的文化精神弘扬起来，把继承优秀传统文化又弘扬时代精神、立足本国又面向世界的当代中国文化创新成果传播出去，做到文化自觉、文化自信、文化自强。

陈宝生

（国家行政学院原党委书记、副院长）